战犯改造所见闻

沈醉回忆录

沈醉回忆录

战犯改造所见闻

一个军统特务的忏悔录

沈醉 著

中国文史出版社

图书在版编目（CIP）数据

战犯改造所见闻 / 沈醉著. -- 北京 : 中国文史出版社，2015.1（2024.1 重印）

（沈醉回忆录）

ISBN 978-7-5034-5372-4

Ⅰ. ①战… Ⅱ. ①沈… Ⅲ. ①沈醉（1913-1996）－回忆录②国民党军－战犯－改造－史料 Ⅳ. ①K827=7 ②D926.7

中国国家版本馆 CIP 数据核字（2023）第 219727 号

责任编辑：全秋生

封面设计：杨飞羊

出版发行：**中国文史出版社**

社　　址：北京市海淀区西八里庄 69 号院　　邮编：100142

电　　话：010-81136606　81136602　81136603（发行部）

传　　真：010-81136655

印　　装：廊坊市海涛印刷有限公司

经　　销：全国新华书店

开　　本：787 毫米 ×1092 毫米　1/16

印　　张：23.5　　字数：364 千字

版　　次：2015 年 1 月北京第 1 版

印　　次：2025 年 1 月第 10 次印刷

定　　价：58.00 元

前　言

这本书是1981年我去香港探亲访友时，应老友陆铿之约而为他主办的《百姓》半月刊撰写，专供港、澳、台地区及海外读者阅读。当时，我在香港只准备写几篇应付一下，不少老朋友知道了，向我提出一些写作意见。有较多的人认为，应利用这个机会，好好暴露一下被中共俘虏的国民党高级军政人员在监狱所受的苦难折磨和非人待遇。我听后便笑着指指自己说："请各位仔细看看我，像受过什么折磨和非人待遇的人吗？"一句话惹得他们都笑了。当然我还作了不少具体说明，以我已快到古稀之年的人，比他们都健康、敏捷，用生动的事实来反驳了他们。也有些人说："长年被囚禁在高墙之内的人，除每日愁眉苦脸作楚囚对泣之外，还有什么可写？"我回答很简单："如果我写出的东西，不能让你们发笑而使你们看后为我们难受，我便从此不再写东西，以示惩罚如何？"他们异口同声回答："说话要算数，我们等着看你的大作。"还有人问："你不先请示就写东西，不怕受处罚，还是准备不再回去了？""我写东西有充分自由，这是祖国宪法给我的权利，请不必为我担心。"我回答说。这些人还是不相信。所以我写好一篇，就请他们看过后，即送《百姓》半月刊社筹备处，有时还请他们代我送交陆铿。有两位老友曾好心劝我："你可写的东西那么多，为什么要写这些乏味的东西呢？"当时我很诚恳地把我写这些东西的想法告诉了他们。我认为，我写这些东西不但不会使人读之乏味，而且还会边读边笑。首先是集中上百名的国民党高级党政军人员和特务分子于一起，长达十年以上。这是中国历史上没有过的事，该有多少可写的东西啊！其次，集中这么多中年以上的老人，都能在失去自由、完全改变他们过去的生活环境后，还能活得这么健康、这么充满信心和希望、这么珍惜自己的后半生，这也是历史上没有过的。第三，这些人过去都是自命不凡，有的是上百万或几十万、几万军队的统帅，有的是一个省和一个方面的负责人，有的是掌握生杀大权的特务头头，只经过十年或十多年的改造，思想上就能起这么大的变化，而且能经受各种考验而不动摇，这也是不可想象的吧！第四，这些过去都是积极反共的专家、打手，只经过这么短期的教育改造，便有了一百八十度的转变，都成了热爱共产党、热爱社会主义社会的人，这不能不说是奇而又奇的吧！

陆铿对我的启发和鼓励，也是起了主要的作用。他说：你长期和这些人生活在一起还不觉得，我到了香港，也到过中国台湾，到过日本、美国等地后才感到，这些人不但过去在国内享有盛名，今天在港、澳、台和海外的中年以上的中国人，迄今还有不少人没有忘记他们，其中有几位还是全球的知名人物。这些人是中国一代的统治阶层。将来写中国历史时，不少人还会被写上一笔。特别是在台湾和海外，他们都有不少亲友，现在还在关心他们，希望了解他们被俘后的真实情况。你有责任和义务来报道他们，因为这些人中不少都已届古稀以上的高龄，愿写这些内情的人不会太多。你们年轻点的不写出来，难道让后人去胡猜瞎写吗？这些话的确打动了我，所以我不再推辞，答应继续写下去。

我当时的想法，写这些东西应当有一个目的，就是如何把党的宽大政策和改造政策，通过许多具体生动的事例来说明，以有利祖国早日得到统一。所以，我在写这些东西时，学了港台人写东西的轻松笔调，在笑谈中来暗示出党的政策，我边写边看别人的东西，也随时向陆铿等老友请教，我在香港虽只一个月，却写出不少。因我有早起早睡的习惯，而我早上 5 点起床，有些人还刚刚入睡，得 10 点后才开始活动。我每天几乎有五小时左右来写，我原打算写完十来篇就算完成任务，回北京后便不再写了。完全出我意料，《百姓》半月刊于 1982 年 2 月 1 日第 17 期开始连载本文后，很受读者欢迎，特别是台湾一些高层军政人员更是每期必读。陆铿眼看我留下的稿快要用完，便一直催我再写些寄去。香港几位过去劝我不要写的人也来信鼓励我多写，所以我在北京又写了些寄去。1983 年，陆铿去台湾见了那位最高领导，他也说："见闻写得很有趣。"《百姓》半月刊主编胡菊人先生也说："我每次校读'见闻'时，都感受到很大兴趣，本来是一种'不自由''劳动改造'、'思想检查'、'等同囚犯'，并随时有被拉出去枪毙的恐惧心情之下的见闻，应该是很'痛苦'的事情，然而作者笔下给人的感觉却是一种'苦中有乐'的兴味，一种身在局中而心在局外的'静观'而得来的'逸趣'。"我对这种过奖之词，深感惭愧，我只觉得人的苦乐观各有不同。有些事既可看成"苦不堪言"，也可看成"机会难得、乐趣无穷"。这可能是由于我过去的生活经历的关系。我过去遇过不少惊险万分的事，常常化险为夷，所以对许多事便养成听其自然，从不去自寻苦恼。有一种随遇而安得过且过的思想在支配我，因而对什么都满不在乎，就这样混过去了。

这本书，是根据我的回忆和日记写成的，其中有些地方"冒犯"了几位"同学"，这不是我存心丑化他们，更不是借写见闻做人身攻击，希望文中涉及的几位"同学"，特别是他们的家属给予原谅！如确有写错之处，请指出，当予更正。

1990 年 9 月

目录

目录

目 录

目录

目录

目录

目录

目 录

目录

目录

目 录

目录

熟人见面悲喜交集
首长客气小官面“左”

“你也来了！我还活着”

1956 年，战犯们从各个监狱、劳改农场和看守所等处调集到一起的时候，许多熟人一见面，无不感到惊诧和悲喜交集。因为在国内战争中，国民党军队纷纷被击溃后，被俘的高级军官大都是分别囚禁在各个不同地区，有的还被送到很远的后方去了。如国民党军队中有名的山东三李（李延年、李玉堂、李仙洲都是兵团司令一级的高级军官），其中的李仙洲，是在山东被俘却被送到东北的佳木斯去囚禁。有的囚禁在同一地区同一监狱的单人房内，邻居是什么人，几年来都不知道；所以一旦见面，无不兴奋异常。

一些先去的，看到后去的熟人，见面第一句话便是用惊诧的口吻高叫一声：“你也来了！”有的见了老朋友、老同学和老同事、老长官、老部下，还禁不住很关心地说上几句：“真想不到你我还能见面！”或说一声：“想不到我们都还能活着！”

说这些话的原因很简单，因为 1951 年镇压反革命的高潮中，国民党被俘的党、政、军、特人员大批被枪毙了。当时谣言很多，我在“解放”初期，看到上海出的一本《人名字典》，便说杜聿明因为在“淮海战役”中施放毒气，他又是中共公开公布过的战争罪犯，所以在被俘后，便被“镇压”了。1956 年，我从重庆战犯管理所被送到北京功德林管理所时，看到他居然还活着，感到很奇怪。后来看到不少在谣传中和国民党报纸上曾刊登过“已被共产党枪决”或“惨遭杀害”的康泽、范汉杰、廖耀湘等一大批“死去了”的人时，几乎有点不相信自己的眼睛，这些人真的还活着！

1943 年，沈醉任少将总务处长。

战犯们集中后，便是互相交换自己被俘后的情况，有的在生活待遇上相当好，伙食是和解放军高级军官一样吃“小灶饭”，有的却又和劳改犯一样，每天劳动十来个小时，吃的是和解放军战士一样的“大锅饭”。大多数是和我在重庆一样吃“中灶饭”。而我在昆明监狱时，有家眷在昆明的，还可以由家中送饭菜，大吃大喝，我当时因家眷全都送走了，便去揩老朋友们的油，天天吃他们的。如云南保安副司令柏天民、滇越铁路局局长唐宇纵、《中央日报社》副总编辑陆铿、滇黔绥靖公署政工处长罗春波等，曾供应过我很长一段时间，直到“镇反”开始，不准犯人家中送饭菜，大家才洒泪吃了最后的晚餐，互道珍重而别。战犯们见面时，谈得最多的，还是精神上的待遇，因为没有一个统一的规定，各地区完全不相同。如集中在山东的大小军官，一律和战士一样，按时发衣服日用品，也穿和解放军士兵一样的衣服，只是没有帽徽、领章，每月还发五元津贴。有的地方就把这些被俘的高级军官当成“要犯”，不但脚镣手铐，晚上起来解小便，甚至翻一个身，都要先喊“报告！”一定要等站在窗口的战士问明白了要做什么，得到同意，才能去做，否则就是犯了狱规，还要受到比手铐脚镣更重的处分。不过大多数还可以，只要不走出指定的散步范围，每天还能出房间走走，也不随便打骂。不过一到夜间，看管都是相当严格，不准随便走动，也不准在晚上谈什么，可能是怕这些人商量越狱吧！

“罪大待遇好，罪小生活苦”

被俘的国民党高级军政人员，有些是由军队看管，所以各个地方的待遇不统一，管理办法也不统一。自战犯管理所成立，由公安部直接领导，并负责对战犯进行教育改造后，便完全一致了。集中后，首先是提高生活待遇，各地都是16元一月的生活费，行动也只要不离开管理所，可以不再锁房门，互相间能自由往来和交谈。戴有脚镣手铐的也统统去掉。规定的作息时间也比较合理，每星期可以看一次电影，而最使人高兴的，还是伙食费比一般犯人增加了一倍。

当时，一些被俘中、下级军政人员为之眼红，表示不服气，发出“反动职务越高，罪恶越大，待遇越好；罪行越小，生活越苦”的种种牢骚。中共干部们便进行解释和说明，大意是说：这些人过去的生活都很讲究，现在当然不能让他们再过那种生活，但为了要对他们进行改造，先得在生活上让他们感到满意点，才能比较好地接受改造。而他们一般都年岁较大，身体较差，特别是对他们的改造时间要比一般人长，所以要提高一点，而一般被俘军政人员，改造时间要短些，年龄较轻，身体较好，所以，没有必要再提高而超过战士和一般人民的生活。

他们听了这些话后，最注意的是说他们“改造的时间要短些”，便都不希望提高待遇而延长改造时间，希望早点恢复自由，所以，闹过一阵之后，也就没有什么了。可是一些老百姓却不理解。

我集中在重庆原来属中美合作所范围的、军统局缫丝厂办事处改成的战犯管理所（也称作四川省公安厅第二监狱，对外则称训练班）时，附近许多人看到我们厨房办伙食的，每天采购那么多的荤菜，非常羡慕。因为当时四川物价低，16元一月的集体伙食，可以每餐一荤一素，量相当多；除了鱼、肉、蛋一类外，还常常买鸡鸭等。加上集中后，都发了新的服装，还可以在附近一定范围活动，许多没有找到合适工作的人和收入不多的人便去打听，这是一个什么训练班？有的还直接去询问要什么条件的人，才可以参加这个训练班受训？得到的答复，当然是不能使他们满意，一般总是说他们不够条件参加这个训练班。他们还是不死心，便一再表示，要创造条件，争取参加这个训练班。他们认为训练时生活待遇都这么好，毕业后，保管能当上较高级别的干部。所以，经常有人去打听，要什么条件、什么手续和什么单位保送等，以便早点能进去。后来他们当中一些人发现这个训练班的受训人员中，有过去的四川省主席王陵基、西南长官公署第二处处长徐远举、兵工署稽查处处长廖宗泽，以及四川军阀中当过什么司令、参谋长一类的著名人物时，才大吃一惊，恍然大悟，原来受训的是这些人。很多想去的人便说，难怪说我们条件不够，这一辈子也没法创造出这种条件。和这些人在一起，吓也把我们吓坏了，阿弥陀佛！请我去也不敢去了。

四川省公安部门便立即把这一情况向北京反映，因为上述这些人都在四川杀过不少的人。王陵基在四川几十年当中，杀过的人是数以千计。徐远举也杀过几百人。那些旧军阀什么司令一类的人，也都是杀人不少。公安部门怕被杀害的人的家属去找这些人的麻烦，便在集中后实行的第一个重要项目——进行参观时，先把王陵基、徐远举、廖宗泽（因他在重庆破坏了许多兵工厂，捕杀过不少兵工厂的工人，工人认识他的很多）三个人送往北京。不久，我和几个人在附近散步，遇上一群去参观中美所内的烈士陵园（新中国成立前夕，军统把囚禁在白公馆、渣滓洞两个监狱内几百名犯人杀后埋葬的地方）的人，其中有几个人认出了我，便一把将我扭住，问我把他们的父、兄抓去后怎样处置的？他们提出："生要人，死要尸！"我正在感到为难，不知怎样回答时，幸好管理所的负责人闻讯带了几名解放军赶来，一边向他们说理，一边要解放军把我保护回来。过了几天，我便和云南绥靖公署副主任孙渡、四川军阀刘文辉的参谋长王靖宇，以及曾任江阴要塞司令的孔庆桂四人一起被送到了北京。

方言误会闹笑话

徐远举在没有被送往北京之前，在重庆战犯管理所还闹了一次大笑话。有一天，一位年轻的女干部去找他，问重庆解放前夕被捕的中共地下党员中有哪些叛变了，要搞一些核对工作。他们谈话的时候，那位女干部曾表示和他谈完后，还要找另一人谈。

徐远举便在和她谈了一个多小时之后，站在窗口高声喊了一句："××快点来，我已搞完了，你快点来搞吧！”

那位女干部立即羞得满脸通红，桌子一拍：“徐远举！你乱喊什么？”

徐还不知道为了什么会使她那样生气，又补上一句：“我们搞完了，喊他来搞。”她更气得不得了。

徐远举

管理所的负责人赶忙跑来一问，才向对方解释这是误会，因为我们习惯了把做什么、谈什么等都称为“搞”，而有些地方的方言却把这个“搞”指为男女之间的事，说明这是方言的误会。那位女干部还是气呼呼的，管理所的负责人连忙举出了另一件因方言发生误会的事，来证实徐远举不是故意来占她的便宜：

有一次，一位四川女干部在钉钉子，找不到什么东西好敲钉子，有个战犯便用讨好的口吻对她说：“我去把锤子拿给你用。”那位女干部也气得大发雷霆，说他有意侮辱她。后来才弄明白，原来四川人把男性那家伙叫“锤子”，而把锤东西用的锤子叫“钉锤”。

世界上的事，真是无独有偶，徐远举闹过笑话后，郭仲容接着又闹出一次笑话来。郭仲容是在抗日战争期间，随徐复观一同派往延安，担任国民党军令部第二厅派驻共产党所领导的八路军的联络参谋。徐复观做了一段时期不愿再去，郭仲容便被提升为少将，接替徐的职务。他在延安住了好几年，经常受到毛泽东、朱德、贺龙等人的款待，也不断送些中共的文件让他看看。在这些中共领导人耳提面命之下，此君思想丝毫未有改变，新中国成立前夕，他拼命地反共，被俘后，也被集中到战犯管理所改造。

原来我们都以为共产党不讲私交，只讲阶级仇恨，以后发现并不是绝对的。有一次，中共高级军事领导人陈赓大将去重庆看守所，看望和他在黄埔第一期的同学宋希濂、曾扩情、国民党兵团司令钟彬、汉中警备司令刘进四人，并请他们吃过饭。贺龙元帅也去看过我们，并问过我们生活怎样，有什么困难？而认识郭仲容的一些在延安工作过的人，一到重庆，也总去看看他，和他聊上几句。

有一天中午，郭仲容在睡午觉，有一男一女去看他，见他睡了，就没有叫醒他便走了。他们刚一走，郭便醒了，知道有人去看他，就赶快站在窗口大叫："请那位男先生回来！"结果没有叫到，因他们已走得相当远了。一会儿，管理所的人便来责问郭仲容："你乱叫什么男先生？"郭回答说："我们不能和你们一样称呼他为同志，不叫先生又叫什么？"那位干部便告诉我们一个新名称："首长！"

以后凡是来看望我们的"首长"，多半都是中共的高干，对我们都很客气，也不装模作样，摆出一副胜利者的骄傲姿态，望之令人生畏，大都是和颜悦色地和我们谈上几句，有安慰、有勉励，很少板起面孔，教训一顿。相反的是那些年轻党龄短的中下级干部，对我们却是以"左"的面貌来表现出他的阶级立场，如果不板面孔，好像就不足以划清和我们之间的界限似的。甚至认为如果和我们聊聊闲天，就会受到我们的传染，变成反动派。所以，那些职位越低、党龄越短的干部，见了我们总是"视而不见"。我们这些人也不解他们越"左"越好的心理，报之以"相应不理"，一般都没有向这一类"小字辈"低三下四。

思想改造为主
劳动改造为辅

学缝纫从头做起

毛泽东所制定的“改造政策”中有那么一条，“经过劳动改造，使之成为自食其力的劳动者”。各地的劳动农场，对被俘的国民党军政人员，一般都认真执行了这一政策。而战犯管理所的上层领导——公安部，则在改造战犯时，对这一条采取了比较灵活的办法。因为要使这些人成为“自食其力的劳动者”，那就连一个月 16 元的伙食费都挣不到，更谈不上穿衣服等了。但中央的规定又不能不执行，所以在集中改造后，对战犯们是以思想改造为主，劳动改造为辅，开始更只是象征性地劳动一下，以示“思想改造与劳动改造相结合”。

1956 年，我从重庆转送到北京德胜门外功德林监狱改成的北京战犯管理所，从华北、东北等地参观回来后，所方宣布要在每一星期中从事一定时间的劳动，如缝纫、理发、洗涤、挑饭菜开水等，并采取“自动报名，量力而为”的办法，听凭自己选择一项或两项，自己认为身体不好或对这些不感兴趣时也可以不参加。

规定虽然说“可以不参加”，但谁都知道一项都不参加，管理人员即使不说什么，而一些想求表现的“同学”也绝不会不利用这一机会来“帮助”一番的。所以，哪怕是不愿意或身体不太好的也得象征性地参加一项。如兵团司令刘嘉树，就对我说:“你不要以为说‘可以不参加’，你要真的不参加，到时用棉花也塞不住耳朵（指‘同学’的批评）。”所以，他便报名参加缝纫组从事铺棉花、补破衣裤等最轻微的劳动，我也报名参加了缝纫组。

后来理发组成立后，只有代理过山东省主席的牟中珩一人报名，因为他过去在山东监狱时学过一点理发。他便动员我参加这个组，因为这和缝纫组工作不冲突，只有每星期日理一次。我开始不大愿意，因给人理发太脏，站着工作也累；他劝我说：久了就习惯了，我只好同意也参加这个组。

缝纫组成立后，管理所便搬来几部旧缝纫机，可是，没有人会使用。正在为难时，却从黑弯里杀出一个李逵来。原来杜聿明因病已摘掉了一个肾脏，规定可以免除劳动的，此时自告奋勇地报名参加缝纫组，并说他会使用缝纫机。我以为他在吹牛，这位任过东北九省司令长官的“老病号”告诉我，他在担任机械化军长时，曾办过一个缝纫工厂，由他妻子曹秀清任厂长，他不但对坦克车等有兴趣，会修会拆，对缝纫机也一样会弄。果然，他一坐到机器旁，便能运用自如。我跟他学了半天，也就开始干了起来。

杜聿明

因为我们主要是缝补战犯穿的衣裤，好坏都没关系。我开始小心翼翼，居然缝了半条裤子，便有点“艺高人胆大”，骄傲自满起来了，正准备把另一只裤腿缝好时，机器刚一踏动，只听到“啪”的一声，针折断了！我急得满头大汗。杜聿明也连忙跑过来，急得连连摇头。

一般人看来这真是微不足道的小事，而在那时却是大事一件，即使不被扣上“破坏公物”的帽子，也起码是“损坏公物”。因为一部机器只发一根针，断了就得写检讨去补领。我写好检讨，说了一大堆，什么粗枝大叶，不爱惜公物……自请处分等送上去之后，准备挨批。结果却大出意料，管理员只轻描淡写地说了一句："下次留心点。"我和杜聿明才如释重负。

下次怎么样留心呢？主要是不能让机器向相反的方向倒转，只要皮带轮是朝自己的方向转动，就可以避免断针的危险了。我便把一个指头插进皮带带动的轮子里，让它先慢慢朝自己坐的方向转动成了惯性，才敢把指头抽出来，以后便再没有"损坏公物"了。

缝纫组最爱闹笑话的，要算四川老军阀王瓒绪的儿子王泽浚军长了。他参加缝纫组时，便和其他几个人一起坐在一张桌子上学钉纽扣，看来这也是一件极平凡的小事，而这些将军拿起针线，却比拿枪杆子还要重几倍，好不容易才把针从衣服的反面刺进了扣眼，抽针时，比刺进去要用力些，不料用力太猛便发生了一次"流血事件"。他把针刚一抽出，只听到坐在他旁边的人大叫一声，他扭过头一看，一针正刺在那个人颈子上，登时血流了出来。这一下把他可吓坏了。经过认真检讨，总结经验，才懂得抽针时，针尖一定要对着自己，这样即使碰到别人身上，也是小指和无名指，不会刺伤别人。

经过这一"流血事件"的教训，慢慢才摸索出一些搞缝纫的"技术"。这些人在新中国成立前是从来不会做针线活的，新中国成立后，住在单人牢房中，有时也得缝补一下，但也不存在会刺伤别人的问题，所以连这种最起码的常识也不懂得。

学理发，一回生二回熟

在学习理发时，我也闹过不少笑话，一开始使用手推剪，一不当心，往往把别人头发连根拔了出来，不懂得一定要慢慢把推剪提起来。因为我们使用的都是用旧了的工具，经常把头发夹在剪子里没有剪断，所以一面剪，一面只听到不停的"哎哟"呼痛之声，我自己也感到很难堪。不过有志者事竟成，多夹了别人几次头发，慢慢地总结出一套经验，给人剪发，消除了黑白分明、被人称为"马桶盖"的情况。

我正在认为快"出师"了的时候，有一天，扩大哥（黄埔学生对一期老大哥曾扩情的称呼）突然提出要我用剃胡子的刀给他剃光头。虽然我在初次使用这种锋利的刀子给人刮脸和剃胡子时，割破过别人的嘴唇和鼻尖，有次差点把人的耳朵都割下来，但后来掌握了使用这种刀的方法，割破嘴皮的事没有了，但剃光头还是第一次。

我还很谦虚地说怕剃不好，可是扩大哥却鼓励我："一回生，二回熟。"我也就同意了。

当我用温水肥皂给他洗过之后，他告诉我，最好让肥皂泡沫留在头发上，这样可以使头发柔软一些。我便按照他的意见，给他头上抹满肥皂泡沫，袖子一卷，便操起刀子朝他头顶上剃过去。

刀刚落下，只轻轻一拉，就听得他大叫一声："痛！"我赶快把手一缩，禁不住喊了一声："糟了！"只见白色的肥皂泡沫上，冒出一道鲜红的色彩。毫无疑问，是割破了老头皮。

我正在惊慌中，"师傅"牟中珩跑过来一看，赶紧用手指把出血的地方用力按住，马上送他去医务所。给他上了止血药等之后，牟中珩便耐心告诉我，用剃刀给人剃头时，特别是老年人，一定要一手把头皮拉紧按住，不使移动，才能下刀，否则头皮会移动挤在一起，这样就非把头皮割破不可。

经过这次实践，我也慢慢成了一名"理发师"。

为发明，黄维改造难
医风湿，康泽让蜂蜇

黄维要发明“永动机”

淮海战役中被俘的兵团司令黄维，在担任国民党联勤副总司令时便听人说，全世界的科学界都认为迄今还没有发明出来的，是一种不需要使用任何能源的“永动机”，如果能创造出来，则再也不会存在什么“能源危机”，便给人类带来了无穷的幸福，永远为人类所敬仰。从那时起，这位拿枪杆子出身的将军，便下定决心，想突破全世界所有科学家没有发明出的这种不需用任何能源作动力的“永动机”为人类造福。这种愿望虽好，但没有科学基础的人，想造出全世界的科学家都没有能制造出来的东西，真是谈何容易。可是，他始终坚决相信，“只要功夫深，铁棒磨成针”，

黄　维

"有志者事竟成"。所以，他在被俘前没有能完成的"伟大事业"，被俘后，还是专心致志地钻研。

这种精神实在可贵。但泼冷水的也很多，他却毫不动摇。战犯集中改造后，他更认为有条件可进一步研究，并绘制出图样，想进行试制。管理人员认为，在改造期间，是以学习与改造思想为主，这些似有点"不务正业"，而不表示支持。他则不管在任何时候、任何场合都把自己这一愿望提出来，并给这种还没有发明出来的机器定名为"黄维永动机"。他认为只要能制造成功，就可以惊动全世界，个人自由，不请自来。所以，他把学习等视为多余的、没有必要的事，不仅在学习发言中，不厌其详地反复谈他的"永动机"，而且在外单位找他写一些临时性"外调"材料，询问他新中国成立前的许多情况时，他在写材料的纸上，也是写上他坚决请求支持他创造"永动机"的问题。

管理所的负责人拿他实在没有办法，只好同意他的请求，把他设计出来的图纸，送到中国科学院去审查研究。

几个月后，得到的答复是："经过反复实验，这种机器图纸，根本不可能达到不需要任何能源而能自己永远转动的设计要求。"很多人便认为既经过科学院鉴定都认为不可能，不要再搞了。他还是认为负责鉴定的人不懂科学，他的设计是可以实现的。管理所的领导便组织所有战犯和他辩论，他仍不服，还是坚持要继续研究，肯定可以制造出来。

由于他始终不放弃他这一主张，而把学习改造放在一边，所以第一批特赦时，虽然他有许多优越条件可以争取早日出去，他却没有轮到。但他满不在乎。当时台湾还是陈诚的势力占优势，他是陈诚的亲信高干之一，他的同事和部下都在台湾军事方面负重要责任，他的特赦可以起一些影响，而他却坚决表示绝不改变他这一志愿，所以几次特赦都没有他。直到 1975 年，全部释放时，他也得到了特赦。

可惜的是，直到今天，他特赦后有了很多良好的条件，但"黄维永动机"还是没有制造出来。全世界的"能源危机"也正在一天天加深，不知他做何感想！

蜂蜇一百下风湿仍不好

比黄维立志为全世界人民造福的伟大愿望要渺小得多，康泽也想研究出一种治疗风湿病的简单办法，不惜以自己的身体来进行实验。这位曾任复兴社书记长和“十三太保”之一的军事委员会别动总队长、自成一系的特务头子，被俘后，也居然想创造一种治病救人的方法，这也是值得大谈一下的趣闻。

康泽过去所领导的别动队，和德国当年的党卫军差不多，它有超人的权力，深得蒋老先生的信任，与戴笠、徐恩曾一样，成为国民党中的一个庞大的特务组织的头子。在江西对红军作战时，别动总队也派去一个支队，担任搜集情报和监督国民党军队的工作。有一次，几个别动队员被红军逮捕了。不久，别动队也抓了几个红军，他们便将这些红军的心肝挖出来，祭奠被捕后被杀的别动队员。当时，康泽得到部下这一事件处理的报告后，连声称赞，认为这不但可以鼓舞士气，还显示了别动队的力量。

特赦时，康泽接过特赦书。

因为他长期和共产党做斗争，新中国成立前，他担任襄樊地区的绥靖公署主任，被解放军将该区重重包围，他自知无法逃脱，曾举手枪准备自杀，后为部下将枪夺去，自杀未成。被俘后，天天等死，结果出他意料之外，竟一直把他留下来。

我从重庆送到北京后，经常看到他在管理所的放风场花丛旁边一动不动地站着，看见蜜蜂飞来采蜜，便轻手轻脚地悄悄把蜜蜂捉住，把自己的左手背和左臂去让蜜蜂蜇蜇，有时一边蜇一边咬紧嘴唇，一看就知道被蜇疼痛了。我好奇地去问他，为什么故意让蜜蜂去蜇？这岂不是自讨苦吃！

他很得意地告诉我，他看过一本什么杂志上刊登过一篇文章，说用蜜蜂去蜇患了风湿病的地方，比用其他任何方法医疗，都能有意想不到的疗效。他左臂闹风湿痛，他便想用自己来做试验，如果真有奇效，便可大肆推广，让所有风湿病患者都能不药而愈，这也是一项不小的贡献，所以他宁愿以自己的肉体来做试验，看效果究竟如何。

我问他蜇了多少针了？他说还不到一百针，已感到比用别的方法好些，疼痛有所减少，可是还没有完全治愈，所以他决心蜇上一百针，作为一个疗程来观察。

不过，后来我没有看见他再去捉蜜蜂，可能已蜇满了一百针，在等待看后果。

1964 年春天，他刚特赦不久，我们便去南方参观。这时正值暮春三月，江南草长、杂花满树、群蜂乱飞的好时光，我一看到蜜蜂便赶快去喊他来捉。他笑笑摇摇头说："不捉了！不捉了！蜇了一百针，还是没有一点效果，还是依靠蜡疗治好的。" 他一面说，一面把袖子挽起，指着手臂上还留下的几个米粒大小的疙瘩说："有些蜜蜂可真厉害，蜇过隔了那么久，小疙瘩还是没有消尽！"

老天未免太无眼睛，为什么让这个立志想为风湿病患者创造发明奇效验方的好心人，白白被蜇了一百下，一点成绩都没有呢！

装腰痛，汤尧骗酒饮
患淋病，战犯当实例

假装腰痛骗饮虎骨酒

国民党国防部陆军副总司令汤尧有幽默天才。他不仅能文善武，而且是一个青帮头子，懂得的花样很多。每年春节的联欢晚会上，他能表演京韵大鼓、八角鼓、相声，真是说唱俱佳、多才多艺的全面手。我最爱和他聊天，主要是他说话很幽默、有趣。

有年快要过春节了，他忽然对我说："老沈，今年春节我请你喝酒！"

我认为他又在开玩笑，因为管理所每到逢年过节，总同意让战犯们自费去购买一些糖果之类的食品，但却从来不准买酒。我便和他打赌，如果过春节他真有酒，我一向不喝酒的人，也和他干上一杯；如果没有，他得表演两段新编的相声。

他一口答应下来，很有把握地说："等着瞧！保证你输了！"

打从那天以后，我便看到他每天跑医务所。到离春节只有三天时，我发现他瘦高的身上，左一块，右一块，贴满了伤湿止痛胶和大张的狗皮膏药，但他还是跑医务所。

到离春节只有一天的时候，护士送一个小酒杯给他，要他好好保存，不要弄脏弄破。临睡前，医生拿着一瓶酒，站在寝室门口，要他把酒杯拿出来，满满给他斟上一杯，便站在那里，看着他一口一口地喝完，才把那一瓶酒拿走。

我正在脱衣，他得意地拿着空酒杯走了进来，用舌头在嘴唇边上舔了几下，对我笑着说："你输了没有？"

我也笑着说："我们两人都没输，你酒吃了，却不能请我！"

他坐下后，我问他怎么回事？他得意地说："这有何难，我装腰痛、关节痛，医生给我许多外用药，我还一个劲地叫痛，说这些外用药不顶事。"过去他犯病时，只有饮虎骨酒才能止痛，医生为了让他过一个愉快的春节，所以给他去买了一瓶虎骨酒，每晚临睡前，让他饮上一杯。他这招真不错，果然能在春节里每晚都喝上一杯。所以，他一听到医生或护士叫他的时候，总是兴高采烈地跑过去，接受他骗来的那杯虎骨药酒。

真患淋病怕见女医生

和汤尧恰恰相反的一个人，却非常害怕医生或护士叫他，这人是一个军长，姑隐其名，因其在海外还有不少亲属。此人过去一向爱嫖。他在担任中下级军官时，每到一地总得尝尝当地女人的风味，柳巷花街总少不了他的足迹。后来当了师长，钱多了，便讨上一个小老婆，但还不能满足。当了军长后，小老婆便有好几个了。据他自己坦白出来，他所玩过的女人编成一个营还多一点，可以增加一个直属排，大致在五百左右。当然，玩过这么多女人，也会给他留下一些不光彩的纪念，他军部里便有一个医官专门给他治花柳病的。被俘前，几种花柳病都基本上治好了，只有淋病没断根，还偶尔发作一下。

有一次，他去挂号看病。一踏进管理所的医务室马上就退了出来。因为只有一个新来的女医生在里面，那个常给他看病的男医生不知道上哪里去了，所以他不准备让那个新来的女医生看。可是那位女医生已看到了他，见他退了出去，还以为他怕女医生忙，没有时间给他看，便赶快把从医疗器械柜中搬出来的东西放回去，追了出来把他叫了回去，他只好跟着她走了进去。这位女医生很客气地说明，她因为没有病人来，所以整理一下器械，还是先给他看病要紧。他便只好坐下来。

女医生便问他，什么地方不舒服？他迟疑了一下，才慢吞吞地回答了一句："下面有点痛。"医生很奇怪，便又问："下面？是肚子痛，还是脚痛？"因为这些部位都可笼统称为“下面”的。

这一问他不好不进一步说明：“是解小便时有点痛。”她便叫他：“拿出来，我看看。”

这一下使他不知如何是好。过去见了女人唯恐拿出来不快，现在却害起羞来，慢慢把裤子解开。

女医生看到他这样子，便鼓励他：“怕什么？哪个男人没有！”他才把那东西拖了出来。

没料到医生还叫他站过去一点，他实在不好意思，只好移动一点点。医生却认为不够，便直截了当地告诉他，要站到她身边才好检查，他只好走过去。

医生便用手抓住那东西的前面部分，用力地来回伸缩，直到看见尿道口有东西流出来才停止，马上用小玻璃板接下流出来的东西，闻了一下，才叫他回去，说等化验后再给他开处方给药。

他如释重负一样跑了回来，把这一经过向我们介绍。大家都笑他，过去那么爱把这东西给女人，今天看都不敢给女医生看。他说：“现在是什么情况，我要先拿出来，万一她脸孔一板，责问我，甚至扣上‘企图强奸女医生’的罪名，我怎么能吃得消？”

第二天上午，那位女医生便到我们学习室把他叫了去。他回来时，我们看到他满头大汗，不知发生了什么意外，便赶紧叫他讲。他说真没有料到，那个女医生还带来十来个医学院的女学生，都很有兴趣地叫他把那东西拿出来给她们看，好几个都和那个女医生一样抓起来就来回扯一顿，直到流出东西来才住手。

原来，这种病新中国成立后很少见到，许多医学院想找一个实例作教材都不容易，当那个女医生拿去化验，查出他是淋病后，便把那东西当作教材使用，所以弄得他满头大汗。隔了一天，又有一批男女实习医生也把他找去看了扯了一顿。

后来传出去，凡是要看看淋病实例的都来找他，所以他一听到医生叫他的名字，便感到害怕，不愿老去献丑。

“六一居士”梦中常呼新妇
“两广总督”狱中时怀旧情

六一居士者，郭一予将军也。他是黄埔军校第一期毕业的老大哥，跟着国民党的“福将”刘峙多年，但很不得意，所以黄埔军校（以后改为中央军官学校）举办“高干班”，他又去第一期受训。这两个第一期的学历，还是当不上大官，便想

郭一予

从军队转到搞行政工作，正遇上中央训练团成立，他又去该团党政班第一期受训。毕业后，还是不得志，中央训练团又办了高级干部训练班，他又去接受了第一期的训练。接着庐山训练团和陆军大学将官班刚一开班，他都赶去第一期受训。这六个班（校、团）虽然他都抢着在第一期，可是还是爬不上去，光靠学历，没有后台支持，加上本身也庸碌无能。他便以自我解嘲和带点牢骚的情绪把自己称为“六一居士”，以显示自己的学历。直到新中国成立前夕，他总算在徐州“剿总”总司令刘峙的保荐下，当了中将政治部主任。

淮海战役发生前，刘峙早已看出没有胜利的希望，便借故溜走，将“剿总”所指挥的几十万大军全部交给副总司令杜聿明指挥。不久，这一批近百万大军，慢慢被解放军各个击溃，黄百韬、邱清泉两个兵团被消灭，兵团司令也相继战死。徐州“剿总”总司令部和剩下的黄维、李弥、孙元良等几个兵团被解放军一层层包围起来。圈子一天天缩小，几十万人的粮食便靠从南京用飞机来空投。随着军队逃出的难民，早已绝粮，士兵也不能吃饱，而一些将级军官却还能照常吃喝。当时搞政治工作，除给部队去打打气外，便是组织难民让他们搞点互助工作。难民因没有东西吃，想偷偷逃出去，投到解放军地区解决吃的问题，又被阻止，经常为此与国民党军队发生冲突。

有一次，郭一予去视察难民，发现一个生得很美的女学生，他是灾星未退，色心又起，便叫部下去找那个女学生的父母商量，想要那个女学生当姨太太，条件是负责供应她父母和两个弟弟的口粮。这在四面被包围、跑也跑不出去的圈圈中，粮食是和生命一样可贵的。加上那些做政治工作的干部一向会吹牛，把郭一予说得好得不能再好，特别是能提供粮食，所以一说即成。

在炮火纷飞的包围圈内，年过半百的郭主任又做新郎，洞房便在他的掩蔽防空壕内，虽不是贺客盈门，也有不少将军前来祝贺，礼物也都是一个或两个罐头食品，以及半斤一斤面或米，这在当时便是一份厚礼了。“苦中作乐”，据郭一予说：这也是人的一生中少遇到的机会，所以他绝不放过。

新婚后连蜜月也没有过完，淮海战役全部结束，从副总司令杜聿明到兵团司令黄维和许多军、师长与“剿总”总部的高级军官，全成为解放军的俘虏，“新郎”也演了一场“新婚别”。新娘下落如何，谁也不知道。郭一予却对那位还不满 20 岁的小太太多年念念不忘。我和他同在一个学习组的时候，经常听到他在睡梦中喊着那位可怜的少女的名字“珊珊”。我多次劝他不要再去想这些了，别人早已罗敷有夫，可能已“绿叶成荫子满枝”。他却一直迷信临别时她说过一句：“我等你早日相见。”

和“六一居士”相反的邢森洲，却时常想念他那位曾被戴笠玩弄过几次，后被军统长期囚禁的姨太太。新中国成立前，邢的职务是两广监察使，一般人却开玩笑叫他“两广总督”。因他自己讲过，过去做两广总督的也有被俘虏过的（按：指不战不和不守不死不降不走，最后被英军俘虏的清末两广总督叶名琛），所以我们在和他开玩笑时，便叫他这一外号。

此人说来颇不简单，他常常和我们谈他过去的有趣经历。他是海南岛人，年轻时看到别人去南洋一带谋生，他也很想试试，结果遇上几个海盗，他也不管，便加入去当了海盗。他们在公海上抢劫了几次商船，但分给他的财物却很少。不久，这伙海盗全部被马来西亚政府捉了去，他横财没有发到，坐牢却有一份。

他在那里举目无亲，连送牢饭的人也没有，便只好吃别人的残余。后来他便利用过去看的一些小说，如《封神榜》《西游记》等在牢里讲起故事来，听他讲的人都很高兴。三年中，他在牢中反而得到不少财物。因这些同牢的大都是非贼即盗，很讲江湖义气，花钱也不在乎。所以他三年刑满出牢时，带了相当多一笔钱，他便想去做生意，不到半年，便把老本赔光。

在走投无路时，他看到在新加坡的一位中医收入很不错，便假称慕名专门从祖国出来找他学医。这位老大夫一听非常得意，忙把他收为徒弟；并利用这一新徒弟不远千里而来投奔他学医的事，大肆宣传，看病的人便越来越多，他也用心学医。后来这位老大夫病逝，他就顶下这个诊所，继续行医，生活过得很好，结识的华人愈来愈多。

有一年，他带着一批财物还乡探亲，和远亲加小同乡的军统特务头子郑介民相遇，郑极力主张他回国参加特务工作，他同意了。广东统治者南天王陈济棠的一队飞机从广东飞往南京投蒋介石，邢森洲在中间也起了很大作用，从此，他便在军统中走红起来。戴笠经常派他去东南亚一带活动。他也利用搞特务的关系吸收一些华人女青年参加，并和其中一些女的发生了男女关系。有一个姓周的女人，使他十分满意。她对男人的照顾，处处体贴入微，他便把她收为小老婆，而且爱在人前吹嘘她。新中国成立前，她却与别人走了。

张淦卜卦成败将
孙楚焚香念毛选

张淦当战俘仍爱问卜

桂系军阀张淦，是统率广西三个军的兵团司令。他一生都迷信阴阳风水，遇事必先求神问卦。如在卜卦时，连卜上三个阴卦，则为“诸事不宜”；如卜了三个巽卦，则为“凡事皆吉”；三个阳卦，就不太好也不太坏。这种问卜的方法，是用阴干了的小冬笋，剖成两半，问卜时，先把要问的事默念一遍，再恭恭敬敬地把两片卦合起来，向空一丢，看落下后的正反面，如果一反一正，便是很吉利的“巽卦”，如果两个都仰面向上，则为“阳卦”，两面均朝下，则为“阴卦”。

张　淦

为什么这位统率数万人马的将军还会对这些东西那么迷信，一切取决于两片竹筭？我在战犯管理所时曾问过他。他十分自信地说，他过去从下级军官而慢慢升到中将兵团司令，完全是依靠这一东西的指示，无一不灵。他叙述从前内战期间和抗日战争时与敌人作战前，他每一次能打胜仗，都是先上了三个“巽卦”才下定决心的，而且每次都取胜。

我便笑他为什么被俘前不先问卦，免当俘虏？他把头一摇，长叹一声：“这是天意，非人力可以挽回。文王善卜，尚被囚百日，又何况我辈哉！”

我后来从他部下一个军长口中才了解到，他在和解放军作战时，也必先问卦才下命令，一进一退，都依靠卜卦来决定。结果一次次打败仗，他还不肯听信参谋长的劝告，最后连司令部也被包围。许多人劝他赶快逃走，他还不慌不忙在卜卦，卜完后便笑容满面告诉劝他逃走的人，说什么那个司令部的方位和卦上都指示他，可以逢凶化吉，马上会有援军将包围的解放军击溃，用不着跑！他绝不干那种丢人的事，等等。话犹未了，解放军已冲入司令部，他连那一副宝贝卦都没有来得及带上便束手就擒。

在战犯管理所中，他虽没有卦，但还是遇事必问卜，没有卦就用自己穿的鞋子来代替，连分配他一个床位，他都先要用鞋子卜过之后才决定，如方向不合卦上的指示，他一定要坚持他认为有利的方向。为了这件事，在管理所中便开过对他的批评会。最后，他还是表示，他死也不能改变他这一相信卦上指示的信念，什么人的话他也不接受。话既说到了极顶，“死也不能改变”，也就没有办法对他再提意见了。

孙楚焚香默念另有原因

和张淦一样，迷信这一套东西的还有一个，便是山西大军阀阎锡山的得力助手孙楚。新中国成立前夕，他是代理阎坐镇山西、死守太原的总指挥官，山西绥靖公署代主任（原为副主任，阎出任国民党行政院长后，由他代阎负责山西的工作）。不过这人比张淦做得聪明些，不很仔细观察，还不容易发觉。我和他是在同一学习组，每次调整床位、座位时，他总是先要弄清楚南和北的方向，再看自己分配的床位、座位是否睡下坐下后吉多凶少。

有一次调整房子，我因常常写材料，便分配了一个靠近窗口的座位，他不写东西，就给他分配在一个角落里。他想改变一下，没有得到同意，便私下和我商量，想和我对调一下。我问他为什么要换？他看我平日对他很照顾，又不愿得罪人，更不爱向管理人员去汇报别人的事，他才悄悄告诉我，他那个座位对他不利而对我有利。因为他根据两人的年龄、生肖等来推算，他宜面朝东，我则宜面朝西。我表示不相信，他才把太原解放前的一段事讲了出来。

孙　楚

当时阎锡山许多部下集合到几个地下室内，把太原市最漂亮的女人找了去，最好吃的东西也弄了去，在那里尽量寻欢作乐，准备在死去之前玩个痛快，他却不去参加。因为他问了卦，即使太原被攻破，他也无性命之虞，所以，等到解放军打进市区发生激烈巷战时，守在碉堡内那些高级军政人员在玩够吃够之后，便用炸药将那些碉堡地下室连人一起炸毁了。他虽然被活捉，却没有被杀。因此，他更加相信这一套。

他每到晚上一定要焚香默祷，新中国成立后，没有求神用的香可买，可是还能买到一些芭兰香、香水香等。这是用来消除臭气，使房内空气中带有香味的一种卫生用品，他买了不少，每晚自学时便燃点一支，插在桌上，香气四溢，大家都很高兴。他却手里拿一本《毛泽东选集》或一张报纸，表面上好像他在认真学习，实际上他是默求神灵保佑。我如果不把他告诉我的那些话写了出来，谁也不会知道当时他焚香默念的这一真相。

宋希濂一棋不让
袁仲虎好提意见

宋希濂宁被干掉不拍照

黄埔第一期毕业学生中，宋希濂是最年轻的一个。他不到 30 岁，就当了南京守备部队三十六师师长。他的湖南骡子脾气相当大，最爱打抱不平，不爱要两面派手法，是就是，非就非，因此得罪过不少的人。连红极一时炙手可热的孔祥熙这样的皇亲国戚也被他痛骂过，结果是从集团军总司令一下掉了下来，去任中央训练团副教育长。等孔财神的气消了一点，他才出任新疆警备总司令。解放战争中任十四兵团司令，调升川、湘、鄂三省边区绥靖主任后，将兵团司令让给了他一个要好的同学钟彬，两人私交极好，最后，他统率的 14 万大军被歼灭于石达开当年被俘的大渡河。兵团司令钟彬也被活捉了。

我同他两人以及四川省主席王陵基等，被关在重庆有名的监狱白公馆多年，他和钟彬这一对难兄难弟，每天便是靠下象棋、围棋混日子。钟的棋艺不甚高明，每次十有八九输，但他却不服气，有时要“悔”几步，宋不答应，认为输了还可以再来一次，不同意悔。为了争一步棋，两人常常气得把棋子摔了，棋盘也扯了，过一会儿，又不约而同地把棋子拾起，棋盘重画，再战起来。爱说幽默话的王陵基，常常笑宋希濂，兵团司令可以让给钟彬，而一招棋却不肯让。

在内战时的西南战争中，宋希濂和王陵基两人是当时被俘的高级军官中最重要的两个。所以被俘后，解放军报和四川地方报纸都大肆宣传，不少摄影记者去找他拍照片。他当时很抵触，火气大极了，对拍照经常采取拒绝的态度。他开始总认为，作为一个统率十几万大军的高级将领，竟成了战场的俘虏，实在不是味儿，所以许多新闻记者找他谈话和拍照他都不愿意。有一次，一个电影摄影师想给他拍几个镜头去放映，他一直不把面部对准镜头，一连拍了好几次都没有拍成，那个摄影师生气了，说了他几句，他更是火冒三丈，叫那个摄影师马上拿枪把他干掉，他绝不愿听安排；坚持的结果，还是他胜利了。所以他在重庆的几年中，谁都不敢惹他。

宋希濂

后来在战犯管理所学习时，我却很惊异地发现，他完全改变了，因为他是在1954年便最早送往北京的，真大有“士别三日，当刮目相看”之感。所以，他能争取到在第一批特赦战犯中得到特赦。可是在下棋方面，他还是斤斤计较，不肯让人。当时在北京战犯管理所中，谁也下不过他，公认他是“下棋能手”。

袁仲虎乃“批评专家”

袁仲虎曾在抗日战争胜利后，随同云南部队进攻东北解放地区时，一度担任过营口市市长，营口解放被俘，经过一段短时期的学习，便释放回到了昆明。他一回昆明，我就叫特务注意他的言行。果不出所料，他回昆明后，便到处去宣传解放军如何优待俘虏、如何纪律严明等，1949年夏天，我下命令把他逮捕，关在昆明市警察局看守所内。袁的亲友向当时云南省主席卢汉请求释放他。可是昆明警察局表面上和一般业务上是受云南地方政府的领导，而局长王巍却是军统分子，这一类的公开治安机关都由军统所掌握，他更得受军统的领导，特别是涉及政治性案件，完全得听从军统驻各地的单位负责人来决定，省主席也无权释放政治犯。所以，卢汉听到袁仲虎被警察局扣押，知道问题复杂，不便下命令释放，而先打电话问王局长为什么扣押袁？王答复说，袁是沈醉下命令扣押的，卢便没有说什么。

当王把卢打电话的事告诉我之后，我也知道，长期关押袁，会使卢难做人。我便要王告诉袁，如果释放他，他不能再宣传共产党和解放军如何好，相反，要按照国民党的报纸宣传共产党和解放军如何坏才行，否则，不但把他关押下去，我还准备把他解送到重庆，甚至送到台湾去囚禁。他当然满口答应照我提出的条件办。刚好我有事去重庆，卢汉在得到王巍的同意后，便下令释放了他。他一出来便大肆宣传共产党和解放军如何坏，有些地方甚至比官方宣传的共产党的那一套还要厉害得多。所以云南和平解放不久，解放军接收了云南，成立了临时的军事管制委员会，有人便检举他。结果，他又被捉去关了起来，后来也被送入战犯管理所改造。

我从重庆送到北京战犯管理所时，他也在那里，两人狱中相见，自是另有一番滋味。幸好我和他不是同一个学习组，否则旧仇新恨一齐涌上他的心头，我可得让他批评三天三夜还批不完。

管理所的制度是采用战犯互相帮助批评的方法，而不是由管理人员直接来批评犯了错误或不好好接受教育改造的人。这样可以减少一些人的思想顾虑。而袁仲虎一发言批评别人时，他总是先来一句："我对某某提点意见。"这样先把发言权抓住，不让别人先发言，他好占去全部学习时间（半天或一天）。等掌握会场的组长（也是战犯）同意后，他才慢条斯理地先泡上一杯茶，从从容容地把他平日记下来，某某人的言行记录本翻出来，一五一十地指出某日某时，某某在吃饭时把饭掉一粒在地上没有捡起来吃掉，是什么思想支配？别人的回答当然他不同意，他便会从农民如何辛苦种下粮食和以前国民党高级军政人员如何浪费、贪污等扯到一起，一直要叫那个掉一粒饭、不捡起吃掉的人，承认自己是继续作恶，坚决与人民为敌，存心浪费粮食，给国家建设造成严重损失……以及有意和共产党与全国人民为敌等一大堆“现行反革命行为”全部承认下来，并记录存卷，他才提出某天某时，某某又犯下的另一件重大错误来，再继续批评。一般正常情况下，他“帮助”一个人要占去半天，或者一天，如果他有兴趣，他记下来某人的错误太多时，便可占去几次学习时间，由他一人来批评，所以他得到了一个他认为十分光荣的称号“批评专家”。

“龙游浅水”黄维挨耳光
“鸟困笼中”汤尧遭批斗

国民党十二兵团司令官黄维一向孤僻成性，自命清高。他是陈诚最宠信的一个将领，虽然曾官拜联勤副总司令，却能做到一不贪污，二不请客送礼。这在当时，也算是难能可贵，所以他的儿女没有一个送往外国去读书的。成了战犯之后，他对那些“靠拢政府”的积极分子很看不上眼。而他的组长、副组长，不是他的旧部军长，就是他认为“不屑与谈”的人。这样，当然经常要遭到批一批、斗一斗了。加上他专心致志去搞什么“黄维永动机”，就更成为批斗的对象了。

我和他曾经同在一个组，我亲自看到过，别人批评他时，他闭目养神，面上毫无表情；而有些人的批评使他感到讨厌时，他有一手令人哭笑不得的“绝招”，就是当批评者的话音刚落，他能用力一挣，随即放出一串响亮的屁声。这往往引起对方更大的反感，而厉声责问他：“这是什么态度？你迟不放屁，早不放屁，一定要等人家的话刚刚说完，你的屁就来了。这不等于在讽刺人家对你

沈醉和黄维

的批评是在放屁!"他遇到这种情形,总是不慌不忙,若无其事地冷冷回答:"我放屁是生理上的关系,谁也控制不住它,你硬要把我放屁和你发言联系起来,那我也没有办法。"遇到这种场面,我是最忍不住笑的,只好借出去小便,到厕所里去笑上一阵才敢回来。虽然事隔多年,到现在一想起那种情况,我还会笑出声来。

黄维跟学习小组组长打架

黄维受到批评后,真的是"若无其事"吗?不!他总是把憋在肚子里的话发泄到他的笔尖上。他经常在挨批之后,伏在桌子疾书一阵,有人以为他在写笔记一类东西。他不给人看,别人也不能硬要去看他写些什么。因为在战犯管理所里,按规定,对个人写的东西,自己不愿公开时,别人不能强迫他公开。因为共产党人懂得人的思想改造和转变不能用硬性办法,这和强制劳动改造完全不同,只能慢慢来。用他们的术语叫"耐心等待"。不过,有时黄维也故意让人知道他在发泄自己对批评的不满。

有一次,他在挨批之后在桌上写下:"龙游浅水遭虾戏,虎落平阳被犬欺!"他写好后就放在桌上。和他同组的有个阎锡山手下的死守临汾的梁培璜司令官看到后,马上大声质问他:"你是龙,你是虎;谁又是虾,是犬?""谁愿意当虾就当虾,谁愿意当犬就当犬,我管不着!"他的这一回答,更使得对方火冒三丈。这时,正在午睡的那位学习组长,连忙爬了起来,拿起纸条一看,随手就向黄维脸部打了一耳光。这完全出乎意料的举动使黄维来了个措手不及,因为战犯管理所有规定,不管犯了什么错,都只能批评,严重的也是用斗一斗的方法,绝对禁止打人或侮辱性的骂人。

那位组长既打人在先,黄维也就决心还击于后;只见他剑眉倒竖,怒眼圆睁,右手握拳朝对方脑门猛力击去。如不是梁司令官手疾眼快,把那位组长向旁边一推,那一拳落在头上不死也得重伤。这时,其他同组的人都赶忙来劝解,战犯管理所的值班干部也马上赶来,一问这情况,立刻又把管理所的负责人请了来。他一听,便很严肃地指出,这是一次极其严重的违反政策的重大错误行为,应当马上召开全体大会来好好认识一下这种错误的性质。同时也指出,黄维用这种成语来对待别人对自己的批评，也是不对的。黄维听了后，原来涨红了的脸慢慢恢复正常。而那位打人的学习小组组长，原来趾高气扬，认为自己理直气壮，敢于和错误思想斗争，满以为可立大功一次的得意心情，好像冬天一下掉进冰窟一样的难受。自然，从那次后，再也没有人敢动手打人了。

与这一事件的起因几乎完全一样的，是发生在陆军副总司令汤尧身上。这位国民党的高级将领与其他人有很多特别不同的地方，他出身于保定军官学校，资格老，而且是帮会首领，兴趣也是多种多样的，用他自己的话来说：三教九流，嫖赌吃喝，无一不精。文能登台演戏，武可骑马打枪；小能教孩子练武，大可指挥百万大军……虽然有一点点自吹自擂，但的确是不同凡响的将军。和他在一起，使人不会感到寂寞。

我和他的关系较深，云南和平解放后，他是由陆军总司令部参谋长晋升为副总司令、专机由台北送到云南去指挥在云南的两个中央军的。他临离台北前，军统特务头子毛人凤在给他饯行时，还特别托嘱他攻下昆明，立即把我用专机押返台湾。因毛人凤收听到了我被迫起义的通电和广播，以为我真的背叛了国民党，所以恨我入骨，认为太给他丢人了！全国二十几个省市解放，军统将级特务和地方负责人正式发通电起义的，只有我一个。

他曾向蒋介石大总统夸过海口，军统的高级骨干都是忠于领袖的，绝不会公开叛变。而在大陆最后这一块根据地上，我这从十几岁便受到戴笠亲自培植起来的人，居然公开通电起义，实在出乎他的意料，所以，非欲置我于死地不可。没有料到，汤尧见到我时是他被活捉后，同我一道关在昆明陆军监狱中。两人过去虽然不相识，但一经交谈，便臭味相投，成为莫逆之交。所以，我们两人在背地里是无话不谈的。

汤尧在厕所高唱《四郎探母》

到了北京，两人又相聚在一起时，我便常劝他，少发点牢骚。他总是爱用一些很诙谐的话去讽刺那些“积极分子”。我劝他，效果也不大。有一天，他也是在每周举行一次的生活检讨会上挨了别人几句批评后，一肚子不高兴，像他那样整天吊儿郎当、打胡乱说的人，可以说随时随地都能给人把小辫子抓住的。

他挨了批评之后，便在上厕所时，又唱起他在狱中最爱唱的《四郎探母》，来发泄心头的一腔愤懑。正当他低声得意地唱道："……我好比，笼中鸟，有翅难展；我好比……"再一个"我好比"还没有唱完，正好给悄悄走进厕所的、那位刚在小组会上批评过他的另一位什么总司令听到了，马上就质问他："这样一个严肃的改造机关是'笼子'吗？你是什么样的鸟？你要展翅飞回台湾吗？……"汤尧和黄维对待别人批评是采取不同方法的。他懂得，在这种场合，硬顶别人会更加招来麻烦，最好的对付办法，是承认错误，自己大骂自己一通，装出一副洗耳恭听的样子，便可平安过关。用他自己常对我说的一个原则，就是"虚心接受，存心不改"。他最会钻空子。管理所的负责人经常向战犯们提到，批评与被批评的人，应当"言者无罪，闻者足戒"和"有则改之，无则加勉"。所以他每次挨批后，小组会上照例要他自己表表态的时候，他总是满面笑容地回答："我诚心诚意地、愿意加勉。"这表示别人的批评是批评错了。

老实说，有些人对别人批评，目的只是为了显示自己比对方高明，思想比对方"进步"，以求博得管理所领导的称赞，希望能提前出去。而负责战犯管理的每一个干部，几乎都是经过仔细挑选来的，他们每天都要研究这些战犯所使用的那一套一套的新旧手法，绝不会因为在一次批评会上有什么"进步"表现，就轻易做出什么好与坏的结论，而是要在长期、全面、仔细、认真的考察中去看每个人的表现，绝不轻信任何一个战犯的一面之词。凭汤尧的聪明、机智，他早就看出了这一点，所以，他对待批评从来就不把它看成什么了不起的大事，常常以玩世不恭的态度来对待。这次给人抓住了辫子，想赖也赖不过去，只好表示承认错了。对方好不容易抓到了他这种"出自内心不满的思想问题"，"一定要提高到原则上来批斗他一番"，他便想好了一套"深挖思想基础"的方法来对付这场批斗。

"敢于暴露"汤尧受表扬

第二天上午，当学习小组组长刚宣布，今天要汤尧好好检查昨天唱《四郎探母》的思想根源时，他就一个劲地首先认错，表示"决心痛改"，"保证不再重犯"。

很多人都知道他又在耍花招，一定要他认真挖思想，他便把夜晚想好的一套新的东西搬了出来。只见他不慌不忙地先咳了一阵，方才慢吞吞地检查起来。他承认自己对“同学”的批评有抵触，想仿效“阿Q精神”来一个自我安慰，把自己比作被“同学”囚禁在笼中的小鸟，希望能展翅飞到人民行列中去，为祖国建设做贡献……当然这种检查是不能使“同学”们满意的，便一再追问他是受什么反动思想支配，最后逼得他承认了想早日脱离战犯管理所，逃回台湾去继续与共产党作对……这样才使全组的人，认为这是他的真实思想，能挖出这种反动思想，是全组的人一次重大的收获，便郑重其事地把小组记录整理得端端正正送了上去，满以为非给汤尧一次重重的处分不可。许多人估计，不把他打入单身牢房去囚禁，取消对他的种种优待，也会给他戴上脚镣来惩罚几天，至少得由管理所召开一次全体批斗会来好好斗他一斗。

结果出人意料的是，一天两天过去了，没有丝毫动静；半个月过去了，也没有一点消息。那位自认检举有功的总司令和学习小组长都再也忍不住了，便一次又一次去当面询问管理员，得到的答复使他们感到意外的高兴，管理员告诉他们，不久就会由上级领导来作结论。这样，全组都很兴奋。我听了都替汤尧捏了一把汗，他也有点慌了。等到上级首长来集合全体战犯讲话时，我和汤尧都在提心吊胆。大大出人意料的是，首长的讲话，不但没有对汤尧提出批评，更没有提到要惩罚；相反的，是对汤尧的检讨大加称赞。一再强调，汤尧肯这样大胆暴露思想，是值得表扬的。并以肯定的口吻向大家说，你们当中有这种思想的人相信很多，只是没有人敢这样暴露。没有这种思想的人可能也有，但不会很多，政府是鼓励大家要敢于暴露思想，暴露了就会慢慢地去改；不暴露的人，不等于就没有。并再三问：你们都改造好了吗？都不想回台湾去吗？都认为这种“鸟笼生活”很满意吗？对共产党没有丝毫怨恨吗？

当问得大家瞠目结舌不知怎样回答时，这位首长才用肯定的口吻声明：有这种思想，一点也不奇怪。一点没有才是怪事。不过，这种思想会一天天减少，一天天转变，慢慢地由多到少，由少到没有，总之，还得经过一段很艰难的过程。但相信最后一定会有绝大多数的人，能完全去掉这种思想。也会有个别的人，一直要长期甚至永远保留着这种思想，这就是经过很久的分析后得出这样一个结论。散会后，汤尧抿着嘴朝我一笑。一场风波就此结束。他一有空，依旧去哼他的“我好比……”了。

脱裤割“鸡”巴，误认惩罚严峻
脱胎换筋骨，惊叹改造艰难

重庆战犯管理所成立不久，从各方面挑选来集中的战犯，正在欢天喜地地相互庆贺待遇改变、新生有望时，突然一次首长讲话后，不少人便陷入了比过去更加痛苦的日子。因为这许多高级战俘中，有的是长期单身囚禁；有的是长期患病住在监狱医院；有的从来不看报；有的虽是从劳改单位挑选来的，也是在一天劳动之后，倒头便睡。可以说，至少有一半人是与世隔绝一样，根本不了解社会上在搞什么运动；对常用的一些成语，也很陌生。

那位首长的讲话为什么会引起那么多人那么大的波动呢？主要是他那一口南腔北调的口音，使许多人产生了误会，憋在肚子里，很久不敢说，更不敢去问，也不敢彼此交谈、研究。因为，长期过着惊弓之鸟的生活，遇事都得三思、四思。

闻受“宫刑”战犯茶饭不思

究竟是什么话使人惊恐？原来他硬学北京人讲官话，想把“脱裤子割尾巴”的尾字读成“以”字，但学得不太像，使人听了后，错误地把“以”听成了“鸡”。平日又很少听到过这句话，如果听惯了，再讲得声音不对，也可以理解；而陡然间一听，要大家下决心，忍痛脱裤子割鸡巴，怎么会不吓出一身冷汗？而感到这种惩罚，是和太史公司马迁的遭遇一样，要受宫刑。

有些人便肯定地认为：国民党一些大官都是三妻四妾，或在外面乱玩女人，所以共产党要首先来惩戒一下，以免出去后，再胡作乱为。

我记得这位首长讲话是下午三四点，讲完后便是开晚饭，那天的晚餐特别丰盛，可是许多人端起碗吃不下去，整夜唉声叹气睡不好。刚集中，还不懂得战犯管理所的规矩，更不敢随便发牢骚。这样憋在心里有四五天，有些大胆的便议论开了。有的说：我们过去杀过那么多的人，都不要我们偿命；而玩过几个女人，就要割鸡巴来惩罚，未免太过分了。有的便自作聪明说，这是因为人民政府的司法部部长是女的，她一定是站在女性的立场，对我们来报复一下。个别人气愤地嚷开了：“要割我的鸡巴，就请先割我的脑袋，否则，我宁死也不愿当太监！”

自然，这么严重的思想问题，很快就有人反映上去了。管理所的领导马上召集全所战犯讲话，进行解释。他笑嘻嘻地问：“谁说要割掉你们的鸡巴？”头一声没有人答，当他问到第二声时，有位在四川军阀统治时期当过四川宪兵司令的老头站了起来，结结巴巴地说：“是上星期那位首长来训话时讲的。”所领导人先纠正他：“以后首长们来讲话时，都叫做讲话或作报告，不要再叫什么训话了。”他停了一下，才继续说：“那天首长要你们脱裤子割尾巴。不是什么割鸡巴，这是你们听错了！”他的话音刚落，便有两个人同时站起来回答：“报告所长，我们没有尾巴，不需要割！”

所长和坐在他身边的几个干部正在笑得合不拢嘴的时候，李弥兵团中一个被俘的少将高参崔崇征一下站了起来，大声报告：“我学过社会发展史，知道人的祖先是猿猴变的，本来都有尾巴，但是我一家都不是猿猴变的，是妈妈和祖母生的，一生下来都没有尾巴，我认为不要割。”他的话音刚落，又是一阵哄堂大笑。经过所领导人用了两个钟头左右的时间，才把这个问题说清楚。

原来这是句形容词，指的是要除去反动残余思想和资产阶级坏思想这个“尾巴”，而不是真正要用刀来割。只要经过学习，提高思想认识和觉悟，用批评和自我批评的方法，去掉这些坏思想，就算是割掉了这些尾巴了。我的天！

“个人出路漆黑一团”

这一误会刚刚解决不到一星期，又有一位什么首长来讲话，他是讲战犯们集中学习的目的，主要是加速改造，要真正改造好，就要做到“脱胎换骨”。这四个字虽然没有割鸡巴那么可怕，但不少人也背上了一个包袱，主要是认为自己不是出生于官僚资产阶级家庭，就是地主阶级家庭，先天生就了这个骄胎傲骨，怎么也找不出一条贫农和叫花子的根子来，这个胎怎么去脱，骨又怎么去换？

尽管在讲话时，那位首长怕又产生误会，还一再说明，这是比喻，就是要求彻底改造，重新做人。但大家细细一琢磨，还是认为改造太不容易，一直是个沉重的思想包袱，以为这可能是一个长期，甚至是无限期囚禁这些人的一个代名词。

虽然不敢再发牢骚，但总有“国家前途光芒万丈，个人出路漆黑一团”的感叹。包括我在内，都认为要把这些战犯们彻底改造好，那将是遥远的事情。这些人都是五六十岁的人了，可能这一辈子就这样改造下去。直到 1959 年秋，刘少奇主席颁布特赦战犯的命令，指明只要改造满十年，确已改恶从善，就可以得到特赦，这一包袱才算放了下来。彼此额手称庆时，都说：想不到要求这么低。因为一般都差不多关押十年了。“改恶从善”这样一个标准，也基本上达到了。大赦令一颁布，战犯们的心境才为之一舒。

那么多的战犯聚集在一起，又经过那么多年的改造生活，彼此都有一肚子的话可以谈。除了每天必不可少的三四个小时的学习和开会等之外，其余的时间便是自学或参加些象征性的劳动。更多的时间可说都在“摆龙门阵”，只要有几个彼此认为信得过的坐在一起，便有谈不完的话。

当时要用录音机把这些录了下来，真可以编几十本动人的故事书。我的记忆力可惜不太好，现在回忆起来，连百分之几都记不到。一开始，每个人都爱讲自己生平的得意事，从如何升官发财到怎样玩女人等等，可说是无话不谈。

这不但由于过去彼此身份地位差不多，而且，如今都成了战犯，关在一起，从前那种装腔作势的官架子早抛到九霄云外，所以，谈起来没有丝毫顾虑。不过遇到个别爱“靠拢政府”的“假积极”分子突然插进来，便会不约而同地马上改口，大谈报纸上的社论或刚发下来的文件，等到这种人一离开，又重新漫无边际地纵谈起来。这几乎是战犯们的一种最大乐趣。

失人和灵官扫台
缺地利将军送终

管理所的领导人也估计到战犯们在一起爱谈过去，也从来不禁止，即使有人去汇报了，也只在集合讲话时告诉大家，少谈过去，多谈现在，以及认真学文件等一套官样文章。而私下闲谈之风，可以说直到战犯管理所宣布结束时止，也没有中断过。

战犯们几乎每个人都有不少“过五关、斩六将、诛颜良、斩文丑”的得意事，否则怎么能爬到那种高高的职位。不过几年间经常谈，别人也渐渐听厌了，所以有时也把自己“走麦城”时的不体面的事谈了出来。我认为这些是值得把它多写出来一些的，也是当时我听起来十分感兴趣的。

树倒猢狲散，王陵基狼狈出逃

曾任江西、四川两省主席的四川老牌军阀王陵基，是一个心直口快的人。他不但爱谈过去得意的事和倒霉的事，连他被女人把两肩咬得流血的风流往事也爱大谈特谈。这个人的一生真可写成一部长篇小说。他是清末举人，文学有相当深的根基，被清廷送往日本学军事。回国后，在四川武备学堂当教官，四川大军阀刘湘便是他的得意门生。不过刘湘的官运比他亨通罢了。到后来，这位老师反而成了自己学生的部下。

刘湘统治重庆、璧山等地区时，他便担任重庆卫戍司令。他常常说："巴壁虎"地盘开始不大，可慢慢地发展起来，他是出了不少气力的（重庆旧称巴县，刘湘占有重庆、璧山时，四川人都叫他为"巴壁虎"。川中习俗称四脚蛇为"巴壁虎"，而刘湘镇巴县、璧山为一方之虎，故名）。王陵基在刘部之中一向骄傲自大，看不起人，再加上他在北洋军阀时有过什么将军头衔，一般人把他列入四川八大将领之一。他很不高兴，认为他的资格比别人都要高些。他爱杀人，特别是他担任重庆卫戍司令期间，杀人最多。任刘湘部第三师师长驻在万县时，也杀过不少人。所以，重庆和万县老百姓都背地里叫他"王灵官"，意思是骂他凶神恶煞。

王陵基

王陵基在重庆任卫戍司令时，有天坐着八人抬的大轿上街巡查，看到几个中学女生牵了一条狗正迎面而来，狗的颈上挂了一块"王灵官"的木牌。他一怒之下，便叫随从的马弁（卫士）用驳壳枪插进这几个女学生的下身，直到这几个女学生下身流血，痛得在地上乱滚，他才叫住手。这说明其人之残酷。他平时见客，总是军服整齐，腰杆笔挺地端坐着，使人望而生畏。据他自己告诉我，那种装模作样的日子并不好受，因为别人不便和他聊天。当了战犯以后，他认为那种臭架子放下了，反而感到轻松得多。

1948 年 4 月间，他由江西省主席调任四川省主席，据他自己说，这是蒋老先生为了想把四川再次作为他的根据地和大后方，像抗日战争时期一样，还可以依靠这天府之国和天险，和共产党周旋十年八年，等待第三次世界大战的爆发，又可以一统天下。把他调任四川省主席，主要因他是四川人，在四川方面有相当的社会基础。由他主川，可谓“得人和”。结果却恰恰相反，因为他一向骄傲，看不起人，他到四川接任主席的当天，就有人在大街上贴标语反对他。

四川军阀中够省主席资格的人有好几个，早就想登上这一宝座。王很清楚，这些人肯定在暗中和他捣乱；再加上不久张群就接替朱绍良，当上了西南军政长官公署长官，成了他的顶头上司，他一向不看重这位“华阳相国”（张群是四川华阳县人，当过行政院长，所以一般人尊称他为华阳相国），两人之间矛盾很多。蒋老先生原意是以为用他回川，在人事上一定可以处理得好，结果恰恰相反。他到四川一年多，弄得到处树敌。

等到 1949 年 12 月 1 日，蒋介石、阎锡山、张群、顾祝同等从重庆逃到成都，还想设立临时指挥部，由胡宗南的残部先在成都附近打一次“漂亮的仗”，阻止解放军的三面包围夹击，再从容逃往西昌，以待国际变化。

王陵基回忆起这段往事时，很感慨地说：“谁也没有料到，不到十天，成都已乱成一团，蒋介石等都先后飞走了。我一看不对，便在 12 月 12 日那天也悄悄离开成都，蒋临走前拨给我几万两黄金，我也无法处理。除了拿 1000 多两存在一个亲戚家中外，便准备先逃到西昌，再设法去台湾。我到邛崃县的时候，听说李文兵团已向解放军投诚，我怕李文把我拿去当礼品，便连夜只身逃走，连终日跟在我身边的一个副官我也甩掉。因两个人在一起，被盘问起来容易出破绽。我把平日戴的一副墨晶近视眼镜也摘下来丢掉。结果，被解放军挡住，我说是县政府办文墨的小职员，叫戴正名。意思是等待时机才正式拿出我的名字来。他们看我年纪大，又是深度近视，走不动路，便不注意我，我便趁机溜走，在洪雅一处乡下，找到一个小庙暂时住了下来。

我记得那个庙叫仙鹤寺。快到过春节了，庙里的和尚问我会不会写春联，我一时兴起，便给他们写了一副，上联是‘仙鹤飞来定卜地灵人杰’，下联是‘神威浩荡信能国泰民安’。我还把一线翻身希望寄托到菩萨身上呢！没想到春联贴出去，附近许多居民看我的字写得好，都找来写春联；我怕被人发觉，又溜走了。

我从洪雅搭便船去嘉定，还到乐山老家门口和我家开设在乐山大街上的久成元绸缎店去看了一下。因我胡子很长，又穿得很破旧，许多熟人迎面而来都没有认出我。一直等我找到宜宾一个亲戚家住下来，才被人怀疑。我又赶忙从宜宾乘船准备去重庆，在江安时被我过去任第三师师长时一个老部下发觉。他一检举我，我知道再也无法隐瞒，就自己坦白承认是王陵基。担任检查的解放军很高兴，非常客气地把我护送到重庆。

在船上，我听到很多老百姓都在议论，说：'王灵官被搜查出来了！'还有不少人说：'这家伙一回四川当主席，我们就看出国民党要完蛋了。四川戏到煞角（结束）时，总是要叫灵官出来扫一扫台，表示戏演完了。没有想到这次扫的是这么大的戏台，王灵官也够神气了！'"

王陵基这段话刚一讲完，急性子徐远举便指着宋希濂、钟彬说："四川老百姓不但早说过王灵官回川扫台，许多人还说你们俩是给国民党送（宋）终（钟）来的呢！真太凑巧，想不到'扫台'和'送终'的都凑在一起了！"那好！我们就听听他们是怎样给国民政府送终的吧！

忽闻楚歌，宋希濂一败涂地

国民党名将宋希濂，是黄埔一期学生中年纪较轻的一个，是蒋老先生的得意门生，曾派去日本留学，30岁左右，就晋升到了拱卫南京的三十六师师长。多年来，他随蒋南征北战，曾屡建功勋，被人称为青年得志的将军；但一谈到他最后为国民党在大陆的统治而送终时，也是感慨万千。他说："1949年这一年，是我最不幸的一年，也是国民党对大陆统治完蛋的一年。在这一年里我父亲死了，妻子也死了。自己屡屡打败仗，弄得身败名裂，家破人亡。虽然，我那年才42岁，不但两鬓开始花白，头发也脱掉不少，几乎一切事皆不如意，弄得心力交瘁，意趣索然，所以我在当年石达开被活捉的大渡河被活捉时，是决心一死的。感到将来当俘虏，是多么可耻！当解放军正四面把我包围着、自知已走投无路时，便抽出手枪，朝着脑袋。正要开枪时，我的警卫团一个亲信排长袁定侯，一下把我的枪支夺去，抱着我哭了起来。一会儿工夫，解放军就过来了。开始，他们在清查谁是宋希濂的时候，我的部下没有一个人做声。最后是一个叫王尚述的苏北人，他是解放军1948年9月间派遣打入我在衡阳办的军政干部学校，后被人发觉，许多人都主张枪毙他，我看他很年轻有为，认为只要肯认错悔改就行了，并把他留在干校工作。正当解放军认不出我的时候，他忽然走过来向我敬礼，并说解放军优待俘虏，对高级将领会更加优待，要我不用担心，我当然只好承认我是宋希濂了。”

在谈到他和钟彬两人在一起，便成为送终兵团时，他有点气愤，他说：“我是1948年8月在湖北沙市组成十四兵团的。归我统率的有六个军和一些地方部队，总数是14万多人。我原来是华中‘剿总’副总司令兼十四兵团司令。蒋介石知道我和华中‘剿总’总司令白崇禧闹矛盾，并希望我能利用川湘鄂边区有利地形，保住西南四省，所以成立川湘鄂边区绥靖公署，调任我当主任，我也希望能‘得地利，挽天时，讲人和’以挽救失败残局。我担任绥靖主任后，又把两个军组成一个第二十兵团，由第二军军长陈克非为兵团司令，同时保举曾任二十六军军长及广州第四编练司令的钟彬为十四兵团司令，实际上我是指挥两个兵团。说这两个兵团是给国民党在大陆的送终兵团，真有点冤枉！”

宋希濂和沈醉

“到现在，我还记得，1949年11月间，蒋老先生派蒋经国拿着他的亲笔信，到川湘边境的彭水西边武隆县江口镇和我会晤时，我向他分析了在川东战场上失败的四个重要原因，主要是共军实力雄厚，斗志旺盛；我指挥的六个军，大多残破或新编，战力脆弱，指挥官缺乏信心；鄂西山地粮食少，官兵常吃不饱；加上天气寒冷，大多数士兵无棉衣，吃不饱再加穿不暖，又遇到这种地形，怎么打仗？当时蒋经国先生除同意我的意见外，还说这次与共军作战失败的根本原因，是20年来国民党没有搞好政治，也没有领导好军队，只有彻底改造，才能产生伟大的新生力量。当然，这不是短时期能办得到的，我是希望知道当前打算怎么办？他说：'正在把胡宗南的第一军调来，希望撑持一个时期。'我表示：'我只有一句话，尽人事，以听天命而已！'那次，他自己来和带老先生的亲笔信来，不但没有使我们产生新的希望，而是使我们感到失望。但最后我们还是拼死抵抗，正如钟彬所说：'现在还有什么办法？我们绝不会投降，只有打光算了！'就是这样，我们边打边逃，明知是死路一条，也还是朝死路走去。"

"有一天，解放军追我们追得很急，快到大渡河边时，跟随我的警卫中有一个士兵，忽然自言自语地念着：'七十二战，战无不利，忽闻楚歌，一败涂地！'他这一念不打紧，我听了却打了一个冷战，立即感到这真是一个不祥之兆。虽不是故意指我，但却与我的处境完全相似，不能不使我想到当年楚霸王自刎于乌江和石达开在大渡河的被擒了。"这位一向自负的名将，谈到这里时，还感到羞容满面，大家只好劝他不要再谈下去了。

宋希濂在国民党高级将领中，是一个文武兼全的人，而且生性耿直，爱打抱不平，湖南骡子脾气很重。他无事时，便背诵唐宋诗词，一口气能背出上百首，《长恨歌》与《琵琶行》等长诗，他都记得很清楚。我曾注意到他，每次背诵花蕊夫人的"君王城上竖降旗，妾在深宫哪得知；十四万人齐解甲，宁无一个是男儿"的时候，眼眶往往红润欲泪，因为他也是统率过14万人，被俘地点也在四川，这怎能不使他感愧交集呢！

王耀武谨言慎行
庞镜塘循规蹈矩

我刚从重庆战犯管理所移送到北京战犯管理所时，编在第二组。学习组长是第六十六军军长宋瑞珂，生活组长是第十军军长覃道善，同组的有十二兵团司令黄维、第二绥靖区司令官兼山东省政府主席王耀武、第七十三军军长韩浚、第七十九军军长方靖等十来个人。我只认识王耀武。“八一三”上海抗日战争时期，他任师长，率部在上海附近的罗店前线抗拒日军。我那时是军事委员会派往罗店、浏河前线的随军情报组组长，经常带着组员到前线各驻点调查、了解情况，每天向上海和南京发报两三次。

王耀武的师部驻在前线一个小村内，他与戴笠一向很好，知道我们在前线的目的，是为蒋老先生搜集情报，所以非常客气。当时所有在罗、浏前线作战的师部都给情报组装了军用电话，每天把他们打胜仗的消息告诉我。我马上派员前去实地看过，才敢上报，怕受他们欺骗。遇到重大事情我们亲自去调查，经常在王的师部和他的副师长李天霞一道吃饭、聊天，所以和王熟识。在战犯管理所他看到我后，很高兴给我介绍与其他的人认识。第二天，吃过早饭之后，他忽然回到组内来传达当天上午的学习内容。我很奇怪，他和我们一样是第二组的成员，怎么由他传达学习项目？我因初到不便多问，但由于好奇心，下午我就打听到了。原来学习小组长之上还有一个学习委员，直接由管理所负责人领导，王耀武就是学习委员。但他平日还是在小组内与我们一道学习，每天学习完毕，由他召集各学习组长开一次碰头会，各组长向他汇报学习情况，由他汇集以后去向管理所的领导汇报。

王耀武（左）和郑洞国（右）

我很奇怪，为什么会这样相信他，他是不是能如实地去反映情况呢？很快，这个问题就得到了答案。他的确是认真负责如实地反映问题，不仅得到领导上的信任，也得到所有的“同学”的信任。这里得插进一句，为什么在战犯管理所的战犯彼此都称呼为“同学”呢？这可能是由于要提高战犯们的自尊心，让身居狱中的战犯忘记自己是在坐牢，像在什么训练班学习。因为按照旧的老习惯，监狱里犯人们都彼此称呼为“难友”，以示是患难中结识的朋友。新中国成立后，在中共管辖下的监狱中，禁止再称难友而改称“同犯”，意即同是犯了罪的人。战犯管理所成立后，让战犯们互相称呼为“同学”，虽然还没有得到自由，这也算是一种“安慰”吧！

在旧社会中的王耀武，是拔尖儿的人物，他可真有一套升官与发财的本领。他是黄埔第三期毕业生。黄埔一、二期学生中，胡宗南这样突出的人也是少数，像他这样身兼一省的军事、政治要职的第三期学生，还没有第二个。他原先是上海泰康饼干公司一个学徒，由于手笨嘴笨，不讨人喜欢，经常受人欺负打骂，他便愤而去广东投考黄埔军校。毕业后，他慢慢地领会了一套升官发财之道，爬得很快，特别是当他爬到了师长一级的高位能经常与蒋老先生接近时，他就比一般人都能得到蒋的重视，主要是蒋身边的人他都有一套拉拢收买的巧妙方法。

王耀武送礼与一般人不同，能当着许多人甚至蒋老先生的面，送人家东西而不被人发觉。他在抗战时期，许多人生活困难时，他往往利用他驻守的防地大搞走私等活动，赚了不少的钱，对直接领导他的上司身边所有的人都去进行收买。其方法之妙，是一般人所想象不到的。当时一支派克自来水笔或一只瑞士的高级手表，是人人求之而不可得的贵重物品。他每次去参加什么高级会议或去晋见什么大官时，身边总是带上几支派克金笔和高级手表。他要送东西给对方时，往往当着许多人的面，向这人借自来水笔与手表，说是自己忘记带，等到散会或临走时，便把自己带去的还给别人。为了怕对方发觉不是自己的而拒收时，他会把上面贴的一张很小的“王耀武敬赠”的字条让对方看一下，就能彼此心照不宣地收下了。

据他告诉我，即使当蒋老先生、何应钦等在一起开会时，他的这一戏法也一样在这些人面前玩弄过。所以这些人身边的亲信除了会给他说好话外，最方便的是他送去的文件很快便可批下来。他在上海泰康公司当学徒受气的事，他一直没有忘记，等到他发了财之后，便把这个公司买下来，由小徒弟变成了大老板，这是他认为最得意的一件事。由于当官而经商，发的横财不少，所以生活也很考究。他自己常说，太多享受也给自己带来了想象不到的麻烦。

1947 年莱芜战役中，他指挥的六万多人被歼。不久，济南告急，他在共军将济南层层包围之下，还带着一个副官化装为小商贩逃了出来。他是山东人，地形熟，语言方便，他知道若向前方逃跑，不容易通过共军的防线，只有向相反的方向逃才能逃到青岛或烟台等城市；再想法从海上逃难到别处。

用进口手纸解大便露出破绽

当他一路无阻逃到离济南相当远的一个小镇时，因为要解大便，他的副官便从身上掏出经常带在身边、他用惯了的外国进口的手纸。当地老百姓解大便时，一般是用一根小树枝，甚至用一块瓦片或土块擦一下，很少用手纸，也从没有看到过有人会用那样雪白柔软的纸去擦屁股，都暗地感到惊异。当然，这种事很快就引起了当地解放军的注意，便把他和副官分开，加以盘查，破绽便露出来，于是他就被作为高级战俘而送入了监狱。后来三野在苏州成立解放军官训练团时，他被送到那里去集中管训。

当时各野战军对待战俘，在管理和待遇上有些不同，以陈毅、粟裕领导的第三野战军区待遇最好，用的名称也很使战俘们满意，它和解放军军官训练团只少一个军字，称为“解放军官训练团”。待遇与解放军战士一样。最差的是林彪领导的四野，他把俘虏到的国民党高级军官如第九兵团司令廖耀湘、东北“剿总”副总司令范汉杰与几个军长都送到最冷的佳木斯，严厉看管。而华东的三野则轻松得多，开始时王耀武并不老实，他还是利用身边带的一些钱，以及仅有的手表、金笔一类东西，继续搞他那一套收买拉拢手法。

有一次，他在理发时，由于他一向很大方，那位解放军的理发员便悄悄地告诉他，那个解放军官训练团不久要搬到济南去了。王得到这个消息，马上做好搬家准备，并把这消息告诉了一些熟人，当然很快就传开了。这一下可把训练团的领导吓坏了，因为把这 1000 多名俘虏军官长途转移是一件极其困难的工作，事前是绝对保守秘密不能让任何人知道的，这么多的人要是在路上暴动起来，问题就很严重了。所以马上追查，一直追查到了王耀武头上，他不得不如实说出这一消息的来源。当局除了对那个理发员严加处分外，对王耀武也进行了一次严重的批评，虽然没有对他处分，也使他吓坏了。

领导上警告他，一定要老老实实接受教育改造，不能再把过去那一套拉拢收买的办法使出来；并且特别提醒他，千万不要忘记，1934 年，他担任陆军补充第一旅旅长时期，在江西与红军北上抗日先遣队第十军团作战，军团领导人、红军著名将领方志敏和第十军团二十一师师长胡天陶都是被他活捉后处死的。这样大的一笔血债虽然不要偿还，但总不能忘得干干净净。他听了这一番话后，十分害怕，如果因他泄露解放军官训练团搬迁的消息，而连过去这一件大血债也一起清算，肯定必死无疑。他几乎有好多天寝食不安，天天在提心吊胆地等待对他的审讯。可是，一直到从苏州平安地迁移到了济南，一路上没有发生过什么问题，也再没有人找他谈话，他才慢慢地安下心来。从此以后，他便决心痛改，领导上对他也很称赞，认为他真正做到了“错而能改”。

有人想搞垮王耀武取而代之

1956年，从济南解放军官训练团挑选被俘的高级军政人员时，他自然也被挑选到北京战犯管理所来进行“加速改造”。由于他已表现得很老实，北京战犯管理所的领导便指定他当了学习委员。尽管他处处谨言慎行，不敢乱说乱动，也从来不发半句牢骚而越来越得到干部们的信任和同学们的尊敬，但国民党高级军政人员这么多聚在一起，总有不少人对他这个委员眼红而想搞垮他取而代之。

但由于他事事谨慎，从不乱反映问题或欺上压下，找不到推翻他的毛病。最后，还是有人不断向所领导和管理人员反映，说他白天装得老老实实，夜晚睡着做梦时，经常咬牙切齿地痛骂什么“俺操他”“奶奶熊”等，一定是白天抑在胸间的愤懑，在夜间控制不住而发泄出来，说他是外装老实，内心仇恨共产党，不是表里如一。

尽管不止一次，也不止一个人去反映，领导上还是信任他，没有半点撤换他的意思。有个别急于想取而代之的人，竟当面去质问管理所的领导，得到的答复也很使他们失望，一是从来没有发现王耀武弄虚作假欺骗领导；二是始终如一任劳任怨，勤勤恳恳，没有理由撤换他；三是夜间说梦话，并不能说明他骂人是骂共产党，也可能是种生理上的习惯，加上管理所的干部没有听到他在梦中骂过人，因此一直没有调换他。

我和他在战犯管理所相处的时候，我曾问过他，你这么谨慎的人，为什么1947年2月间山东莱芜战役中会打那么大的败仗？他说这完全是李仙洲指挥失当，那么多的军队钻进了被解放军包围了的吐丝口，就像《三国演义》中孟获钻进了葫芦谷一样，进不得、退不能，弄得内无粮草、外无救兵，靠空投能维持几天，结果全军覆没。

左起：康泽、沈醉、王耀武、王耀武之侄

他说："我一生中被蒋老先生骂得狗血淋头的也是那一次。战争失败后，蒋亲自飞到济南，事先不告诉我，怕我靠不住。他到了济南在空军基地叫人打电话找我去，我还以为是南京派了什么高级人员来了。等我赶到机场，一看是他气哼哼地站在那里，我的两条腿便一直哆嗦，我怕他当时枪毙我或把我带回南京处分。结果，他只瞪大眼睛狠狠地痛骂了我一顿。现在想起来我都有点害怕。只要他嘴里多说出两个字'枪毙'，我就会一命呜呼了。"

庞镜塘与人争论"C.C. 系"来源

由于王耀武得到了战犯管理所对他的信任，所以，1959 年第一批特赦的十名战犯中就有他。这对他来说既是好事，又是坏事。因为他过去做生意赚的钱太多，而且大部分是由他妻子带去香港，他特赦后，一再希望妻子回来，结果出他意料，她竟和他的一个副官一口气跑到南美洲去欢度晚年而置他于不顾了。王得讯一气之下，马上手脚发抖，几乎当场死去，虽经抢救，也变成了半身不遂。如果他迟点出来，也可能还多活上十来年呢！

北京战犯管理所除了在各学习小组长之上有一个学习委员，还在各组的生活小组长之上设有一个专负责生活的生活委员。此人姓庞名镜塘，也是从山东济南解放军官训练团挑选到北京战犯管理所的。他是被俘虏的国民党党官中级别最高、资格最老的一个。

庞镜塘不仅是国民党的中央执行委员，而且是国民党山东省党部的主任委员，负责山东党务工作。刚解放时，有许多解放军的领导人弄不清楚，以为各省市国民党党部的书记长是当地国民党的最高负责人，甚至到成立战犯管理所时，也把几个省市的国民党的书记长挑选出来。实际上，国民党各省市的最高负责人是主任委员，书记长是主任委员领导下的高级幕僚，等于部队的参谋长、机关的秘书长。有些省是由省主席兼主任委员，书记长的权力虽然大一点，但重大事件还得请示主任委员。20多个省与直辖市解放后，虽有不少书记长被俘，而省的主任委员被俘的只有庞镜塘和四川省党部主任委员曾扩情两人。

庞是国民党内最有实力的C.C.系的骨干分子之一。在战犯管理所中，许多国民党的高级军政人员常常说：C.C.是指的陈果夫和陈立夫两兄弟的小组织。只有庞镜塘一人完全不同意这种说法，他不止一次和人辩论说：C.C.两字，应当是指1927年8月，蒋介石被迫下野后，南京的中央政权被桂系的李宗仁、白崇禧把持，并勾结李烈钧等组织了一个“中央特别委员会”把持国民党；蒋介石在去日本之前，除秘密指示国民革命军总司令部参谋长朱绍良，把大批黄埔军校毕业的军官密切联系好作为他“东山再起”的实力外，还秘密指使陈果夫等，把留在上海和江浙的国民党中上层骨干组织起来，成立一个“中央俱乐部”以反对南京的“中央特别委员会”。这个俱乐部的房子，便是庞镜塘在上海的公馆，因为中央俱乐部的英文译名为：“CENTRALCLUB”，所以简称为C.C.。

1927年12月，蒋介石由日本回国复职后，南京的特别委员会垮台，蒋介石便自己兼任国民党中央组织部部长，由副部长陈果夫负实际责任。到1929年，陈果夫的胞弟陈立夫在国民党第三次全国代表大会后，也被蒋介石任命为中央执行委员会委员兼任中央党部的秘书长，二陈在国民党内的势力才越加扩展，把过去国民党内的所谓“蒋家天下丁家党”——指丁惟汾，一变而为“蒋家天下陈家党”。由于陈的英文是CHEN，有人便把二陈指为C.C.。而中央俱乐部除二陈有相当雄厚的实力外，国民党实力派中还有张励生与朱家骅也是中央俱乐部的重要负责人，朱家骅还曾取代陈果夫当过中央组织部部长。他这一番话，虽能使得一些人相信，不过反对他这一说法的还是大有人在。为了这个问题，在战犯们闲聊时是发生过多次争论的。

被咒骂，比作认贼作父的石敬瑭

庞镜塘的父亲是清末的大官，所以家产不少，除上海、南京、济南有大公馆外，北京绒线胡同也有一所大院。他是大少爷出身，吃喝玩乐、诗书字画无一不精，由于他是党棍子，知道阶级斗争的厉害，所以他在济南解放被活捉后既没有像许多高级将领一样准备自杀，也没有敢隐瞒身份，而且，在被俘后，还处处小心翼翼，一般人对他的评语是“循规蹈矩”。他从不背地里发牢骚，所以被指定当了负责生活的委员。他和王耀武两人有一间小房子作为他们的工作室，各组学习组长与生活组长有事开会或碰头，便在这个房间内，别的战犯在他们不开会时，也可以去这里与他们聊天或反映情况。

庞镜塘写得一手好毛笔字，所以这个房间的桌上放有墨盒毛笔，他平日和人接触，总是先笑一笑之后才用不流利的北京话和人攀谈，很少看到他发脾气。我在和他一起生活的几年中，只发现他生气过两次。一次是不知道是谁在他桌上写了几个字，他看了气得跳了起来，并且向管理所领导反映要查对笔迹，看是谁写的，非要处分这个人不可。原来在他桌上写的是这样几个字：“前有石敬瑭，现有庞镜塘，现镜塘想学前敬瑭，可惜学不像！”他大发雷霆，请求追查；同时，我也发现他一个人伏在桌上泪流满面。

当时我曾劝慰他不用计较，他哽哽咽咽地小声说：“我是一心一意为同学们服务，而却有人把我比作认贼作父的儿皇帝石敬瑭，怎么不伤心！”他一再请求领导上给他做主，一定要核对笔迹，看是谁这样恶毒地咒骂他，可是没有得到管理人员的支持。他们感到要100多人写字对笔迹，这样大规模地兴师动众，没有必要，以后留心慢慢地查查就行了，结果不了了之。但他一直耿耿于怀。

还有一次，不知道是谁，把他种在他工作室里的两盆山胡子和五色朝天辣椒淋上一大杯开水，等他发现这些东西蔫了的时候，已无法起死回生了。为此，他也发过一次大脾气，说干这种缺德事的人太可恨了。监狱中这一点点盎然生气都被烫死，真是没良心的人才做得出来。他知道我过去当过侦缉大队长和稽查处长一类侦探机关的领导，便请我给他“破案”。

我说早不干这行了，这种案也不必去破它，而要反躬自问有什么地方使同学不满才是要紧的问题。他听了我的话琢磨了好久，才恍然大悟，认为他确有些地方得罪人。特别是一到冬天，每一个大的寝室内（可住十人左右）都是把取暖火炉生在房内，小寝室（可住四五人）的火炉是生在胡同走道上，生在房内的火炉是由房内的人轮流负责在半夜起来添煤和经常看看是否灭熄了，如果炉火不旺，一定要用一根铁棍去通通。管理所为防万一，所有通火铁棍、铁铲等都只有一套，交由庞镜塘保管，用时去找他要，绝对不准留在房内。一是要轮流用，二是防止发生意外。有些人怕半夜起来麻烦，一借去就不还。庞便一等用完就拿走，有些人对他这种一点不肯与人方便的做法反感很大。

还有时在分配日用品等方面，也有人对他有意见，认为他不公平。这些琐碎小事，过去这些大官们连想也不会去想，今天却斤斤计较。因此，他这个生活委员就为这些小事得罪不少的人。

他平日很少和别人谈知心话，这可能是由于他胆小的缘故吧！有一次，他在别人谈在台湾的家眷时，不留心说出他的妻子是台湾的“国大”代表。当别人进一步想打听她的情况时，他马上改口谈别的事。可是不难看出，他内心里是非常苦闷的。有时一个人坐在他那间工作室里，既不看书报，也不写东西，而一坐就是默默无言地坐很久很久。

我每次给他理发时，他总是特别提醒我，留心不要碰掉他脑门顶上稀稀疏疏几根灰白头发。我常开玩笑地说，没有这几根头发，秃秃的脑门，就更像一位大学教授了。他每天对镜理发时，总是那么小心翼翼。许多人都笑他是“惜发如金”，他往往也笑着回答：“我看它比金子更宝贵呢！”

范汉杰喜开玩笑
廖耀湘一本正经

提起范汉杰，在国民党军队中和黄埔前几期的学生中，谁都知道他是一位足智多谋而且十分有趣的名将。他在进黄埔军校第一期之前，就在广东地方部队中有相当地位了。他自己常常夸口说，蒋老先生虽是他的校长，但他在 1918 年至 1920 年间，就和蒋在援闽粤军总司令陈炯明部同过事。当时蒋任总部高级参谋，总部参谋长邓铿留守汕头时，蒋代理参谋长，他就在总司令部任军事委员和兵站站长。他入黄埔时还当过一段时期的粤军旅长，因部队被打垮了才进黄埔，所以在黄埔学生中，他是相当引人注意而且一直受到蒋的器重。

范汉杰

我和他同是第二批特赦的。1961 年 2 月 21 日，周恩来总理第一次接见我们第二批特赦人员时，一见面，总理就能认出范来。我们一致钦佩总理的记忆力特别好，总理笑着说：我在黄埔教政治课时，对第一、二期一些学生认识不少；范汉杰和李仙洲等都比我这个老师的年龄大。并且说，他印象较深的是范汉杰是瘦而高，曾扩情是胖而矮，所以多年不见，还能认出来。

范汉杰黄埔毕业后，官运一直亨通。蒋老先生为了培植他，特地送他去德国学过军事。抗战期间，他与胡宗南一道包围陕甘宁边区。抗战胜利后，胡宗南为实现自己的野心，曾把包围延安的几十万大军分别派往华北、东北等地抢占地盘，决心跳出终南山这个地区。

说起来也很可笑，当胡宗南以第八战区副司令长官统率40万大军包围西北边区时，有一位自称高明的星象家，给胡宗南推算前途命运，原来是想讨好他，说他的名字和终南山的终南，不但同音而且他的事业也和终南山一样，永远威镇西北边陲，陕甘宁将全部在他统驭之下。胡听了不但不高兴，反而大发脾气，说他的事业是在全中国，岂止西北而已哉！所以抗战刚胜利，他就把屯在西北没有向日本人放过一枪的精锐部队赶忙派出。范汉杰就是以他的部队成立第一兵团，由范任兵团司令，带了十多万人赶赴东北去抢地盘的。以后，范又改为冀热辽边区兵团司令。

正在这时，蒋老先生突然调范汉杰到南京任陆军副总司令，他因受了胡宗南抢东北地盘的重托，坚决不去就任。不久，自命不凡的东北行辕主任陈诚，以为他这个曾指挥过全国军事的参谋总长，屈就东北一隅来和解放军作战，肯定能打几个大胜仗，结果出他意料的是连吃败仗，便借身患重病为理由，要其妻子谭祥（又名谭曼意，谭延闿之女）向她干妈宋美龄求情，由蒋将陈诚调回上海养病，而以卫立煌去接替。

卫到东北后，撤销冀热辽边区兵团司令部，改任范汉杰为东北“剿匪”总司令部副总司令兼锦州指挥所主任。结果，解放军绕过沈阳而先取锦州，几天时间，范所指挥的十几万大军全军覆没。他记得最清楚的是1948年10月16日下午，他感到形势越来越严重，原来请求调援锦州的侯镜如、廖耀湘两个兵团已赶不上了，他便和第六兵团司令卢浚泉、副司令杨宏光、第九十三军军长盛家兴和几个师长带领少数卫队，按照南京派往锦州上空的飞机，用烟幕作信号，示意可以向锦州西南方突围的暗示，开始突围。

郑洞国（中）、范汉杰（右）、廖耀湘（左）被俘后，都进了哈尔滨解放军官教导团学习。

他们经松山向塔山陈家屯之间山地小道逃走时，刚走过西海口和高桥之间的公路，就被解放军潜伏在该地的一支小部队截获。他们当时都是身穿士兵衣服，解放军便把他们和暂编第五十五师安守仁部被俘官兵放在一起，经飞机场向班吉塔方向进行。他一面很庆幸自己未被发觉，可以有机会溜走，一面想到自己是方面军的高级指挥官，而今丧师失地，即使能溜出去，又怎能向蒋老先生作交代？特别是想到 10 月 8 日，蒋乘“灵甫号”巡洋舰从天津亲自赶到葫芦岛给他在电话中的种种指示，回去后肯定要受到严重处分，十有八九要杀头。

他为了求得速死，便自己向押送俘虏的解放军坦白自己的身份，请求早日枪决，不要再解来解去，因为长期不走路，走起来十分吃力。

出他意料的是，自己报了身份后，马上就被送到解放军纵队司令部受到优待。1956 年，又从佳木斯解送到北京战犯管理所“加速改造”。自此以后，他知道不但不会被杀，而且还有可能恢复自由，所以在战犯管理所内，他那爱开玩笑、喜欢捉弄人的习惯，又慢慢地表现出来了。

老婆刚好半打，儿女不足一班

我记得最清楚的事有两件。一次他的那位使人讨厌的学习小组长，要每个战犯填家庭情况表，他故意说眼睛有毛病，改日再填。那个组长说当天要交，不能拖延，他说那就请你代填一下吧！那个组长先问他的妻子姓名和儿女数目及名字，他却很认真地回答说："我的老婆么，刚好半打，儿女还不足新编制的一个班。"他的这话刚一出口，弄得全组大笑。那位组长可生气了，便严厉地批评他，这种事也开玩笑。他却一本正经地说："这是习惯了的，你不填，我自己来填就是了！"究竟他是怎样填的，我就没有再过问了。

还有一次，他伏在桌上写东西。因他写字一向写得很小，写东西比较吃力，他一面闭目养神，一面用手轻轻地揉眼睛。这时，那位使人讨厌的小组长正从外面进来，看到他两眼发红，忙问他有什么心事使他伤感？他一看房内没有别人，便赶忙把抄好的东西覆过来放在桌上，两手扪住头伏在文件上装作痛哭的神情。这位组长吓了一跳，一个劲地盘问他，究竟为什么这么伤心。他头也不抬哽哽咽咽地说："这样下去，活不成了，所以先把遗嘱写好……"这个组长一听，急忙掉转头就跑到管理员那里去报告，管理员又急忙去向管理所的领导报告。一会儿便有三四个干部急急忙忙跑了过来，只见他还伏在桌上，领导人便和颜悦色地问他，有什么解决不了的事，希望他说出来好帮他解决。他故作惊诧地向来的几位干部看了一下，轻松地说了一声："我眼睛有点发胀，休息一会儿就会好的，没有什么要请领导帮忙的事。"

范汉杰

那位组长一听，马上气呼呼地质问他："你不是说活不成了要立遗嘱吗？"他还是那样满不在乎地反问："我好好地立什么遗嘱？"那位组长便抢过去，把他覆在桌上的东西翻过来送给干部们看，弄得几位干部啼笑皆非，原来他抄的正是当天《人民日报》一篇“社论”。由于当时房内没有第三人，他和组长的谈话，没别人听到，所以争也争不清，干部只好要他们不要再吵，认为这不是什么原则问题，并叮嘱不要在小组会上来批评范汉杰，以免纠缠不清而影响学习。这件事是范和我同时特赦了以后在外出参观时，才原原本本告诉我的。

对政治学习，范汉杰相当认真，特别是他学有专长，除了军事方面外，他在测量方面也是能手。他在满清末年便出国学过测量，平日也爱看数学方面的书籍，除了爱开玩笑外，不发牢骚，所以特赦第一批的名单中便列有他的名字。后来由于原在国民党十九路军中一些高级将领如陈铭枢、蒋光鼐、蔡廷锴等的反对，第一批便没有他。这是我和他在第二批特赦后，傅作义告诉我们的。傅说，特赦国民党的高级军政人员，共产党内部有很多人有意见，是毛主席先说服了党内的人之后，才召开扩大的国务会议，征询民主党派人士的意见。基本上得到同意，便由公安部门根据战犯管理所对战犯的考核，凡符合特赦标准的列出名单，再由“人大”和“政协常委会”逐个讨论。在讨论到范汉杰时，十九路军的高级将领们一致指出，范汉杰任十九路军的参谋处处长时，在 1933 年 11 月 20 日，“福建人民政府”成立之前，便和军统特务头子戴笠、郑介民有了勾结，早把十九路军的一切内部情况详细告诉了戴、郑等人。特别使他们痛恨范汉杰的，是中央军对十九路军包围进攻的最紧要时刻，范汉杰把参谋处所有的密电本全部派人送给在鼓浪屿搞秘密活动的戴笠，以致部队联络通信都成了问题。结果，从发动反蒋战争到彻底失败，还不到 100 天。因此，他们对范汉杰恨到极点。

廖耀湘

范对此却大叫冤枉。他说，十九路军在福建成立“人民政府”，他一开始就不赞成。古人说，“凡事应谋定而后动”，而这些人却是“先动而后谋”，哪有不失败之理？再加上十九路军的基本队伍只有六十、六十一、七十八三个师，“一·二八”淞沪停战后扩充了两个师，实力不足五万人。事变发生后，把五个师的番号改成五个军，人数还是一样。他们买来六架飞机，事变发生之前，连飞机上的机关枪都没有装上去，只能当运输机用。中央军和地方军队却有十多万人，几乎多两倍，怎么把打败仗的责任怪到他的头上呢！不过第二批特赦前，再一次把他名字列上时，听说周恩来等共产党的高级领导人，先向几位反对他的人进行了一番说服工作，认为十九路军和“福建人民政府”的失败原因很多，不能过分责怪范。这样，总算在第二次提出他时，勉强通过了。

廖耀湘相当骄傲，自命不凡

和范汉杰个性恰恰相反的，是另一国民党的高级将领廖耀湘。他相当骄傲，自命不凡，像他那样中央军校第七期毕业生能当上兵团司令的，在当时还只有他一个。

他常常对人说：“湖南宝庆（邵阳）出了两位杰出人物，你们知道吗？”

我明明知道他把自己也列为宝庆的杰出人物，便故意气他：“我是湖南人，我只知道我们湖南出的许多杰出人物中，宝庆只出了一个蔡锷（蔡松坡），没有听说还有第二个。”

他便用不服气的口吻，拍拍自己的胸膛说：“还有我呢！”

我是最爱假装糊涂和人逗趣的，便退了几步，从他头上看到脚上，看了两三次，才慢慢吞吞地说：“可惜矮了一点，将来也许有希望，如果能长高几英寸的话。”当然，他更气了。我不等他开口，便一溜烟走了。

由于我在战犯管理所学会了剃头，每到星期日，便给人理发，有一次，在给廖耀湘理发时，这时房内只有我和他两个人，他的话匣子便打开了。他知道这时我不听也得听，他是想说服我承认他是宝庆第二个杰出人物。

我过去只知道他是新六军军长，他的部队在秦皇岛准备乘美国第七舰队的船只去东北时，军统在秦皇岛接收了美国海军赠送的一大批美式武器，我刚派人点收完毕，便奉蒋老先生的命令全部拨交给了他，所以，我过去对他只有这么一个不愉快的印象。而他却和我谈，他从 1945 年冬开始，由秦皇岛率领新式装备的新六军如何攻打盘山、台安、辽中，以及 1946 年 3 月间就打通辽阳、鞍山与沈阳到营口的交通线。他越说越起劲，特别是谈到四平街一战他的部队拿下八棵树之后，共军不得不撤出四平，以及他如何首先攻入长春……

他正说得眉飞色舞时，我有点听得不耐烦了，便把刚磨好的剃头刀举起来向他脸上一扬："等一下说吧，我的手艺不高，刮破了脸皮，割掉了鼻子、耳朵不能怪我！"

后来我才渐渐知道一些，抗战刚一胜利，他带领的新六军赶赴东北后，林彪部队的人数、装备等都不及他的时候，他的确在东北横冲直撞过一段时期。由于立过不少战功，而晋升为第九兵团司令。

但好景不长，到 1948 年后，国民党在东北只有几个大城市了，铁路交通等都被截断，想把几十万大军主力撤回关内都不可能了。

有一次，我问起他是怎样被活捉时，他仰天长叹一声，大有楚霸王在乌江边上的气味："非战之罪也！更非我之过错，是最高统帅部的举棋不定，意见不一……"我看他有点黯然神伤，便不愿再问下去。后来我还知道了他在锦州被解放前、范汉杰被活捉后，为了把他统率的辽西兵团（第九兵团以外的一批部队都归他指挥）近 20 万人安全撤出东北，曾和蒋老先生以及卫立煌、杜聿明都发生过争吵。

1948 年 10 月间，蒋老先生亲自到北平召开会议，高级将领对东北战场的意见很不一致。有的主张夺回锦州；有的主张退回沈阳固守待援；有的主张由杜聿明指挥的葫芦岛东北兵团和他指挥的辽西兵团东西推进，夹攻锦州后，在大凌河会师，再去解救长春等城市守军之围，一同撤进关内。廖当时极力主张弃地保留部队，只要有人，还可以收复失地。最后在迫不得已的情况下，他才决定把辽西兵团经黑山、大虎山向营口挺进，这样可以把东北这一主力部队从海上运往南京去整顿。没有料到，他这一方案被共军得知。共军便以大部队在这一带埋伏起来，等他自投罗网。

大树之下欲轻生

这次大败，他很有感触地说，抗战刚胜利他带兵到东北时，到处都受到老百姓的欢迎，耳目众多，几乎战无不利；等到他决定撤出东北时，路上想找一个老百姓带路都不易找到，更不用说像当初那样主动来通风报信了。

他当时统率的辽西兵团，计有新一军、新三军、新六军、七十一军、四十九军等五个军，共 12 个师，再加上一些游杂部队和直属重炮单位及地方团队共 20 多万人，只几天时间就全军覆没。最后他身边只有新六军军长李涛、新二十二师副师长周璞与一随从副官带一个特务连跟着他东逃西窜。他记得最清楚的是，1948 年 10 月 27 日那天晚上，他决定向南方解放军较少的地方突围。那时正是阴历八月底，夜间很黑，走着走着，他那个一向不离开他的副官不知跑到哪里去了。卫队也越来越少，最后只剩下李涛、周璞和新六军一个高参，还一直跟在他身边。

正在徒涉饶阳河通往盘山一条水渠时，周璞不慎跌入一个水深没顶的坑里，他大声呼救，便引来解放军的搜索。他把周璞拉出水坑，李涛被冲散，只剩下三个人绕过一处小树林继续向南探索前进。那时附近还有小部队被解放军包围，他们又躲过一处村庄向老达房前进。天快亮的时候，他们看到前边有一小村庄似乎很平静，那个高参便决定先进去看看，好买点东西吃。因为又饿又累，他和周璞便等在附近。没想到那个高参一走进村，就被在村里休息的解放军抓住了，他和周璞便从一处有隐蔽的地段赶快离开那里。不久，天大亮了，他和周璞只好在高粱秆堆里躲了一天，真是又饿又渴又累，连一撮野草根都吃得比鱼翅还香。就这样夜行晓藏地前进，希望能赶到沈阳追上杜聿明的部队。

路上看到一个老百姓手里拿了些破旧衣服，他们便出高价买了下来，化装前进，胆子也比较大了些，白天也敢走了。等走到辽河边正在等渡船时，听说沈阳已解放了。这时，他是羞愧与恐惧交集，想到自己统率那么庞大的一支精锐部队，几天工夫就打得剩下两个人，既害怕被解放军抓到枪决，又怕侥幸逃得回去受惩罚。因为他想起当年春天七十九师在辽阳和白塔堡被解放军消灭之后，该师师长文礼被蒋老先生下令枪决，那么多人去讲情，还是不准，结果就死在自己人的手中。他一想到这里，便决心自杀了事，但手中连用来自杀的手枪都没有。他坐在路边一棵大树下，不由抱头痛哭起来，准备等到天黑就在那棵树上自缢。

周璞看出他的心事，一再苦苦相劝，要他绕道奔葫芦岛，可以赶上国民党撤退的部队，能逃出解放区总比较安全，他只好勉强站起来慢慢走去。因为他们身上没有通行证和路条等东西，不敢走大路，结果在一条小路上还是遇到一小队巡逻的解放军，一盘查，他便坦白了自己的身份，以求速死。他说周璞是勤务兵，巡逻的解放军当时就把周璞放走，因为找到了他，巡逻的解放军干部高兴极了，对周璞没有兴趣再去盘查。

廖本人立刻被送到一个高级指挥部，并受到了很好的待遇，多日来东躲西藏、寒冷饥饿的生活暂时结束了。他想，不管将来怎样处理，目前总是可以舒服一下。后来他被辗转送到了佳木斯一处高级战俘收容所，那里不是监狱而是一处普通民房，同在一起的有范汉杰、李仙洲和四十九军军长郑庭笈等十多个人。

“报告小便”有刺激

不过，那里管理很严，夜晚起来大小便都先喊“报告”再说明要解大小便，得到站在窗口的解放军战士的答应之后才能起床。他和郑庭笈都有前列腺炎，解小便不易解出来，有时站在便桶边很久都解不出。他更有一个怪习惯，别人看着他的时候便解不出大小便。他认为这是最大的苦事。特别是在佳木斯漫长的冬天，室外经常是零下 30 摄氏度左右，不能出去上厕所，白天还好一点，夜间起来，看守的便死死盯住，久久解不出小便还得挨批评，说他故意找麻烦，没有小便说有小便，真是有苦说不出。

范汉杰倒有心和这些看守开玩笑，他常常在要小便或大便时，便把四个字连在一起喊:“报告小便”或“报告大便”。有的战士不注意，回答他一声让他起来。有的一琢磨，这样喊是故意在捣乱，便责问他:“你是向谁报告？”“当然是向你报告！”“我是小便、大便吗？”就这样一来一往顶了起来，范汉杰也不肯认错。所以，后来便规定，只准先喊“报告”两个字，等答应后再说干什么。

范汉杰与廖耀湘

廖耀湘一向爱看书报。在佳木斯的几年中，他只能看到管理人员发给的文件和报纸，他往往能从头到尾看完，有时看累了，便倒下来看。那里规定白天没有病的，只能坐在大的炕上看书；有病的经过医生允许，白天才能睡觉。他有时把报纸盖在脸上睡着了，看守的战士喊他质问时，他有好几次从炕上跳起来和战士大吵大闹，说妨碍他的学习；后来又规定，经过管理干部的同意，白天才能躺在炕上看书。当他们从佳木斯送到北京战犯管理所集中学习时，他高兴极了。因为白天夜晚房门都不关，上厕所时再没有人站在窗口盯着，他常常说："这才算是解放了！"另外一件使他高兴的事是，北京战犯管理所有许多书和报纸，还可以请求购买自己喜欢阅读的东西。他买了一些法文书，津津有味地一看便是一两小时。许多人都笑他是"一本正经"。

1961年冬，他在第三批得到特赦，1964年当了全国政协委员后，才有一位起义的国民党将领告诉他，1948年冬，他的兵团在黑山、大虎山地区被解放军全部歼灭的消息从新华社广播出来时，蒋老先生听了后，气得连收音机都一脚踢翻。正在那时，宋美龄养的一条小狗还不知趣地向老先生身上扑过去，也被一脚踢死了。

他听后连忙摸着头发全白了的脑袋笑着说："好险！差一点就搬家了！"

人生百态自我暴露
做广播操洋相迭出

我刚从重庆战犯管理所被送到北京战犯管理所的时候，有一天早上，正和杜聿明等几个熟人在谈重庆的情况时，杜聿明看到有一个人匆匆忙忙从门口走过，他便喊了那人一声："九百九，干什么这么忙？"那人理也不理便走过去了。不一会儿，又有一个人来问他要八分邮票。这人刚把邮票拿走，杜聿明又叫他"九百九"。我正感到奇怪，怎么会有两个人同一个编号？只见那人一面向外面走，一面冲着杜聿明："你才是九百九！"说完一笑就跑了。我忍不住问杜聿明："你的编号不是二〇一吗？怎么也叫九百九呢？"他忍不住大笑了一阵之后，才告诉我，这不是什么人的代号，而是指那些有钱不舍得花、老是去揩别人的油的那些吝啬鬼的代名称。

改造所里也有"财主"

他指出刚才来向他要邮票的那个人，被俘时身上带了不少黄金美钞，是北京战犯管理所的第二号"财主"，但他什么都不肯自己掏钱买，专门向同学和管理员伸手要。本来，战犯们对外写信一向用管理所的邮票，后来有人写墙报建议应当自己买，一呼百应，管理所也同意了自己买。可是有些人就舍不得买，不能向管理所要，就向同学"借"，这种借是从不归还的。

当时，在改造中的战犯大都有不少的钱带在身边，因为按照"不搜俘虏腰包"

的规定，带在身上的钱是不交公的。但如属于公款则应没收交公。王陵基在新中国成立前，行政院长阎锡山遵照蒋老先生指示，一次拨给了他 8 万两黄金。宋希濂等许多人，都带有几千两黄金。这一类公款都没收了。而带在身边的黄金美钞便归自己。不过，拿出来的都得换成人民币。

杜聿明介绍了这么多，我还有点弄不清，为什么把有钱舍不得花的人要叫成“九百九”，杜聿明便把这一绰号的来历告诉了我。

他说，从前有个土财主，专门重利盘剥别人。有一天，他收账回家，天快黑了，过河时，河边只有一条船了。他正想上船，驾船的人便故意说，今天过河不给一千文不给渡。他一听大怒，说平日只十文钱，今天怎么要这许多？驾船的说，少一文也不让上船，他一听便卷起裤子，把鞋袜脱下提在手中，准备涉水过去。因为他背上扛了几千文钱，走起来很吃力，走了几步，就软了下来，自愿加一倍。驾船的理也不理，他一边走一边加，船夫还是坚持非一千文不可。后来，快到河心，水淹到胸部了，他已加到九百文，船夫还是一动不动。他气极了，再走时，水已到颈部，他十文一加加到九百八十，船夫仍不理。最后，他一脚踩进了没顶的深水中，还用力猛向上一蹿，大叫了一声：“九百九。”临到要淹死时，他还舍不得多出十文钱。所以，后来一些人把吝啬鬼就叫作“九百九”。说完他已笑得倒在床上了。

衣领中暗藏美钞

我便告诉他，我衣领里面还藏有不少美钞，可不可拿出来换？他连连说行，又问我为什么藏这么多年不拿出来？我说，这些美钞是在监狱里发的洋财，怕人追问。他便半开玩笑地故意板着面孔说：“今天我非追究追究不可，你坐牢还敢发洋财！”我也笑着把这些美钞的来历告诉他。

那是刚解放时，我和保密局经理处长郭旭、总务处长成希超被当成要犯，移送到昆明看守所大圈之内一个小圈圈里。有过多次坐牢经验的成希超，估计要大搜查，并向我们提出应当做好些什么样的准备。我过去只有抓人坐牢的经验，自己却不懂得坐牢要准备些什么。我最后在云南的“九九整肃”事件中，一次便准备抓四五百人，事先我只叫看守所腾出十几间房间。当天晚上刚抓到 100 多人时，看守所长便跑来向我报告，说快关满了，再不腾房子，便无法睡下去了。我听后大发脾气，桌子一拍：“我抓他们是来坐牢，坐牢就是让他们坐在里面，谁叫你来做好人让他们都睡得舒舒服服！”看守所长不敢再说，只好鞠躬而退。

到半夜时，又有人来报告我说，已抓了200多人，再抓来就连坐也坐不下了，我才允许再腾出十多间房子，这才把400人挤了进去。对于挤在里面的人是怎样睡和坐，我躺在席梦思床上时从来没有去考虑过。所以，我对坐进牢房后应当做什么思想准备一点也不注意。经成希超一提醒，我才想起这次叫我们搬进这小圈圈时，许多日用品都没有带来，只把被褥提在手中，幸好第二天一早有人给我送来了，否则起床连洗脸漱口的东西都没有。过去过惯了有人照顾得周周到到生活的人，只有进了监狱才能体会到，一条毛巾、一支牙刷都成了宝贝。

美钞进洞避免检查

成希超是什么都带在身边，最后趁看守人员走开时，他又匆匆忙忙从袜子、鞋子内掏出几叠美钞，向墙壁的老鼠进出的洞口塞了进去。果不出他所料，我们刚铺好被子脱衣入睡后，便进来一大批人，把我们从头到脚全身搜遍，连被子、枕头都细细检查了才让我们入睡。

第二天起床后，成希超就说：“现在不会再检查了，除非再搬动，才会搜一次。”说完他就去掏藏的美钞，结果竟摸不到，他急得满头大汗。

郭旭便半开玩笑地说：“我会念咒，求神保佑找到，不过找到后要大家都得点好处才行。”

成希超连连点头说：“只要找到，在场的人都见财有份。”

郭旭便装模作样地念了起来：“希超美金两千一，老鼠拖到洞隔壁，请求菩萨来保佑，找到大家都得益。”

果然，在隔壁的几个洞内找了出来。我连声称赞郭旭：“真神人也！才子也！”

郭旭很谦虚地说：“这不过是借用别人的东西，是狗戴帽子——碰上了。”我便问他借用了什么人的？他就一五一十地说了出来。

一个荤的笑话

从前有个教书先生，专门爱代人写咒求神治病和找东西，他说韩愈一篇文章可以把鳄鱼都赶走，他的文章也一样有神相助。

有一天，他的儿媳去舂米，用力太猛，不慎把阴户撞得肿起来。他一向和这儿媳有暧昧关系，儿媳便如实地告诉他，请他写咒求神。他想了半天，提着笔写不下去，因为打伤的地方太那个点，怎么能形之于文字；后来，他听到隔壁房内有人讲话，灵机一动，居然一挥而就。他举着咒文在神前高声朗诵："媳妇舂米用力，打坏屁股隔壁，请求菩萨保佑，好了大家有益！"

在一阵笑声之后，成希超也只好慷慨地把美钞分了一些给在场的人。

杜聿明听完，也笑得前仰后合，连声称赞，好一个"屁股隔壁"！

其实，很明显，这是人生百态的自我暴露，也是人性软弱一面的自然暴露。

一到休息各搞一套

在重庆战犯管理所习惯了做广播操的生活，一到北京，便感到有点奇怪，为什么每天早上和学习休息时间都是各人搞一套，没有人喊到操场做操？当时，正是全国大举推行广播操的热烈高潮中，战犯们一到休息时，便会听到国防部二厅副厅长沈蕴存，或十七兵团司令刘嘉树，以及杜聿明等大声喊人打桥牌。黄维总是挺直腰杆在胡同内一人散步，李仙洲老是打太极拳，王陵基便到床上盘腿打坐……

有一天，我好奇地问"小海南岛"郑庭笈（郑介民堂弟、四十九军军长，和我过去便相识，他是海南岛文昌县人。还有一个比他年纪大的军统大特务、两广监察使邢森洲，也是海南岛人，一般人叫他"老海南岛"）："为什么不做做广播操而各搞一套？"他说："虽有不少人看到报上介绍广播操有种种好处，希望也每天做做，但找不到教操的人。"我听了便大笑起来，我掰着指头数了一下，仅黄埔一期毕业的，就有杜聿明、宋希濂、黄维、李仙洲、范汉杰、曾扩情、刘嘉树、马励武、周振强、郭一予等十多人，而统率过几万、十几万乃至几十万大军的军长、兵团司令、总司令等，竟达百余人之多，怎么会连教广播操的人都找不出来？

郑庭笈便问我，重庆战犯管理所做不做广播操，我说，每天都做三次。他又问谁教，我说是我在教。他有点怀疑，因我既不是黄埔军校也不是其他什么军校毕业的，怎么能教操。我就把过去在军统局任总务处长时练就了一套喊口令的本领的经过讲了出来。

练就发号施令本领

有一次，戴笠发现有一个总值日官是共产党的叛徒。那天正值日本飞机轰炸重庆，那位总值日官忙于指挥内勤特务进防空洞和指挥警卫连与勤杂兵搬运公文箱等。他便把我拉到一边，悄悄地责备我，为什么把发号施令与调动卫兵的权力都交给这些叛徒？我告诉他，这是局本部的规矩，处级干部当总值日时，就有这种权力。他在第二天便宣布，各处处长与各室主任不再当总值日，由我兼任总值日。我开始想不通，总务处长已够忙的了，还天天当总值日，岂不是忙上加忙？戴笠便找我到他家里去，边吃饭边谈，军统局这份家业是他的事业的基础本钱，如果让叛徒利用当总值日时的权力，搞一次暴动，便一切都完了。

他与蒋老先生一样，总认为叛徒能叛共产党，也能叛他。他再三告诫我，要十分警惕，并强迫我一定要长期兼任总值日，不准换人。所以，我每天都得在吃饭时到饭厅去喊“立正！”“坐下！”“开动！”等口令；逢到开“四一大会”蒋老先生来时，除喊“立正”外，还得向他报告人数；每星期做纪念周，也由我喊口令和整顿队伍。所以，我虽不是什么军校毕业的，几年中慢慢也就练习熟了。

郑庭笈也告诉我，这一百多位将军中，除绝大部分是黄埔毕业的外，还有东北讲武堂、云南讲武堂，以及留学日本、美国、德国、法国等国家学军事的，为什么找不出个人来教操，主要是这些将军们官越做越大，对过去连长、排长等喊口令那一套早已抛在一边了。加上多一事不如少一事，所以过去管理所一再征求，没有一个人愿意担任这项工作。他问我可不可以担任？我说，让我考虑一下再说。

奉命教广播操

没有想到，郑庭笈当时就向管理所的领导人去反映，说我能教广播操，当然立刻得到了同意，并要他马上把我找去。几位干部都说，早就该做广播操了，就是没有人愿意教；你能教的话，明天就开始。我很谦虚地说教不好，不敢教。他们认为只要慢慢来，一定会做得好。但却再三叮嘱我，对这些人切不可操之过急，更不可要求过严，开始只要他们比画比画，动作不准确，要慢慢纠正，不要疾言厉色，要把他们的兴趣提高起来，一定要耐心，等等。

叮咛一番之后，第二天，由管理所的领导亲自集合全体战犯到场内，也是平日大家室外活动的最大的那块空地上，郑重宣布：政府为了关心大家身体健康，能更好地学习，从当天起，由我辅助大家先学会第一套广播体操。在出操时，除有病的可以不参加外，希望都要去。玩牌、下棋等文娱活动，可以在晚上进行。

宣布完了以后，由我先做示范动作，我从小学国术，身段柔软，做踢腿运动时，脚可以踢过头顶；做弯腰运动时，不但头可以碰到膝盖，而且可以把两手的肘部碰到地上。我做完后，他们一看很有趣，我又编出一套鼓励他们的话，说我没有做广播操以前，饭也吃得少，觉也睡不好，特别讨厌的是经常腰酸腿痛等许多老年人常犯的毛病，做操不到一月，饭能每餐吃七八两，再也不失眠、不腰痛等。我是针对他们的心理胡诌一顿，其实我一向体健如牛，做操与没有做操基本一样。因为我没有做广播操之前，在监狱的几年当中，一直坚持早上洗冷水澡和打一套拳。我这个活标本，对他们来说是比较有吸引力的。

笨相毕露笑话百出

从开始教广播操起，直到今天，我一想起那些将军们所闹出的笑话和大半数人的那种笨相，便禁不住笑起来。说来真是使人不能相信，如果不是亲眼所见，有些可笑的事连想也想不出来。因为我教操是面对着这一百多位将军们，要教会他们实在不容易。有时弄得我满身大汗，说得舌敝唇焦，才能教会一节动作。我有时累得想不再教，但又一想，如果在过去，要集合这么多将军在一起来让我教操，恐怕是绝不可能的事。

我是一个最爱笑的人，看到可笑的事，很不容易克制住自己不笑出声来，有好几次，我实在忍不住笑，只好转过身子，用手帕捂住嘴鼻，假装咳嗽，才避免了当着他们的面来发笑。

我记得有几次在集合之后，我要他们取好间隔、距离，免得彼此妨碍，这一点他们都会做，虽然是慢吞吞的，但都懂得。而在做踢腿运动时，竟多次发生这种可笑的事。本来做各种动作，都在原地不能移，腿踢出去，收回之后，仍应站在原地上。有几位大腹便便的将军，不但只能踢到一两尺高，而且一踢出去，便像新兵学正步走一样，不是把踢出去的脚收回原地，而是把踢出去的脚朝前面迈进一步，等到再踢另一只脚时，往往踢到前面的人屁股上或腿上。被踢的人一定会回过头去质问，这样就得停下来，先去劝架，让踢人的退回去。有时刚调解完，再继续做的时候，他还是向前迈一步，被踢过的怕再被踢，立刻回过头去吵起来。我记不起，总不下十多次，为踢腿而发生争吵。虽然我总是在开始前先做示范，并一再提醒不能朝前迈去踢前面的人，但有几位不知是故意还是笨，老是记不住。

有一件更使人发笑而且我还因此受到管理人员批评的事。一次做弯腰运动，我看有些人的动作实在太滑稽了，弯腰动作，起码得把腰向前弯一点点，有些人却只把背向前略微弯曲一下，两只手伸下去还不到膝盖，实在不合要求，我便大声叫："这是弯腰运动，要把腰部弯下去！"有几个还是无动于衷，我有点气了，便喊："把腰弯一点！再弯一点！"

结果，最后一个人一个趔趄，撞在前面的人身上，前面一个又撞在更前面的人身上，一行人便像多米诺骨牌一样，一个接一个倒了下去。我急得满身大汗，赶忙叫旁边的人快把倒下去的扶起来，我自己也跑过去看，幸好都是穿着厚厚的棉衣，倒下去有的只是两手着地把手掌擦伤，最严重的是把鼻尖碰出了血。

这一严重的"操伤事故"，立刻引来了几位管理人员，把倒下的一行八九个人都带到医务室去检查。幸好没有人折断骨头，都只是轻伤，我只挨了几句批评："早就告诉你，不要对他们要求太严，随便动作一下就行了！你看，今天这么多人跌伤，要是皮破血流，损筋断骨，不用说你，我们都担不起责任！"

从那次教训以后，我便闭着眼喊上一顿，随他们怎样做，都不再去纠正了。直到1958年春天，从德胜门外功德林到公安部郊外的农场去体验农业劳动时止，我小心又小心地结束了这一教广播操的任务。因为去农场劳动，体力劳动较多，不像在功德林时坐着学习的时间长，就不用再做广播操。我也如释重负。多年以后，许多同学们见到我还夸我在战犯管理所时“有两套”。不了解的人便问我：“有两套什么本领？”我总是笑着说：“有两套广播体操！”

张学良一语结心交
张严佛宽解感落泪

"鼻歪人品正""话少心事多"这两句话是指战犯管理所中的两个军统大特务的。

老资格大特务张严佛

在军统系统当中，地位仅次于毛人凤、而资格却比毛人凤老得多的张严佛（又名张毅夫）为人一向正直。可惜他在年轻时得过一场怪病，病好之后，鼻子歪在一边，虽经过中外名医治疗，鼻子一直正不过来。所以，第一次和他见面的人都会对他产生一种不明确的看法："鼻歪心不正"，此人肯定不可和他打交道。

我和他第一次见面，也曾产生过这种想法。可是在十多年中，我对他越来越尊敬。他在被俘的军统特务中，地位最高、资格最老，他原来是属于邓文仪特务系统的重要骨干，邓文仪任南昌行营调查科科长时，他任副科长，戴笠任"复兴社"特务处处长。据说，邓搞特务比戴笠还早，因为他是黄埔一期生，戴是六期生。不过后来他搞不过戴笠。1932 年，戴笠当了特务处长之后，那时蒋老先生经常坐镇南昌，指挥对红军的"围剿"，邓文仪领导的调查科特务还不如戴笠派在江西的特务搜集到红军和江西苏维埃政府的情报多。1933 年间，蒋介石便把邓文仪的调查科长职务撤掉，命令戴笠兼任该科科长，并接收该科全部特务。张严佛和现任台湾

“立法”委员的王新衡等100余人，便全部由戴笠接收过来并入特务处。

调任南京特务处书记长

戴笠为了让邓的这些旧部安心替他工作，对他们特别表示信任和重用，曾把张严佛调升到南京特务处担任书记长这一要职。由于特务处的一些老人，特别是曾经和戴笠混了多年的军统“十人团”的元老们，看不起这个“外来人”，而过去一向忠于邓文仪、并能替邓当家做主惯了的张严佛，还以为把他过去敢于负责的精神照样使出来，不但可以讨得戴笠的信任也能使特务处的人满意。

结果出他意料，处处碰壁，常常受到身边许多人的闲言冷嘲，戴笠表面上是支持他，实际上是别有用心，只不过做给邓文仪的人看看，他不分彼此，一视同仁，暗地里他对那些使张难堪过的人从不责备。张起初还看不出来，还一个劲地认真负责执行他那个书记长的职务，后来才发觉越来越棘手，便自动请求调换工作。没有好久，他就外放了。当然给他的职务不会低，我只记得他曾经担任过川康区区长和西北区区长等外勤单位中的重要职务。

1943年后，又把他调回军统局任副主任秘书，当时毛人凤是代主任秘书，因主任郑介民兼任了军令部二厅厅长，戴笠便把他的亲戚小同乡毛人凤调来代替郑介民，实际上等于替他在军统局来负责。

那时戴笠已成为红极一时的人物，身兼中美合作所主任、财政部缉私署署长、战时货物运输局局长、军委会水陆交通统一检查处处长等要职。而毛人凤在军统中的资历远不如张，他过去只是在陕西一个县政府当秘书，抗战期间才经他的弟弟毛万里介绍到戴笠身边当秘书，对军统的业务不及张熟悉，所以才又把张调为内勤，以辅助毛人凤。

与张学良倾心相谈

这回张学乖了些，处处以毛的意志行事，也从不去直接找戴笠出主意提建议。戴笠离开重庆时，蒋老先生找毛人凤去问话，他从不要求同去，有时毛人凤不在家，蒋要找军统的负责人，他也从不前往，而是到处去寻毛人凤。实际上，他过去代替邓文仪是经常和蒋见面的。因此，他和毛的关系处得很好，渐渐地戴也对他真正信任了。过去调离他的特务处书记长时，是为了好直接去掌握邓的那批人，免得他在中间作梗。十来年后，邓系人物已全部被同化了，所以才让他再回来帮助毛人凤。

由于张严佛鼻子歪，还闹过一次这样的误会。有一次，由军统负责看守的张学良将军大发脾气，戴笠平日遇到这种情况总是自己赶去劝慰一番，那次实在抽不出身，便派张严佛代表他去一趟。当负责看守张将军的特务队长刘乙光把张严佛领着去见张将军时，他一看到来的是这样一个身材不高、鼻子歪在一边的客人，心里更不愉快，但因是拿着戴的亲笔信来的，又不能不敷衍一番。可是一经交谈，便立刻发觉对方是一位不平凡的人，不但很识大体，而且说出的话非常诚恳，都能打进张的内心深处，使张感到十分安慰，便一再要求他多住上几天，才让他回去。后来，他们便像要好的朋友一样了。

张严佛在军统局担任副主任秘书期间，对毛人凤做到尽力帮助。当时毛对外勤单位的情况完全不了解，张任过两次区长，所以许多事毛都先找他商量，才向戴笠建议或对外勤以戴的名义发出指示。可是等到戴笠一死，毛当上了副局长，便大权一手抓，局长郑介民的兼职多，也不愿多过问军统局的事。照理，张严佛该得到毛的重用了，结果出张意料，当抗战胜利，一些军统大员都纷纷去上海、南京等大城市大搞“五子登科”时（即接收房子、车子、金子、票子及女子），毛人凤却任命他为重庆结束办事处处长，主持军统局的结束工作。

1946 年 7 月 1 日后，军统局改为国防部保密局，编制缩小，原在重庆的一个破烂摊子和一大批裁汰下来的人员都交给张去处理。对张最大的安慰，仅是让他住进戴笠在曾家岩的豪华公馆和给他调拨了一辆漂亮的小轿车。张对此不但无怨言，而且认真负责工作，特别是安置几千名裁汰的中小特务，费尽心思。虽然这样，后来还是和毛人凤发生了摩擦。

因抗战胜利后，都想着抢先去沦陷区搞接收，由重庆去各地的交通工具最快的是飞机。当时中央、中国两航空公司的飞机不但数量少得可怜，一共不过 20 来架，而且搭乘飞机都得经由军统控制的航空检查所批准才能买到机票。最后一任航空检查所长，是由我推荐的。我推荐他的目的也是想控制机票。毛人凤的老婆向影心便通过此人的关系，大搞走私活动。当时许多大城市的黄金、美钞等价格相差很大，如果通过飞机运送，举手之间便可一本万利。

此人以为有毛和我的后台，对张严佛不放在眼里，张也从不想通过他去搞这些活动。当此人有恃无恐地大搞特搞、弄得声名狼藉时，张对他当面斥责，他满不在乎地和他顶起嘴来。张一怒之下，将其扣押，并把他的罪行详细向毛汇报。毛表面不得不同意，暗地里却怀恨在心。按照军统局的纪律，像这种罪行是足够处死刑的，可是毛人凤却只把他关押几个月便释放了。而在1947年冬，毛取代郑介民当上了保密局局长后，张在重庆的结束办事处也结束了。按情理就当给张一个相当重要的职位，即使不保举他当副局长，局长办公室主任（相当于军统局的主任秘书）也应该轮到张了；可是，毛却给他安排一个有名无实的设计委员会主任的闲职，使张很失望。

脱离军统投奔程潜

张对毛敷衍了一个时期，便脱离军统而去湖南投奔程潜，在湖南省政府当了一个办公厅副主任。程和他是小同乡，对他的能力很赏识，湖南起义，他也跟着算是起义了。不料，毛人凤派特务焦玉印等将随同程潜起义的长沙省会警察局局长的军统特务刘人爵暗杀于浏正街刘的寓所后，有人对张已有些怀疑，再加上有几个从香港去长沙搞秘密活动的军统分子去找张的时候，他念过去旧情，没有揭发检举，最后便被捉将起来。

宣侠父之死引来震动

张原来不是在北京战犯管理所改造。早在1937年他任西北区区长时，从延安派到西安、担任八路军办事处处长的宣侠父将军，一到职便成为西北区的重要工作对象。宣是黄埔一期毕业的，认识的黄埔学生不少，加上他和许多反蒋人士如杜斌丞、张寿山及青年学生等往来，而被军统秘密杀害后，尸体被丢在西安城内东南角城墙边下马陵（又叫虾蟆陵）一口很深的枯井里。隔了两天，八路军驻西安办事处的人员不见宣回去，便到处打听，当时十六军军长兼西安警备司令董钊是和宣在黄埔一期的同队同学，西安警察局局长杭毅是黄埔一期的队长，也帮助寻找，一直没有消息。后来，办事处的人员忽然想起宣失踪的那天晚上，军委会委员长西安行营主任蒋鼎文曾打过电话，约宣侠父去后宰门他的公馆谈话，便到行营找蒋鼎文要人，延安方面也向重庆要人。这时，蒋鼎文和特务们都急起来了，怕宣的尸体被找出来无法抵赖，就连夜又把宣的尸体从枯井内拖出来，从军统局西北区办公处的玄枫桥仁寿里附近城墙根的防空洞，运往城外深埋。

但是，延安共产党中央还是一个劲地向重庆要人，最后闹到实在无法交代时，只好由蒋老先生出面承担责任，不了了之。当然，戴笠、蒋鼎文、张严佛等都分别挨了蒋老先生的一顿臭骂。

张严佛以为非死不可

事隔20多年后，宣侠父的夫人已成为共产党的高级领导干部了，她为了要详细弄清她丈夫被杀害的经过情形，便亲自来到北京，叫人到北京战犯管理所查问几个军统大特务，有人便介绍当时张严佛是西北区长，只有他清楚。很快，张便从别处移送到北京，成了战犯管理所的“同学”。

当宣的夫人亲自向张严佛查询宣遇害经过时，张严佛以为这回非死不可了，可是，他看到宣夫人对这个杀害丈夫的仇人并不怎么凶狠，便仔仔细细地将全部经过说了出来。宣夫人最后叮嘱他要用书面按讲述的写出来，没有讲到的想起了也要写上去。他想可能是等他写完了才处决他，回去后把心一横，便赶快写好送了上去，等待处决。当然，他睡不好也吃不好，因为蝼蚁尚且贪生，为人岂不惜命？

1963年11月10日，正当他整天心神不宁的时候，在北京的特赦人员连同家属由周恩来、陈毅等在人民大会堂接见，在晚宴招待会上宣布要这些人连同眷属在第二年春暖花开时去南方参观游览。我和杜聿明、宋希濂三人，这时刚参观游览回来，就由战犯管理所的领导人邀请去向尚在战犯所的同学报告参观情况。上午，我们三人各讲了一些心得体会后，下午，便到他们各个小组与他们去交谈。张严佛看到我之后，便把我从学习室拉到他们的寝室内，告诉我，宣侠父的夫人前不久找他询问了宣被杀的经过，他也写了书面材料，估计不久会被处决，希望我照顾一下他在湖南的家属。

沈醉宽解，张严佛落泪

我急忙安慰他，不会因历史罪行再来处决他。他开始不相信，我便反问他，前几批特赦的战犯中，杜聿明、范汉杰、廖耀湘等在东北和淮海战役中打死过那么多解放军，还不是没有人和他们算旧账。

他一听连连摇头："两军相对，打死人是可以不追究的。"我又告诉他：康泽在江西领导别动总队时，他的队员被打死了两个，他抓到一批共产党后，挖出这些人的心肝去祭奠他死去的两个队员；这件事你在南昌行营时都知道的。康泽不是一样得到了特赦！还有我过去杀害的共产党总比你多得多，我不是也没有被处决吗？他又摇了摇头说："你们杀的，都没有宣侠父那么重要，所以不追究。"我便说共产党的领导人之一的瞿秋白是被宋希濂杀掉的；红军的杰出领导人之一方志敏是王耀武杀掉的。这两人的地位总比宣侠父高得多，不一样也没有遭处决。这才使他的满面愁云慢慢散开了些。

为了进一步巩固他的宽慰心情，我紧紧地抓住他的两手，十分诚恳地说："你一向是我所尊敬的人，我的个性你是知道的，我绝不会在自己尊敬的人面前说不负责的话；何况这是你认为生死攸关的大事！我没有根据，绝不会用欺骗的言语来宽你的心的……"我的话还没有说完，他仰面凝视着我，两行热泪徐徐地从他歪鼻子中间滚了下来。

问题交不清，黄逸公闭嘴
搞垮共产党，张国焘吹牛

“话少心事多”，这是一些审讯人员对军统大特务黄逸公加上的一句不完全正确的评语。黄逸公青年时期加入中国共产党，被送往苏联学习，他是去苏留学较早的一批共产党员。当时，莫斯科中山大学还没有设立，他在东方大学学习了三年回国，在上海担任过共产党上海互济会的负责工作。不久，被英租界巡捕房抓去判刑三年。刑满释放后，因与党组织失去联络，便在马路上溜达想找熟人恢复关系；正遇上叛徒王克全，将其秘密从租界逮捕解送南京。王克全原为共产党江苏省省委，并代理过江苏省委组织部部长，被军统逮捕后叛变。戴笠特意把他派到上海工作，担任军统（开始为复兴社特务处）上海特区行动副组长，专门在上海绑架和逮捕他所认识的共产党员。先后经他手抓到的达上百人之多。

黄逸公与张国焘办训练班

黄逸公被送到南京后，不久即叛变投向国民党，戴笠派他为武汉禁烟督察处科员。这是一个名义上禁烟，实际上贩卖鸦片烟，以所得的巨大收入作为三省“剿共”经费的特务控制的机关。

共产党陕甘宁边区政府主席张国焘只身在祭黄陵时逃出陕北后，蒋老先生便把他派到军统局工作。戴笠认为黄逸公一向表现不错，就派他去任张国焘的秘书。

张为了想大量派遣军统人员去陕甘宁边区工作和打入共产党内部，建议戴笠在重庆磁器口洗布塘办了一个特种政治工作人员训练班，由戴兼主任，张国焘兼副主任，负实际训练责任（张在军统局的本职是特种政治问题研究室少将主任，对外的公职则是军事委员会中将委员）。黄逸公则被派任训练班教务组长。这个训练班共办过两期，训练半年，每期由军统其他特务训练班挑选优等生一百五六十人，进行特种政治训练，主要是由张国焘主讲如何打入共产党及陕甘宁边区，以及共产党内部和红军的情况等。

第一期训练完毕后，张又建议，在榆林、汉中、耀县等对陕甘宁边区成立许多机构，一面搜集情报，一面通过这些据点派遣受过特种训练的学生分批打入边区。从 1940 年开始，直到抗日战争结束，这些学生能打入边区和共产党内的，听说只有百分之几。黄逸公为了执行张国焘的“搞垮共产党”的政策，一度去榆林当过军统局的站长。结果，搞了好几年，共产党不但没有被张国焘搞垮，连在延安建立的延安组也屡建屡败，一部电台都派不进去，只好在洛川县设立一个延安组，加上一部名为延安，实际在洛川的无线电台。张国焘由于纸上谈兵，在军统越来越不吃香，黄逸公也常遭到戴笠的责骂。

受毛人凤赏识，与叶翔之合作

抗战胜利，戴笠死后，军统局改为国防部保密局，毛人凤认为黄逸公不但在共产党内是老资格，而且跟张国焘合作多年，对反共有一套，所以，把他派在保密局第二处任副处长，主管对共产党的宣传和心理作战以及收买拉拢共产党的策反业务。黄对这两科的工作既熟悉，又十分卖力，不但二处处长叶翔之不讨厌他，毛人凤也器重他。叶翔之这个人在军统局的资历不深，是抗日期间由他老婆的哥哥李崇诗推荐给戴笠的。

戴对浙江人一向有好感，加上李崇诗的关系，所以给他当了军统局党政情报处的一个副科长。他比我大一岁，初进军统局时，我已当了处长，但他官运亨通，很快由副科长升科长，不久就升为副处长。保密局成立，叶已当上了处长。黄逸公的资格比叶老得多，但对叶一直表示服从，所以才相安无事。等到 1949 年 1 月间，蒋介石宣告“退休”，李宗仁代理总统，蒋老先生乃指示毛人凤，保密局全部工作不能让李宗仁过问，仍由他直接领导；但为了应付代总统，由保密局副局长徐志道另成立个保密局，徐志道任局长，调一向与桂系有交往的林超为副局长，把黄逸公调去任业务处长，由徐志道推荐他的亲信钮殿臣为总务处长，全局只设这样两个处，共三四十人，没有外勤组织。

两个保密局终于生摩擦

当时，一般人对这两个保密局，一个叫毛记，一个叫徐记。开始一两个月，彼此相安无事，徐志道向国防部领到的全部经费也如数交给毛人凤，再由毛人凤发给徐主持的那个有名无实的保密局人员的薪饷，只不过多发一点特别费给徐志道，让他安心当傀儡罢了。

人的欲望总是无穷的，过了不久，徐志道便借口没有外勤组织，代总统交他办的事无法办，想从毛人凤手下再分一些外勤单位给他，领到的经费也扣下一部分不交出来，毛徐之间便产生了摩擦。毛人凤却错怪在黄逸公身上，认为黄逸公没有遵照他的命令，不想当空头业务处长，所以制造纠纷。等到国防部从广州逃到重庆后，黄逸公眼看大势已去，重庆再不能起到抗日战争时长期安全的作用，便向毛人凤恳求让他去台湾。毛人凤坚决不答应。所以当重庆、成都相继解放后，黄只好带着老婆孩子随同一大批无法飞台的中下级军政官员向西康逃去。还没有到达西昌，便在川康交界的地方遇到一大群土匪，这是专门拦劫逃难的官员和老百姓的。他们抢劫的手段非常彻底，对所有的男女老少，连抱在怀里的婴儿都要将全部衣、裤、鞋、帽统统剥光，一丝不挂，才肯罢手。

土匪洗劫，手段极为残酷

这些被洗劫一空的人，四散分逃时，男人光着身子跑还不在乎，女人能拾到一只破草鞋遮挡一下下身，就算是走运了。有些十几岁的女孩，吓得赤裸身体随着大人们跑了两三天，才遇到一些妇女的施舍，能得到一块破布或麻袋，都感激涕零。就在那一次被洗劫中，黄逸公也和其他许多国民党的军政人员一样，弄得妻离子散，人财两空。因为那些惯匪对洗劫逃难的人有一套办法。他们往往集结几十或上百的人，埋伏在四面环山的地方，当难民们进入他的圈套内，便一齐呐喊，四面鸣枪。等这些丧家之犬惊骇得不知所措时，才先从山上走下一批人来，把男人和女人小孩分开，先从男的下手，稍有反抗，便用杀鸡儆猴的办法，杀掉一两个，再一个一个地叫把手上提的、肩上背的东西放下，将衣裤等全部剥下。一丝不留地剥完一个，赶走一个，附近几十里都荒无人烟，不走的便用竹板抽打。由于土匪怕这些人留下后等他们全部下来搬运东西时和他们拼命，所以剥完一个赶走一个。等男人全部剥完才对付女人和小孩。

他们怕女的看到剥男人衣裤时，趁机把贵重细软物品塞入阴道或头发内，所以在剥女人衣裤时，连阴道内都要伸指头进去探索，并尽情轻薄一番之后，才一个个赶走。小孩在剥光后，准其母亲抱走。据说这种抢劫办法最彻底，当然也最残酷。

赤身跑到四川被收容管训

黄逸公是最先被剥的几个中的一个，他朝四川方向跑了两天多，才遇上解放军先头部队。在盘查时，他自报身份，立刻受到了优待，发给了衣服鞋帽等，不久，就被送到重庆西南军管会的嘉陵大队。

这是一个专门收容国民党的党、政、军、特官员的，地点就在军统局的缫丝厂办事处。原来军统重庆特训班的一批房屋内，先后收容了1000名左右。初期管理很松，有家在重庆的，还可以请假回去住一两天；没有家的，也可以请假去城内看朋友买东西。后来，因跑掉了几个高级军官，才一步一步地严格起来。等到抗美援朝战争发生、镇压反革命运动开始，便更加严格了。除对一些下级军官，经过审讯查明证实其身份交地方政府去监督管理劳动外，职位高的，分别送到一些监狱，黄逸公便被送到白公馆原军统局重庆看守所，和我与徐远举、周养浩等一起交代过去的问题。

交代问题的两种态度

最初，我们一听到要我们交代过去所干的事，都认为这一辈子也交不清、交不完，以我和徐远举、周养浩来说，都记不清楚这十多年中，究竟抓过、杀过多少共产党员和民主进步人士，慢慢地才知道，只要不故意隐瞒，记得多少便交代多少。我和徐远举的态度和想法都是一样，认为要是根据我们过去的行为来办我们，杀一个也是死罪，杀一百一千也是只能死一次，不如痛痛快快地记得多少全部交出。

一些审讯我们两人的法官，都称赞我们是“竹筒倒豆子”，全部倒出来。当然，我们记不起的事也不少，如徐远举在重庆解放前夕，把关在白公馆和渣滓洞内所有共产党员、民主人士、爱国青年，甚至连因违反纪律关在里面的军统特务，都一个不留地杀掉了。我在昆明一次抓过400多人，秘密杀掉几个我认为是企图打进云南省站的参训班的学生。这么多人，我们能记得姓名的只有百分之一二十，数目也不准确，但只要肯承认，别人提出来自己回忆，认为对的便承认，不对的也可以不承认，反正审讯时不用刑、不打骂，顶多批评一句“不老实”，所以我和徐远举都没有遇到什么麻烦。

周养浩

周养浩是学法律的，他交代问题便字斟句酌，能推卸责任的尽量推。如他最后在重庆担任保防处长时，把该处逮捕囚禁在新世界饭店的几十名共产党员和嫌疑犯都杀了。在担任军统局息烽监狱主任时，杀过共产党四川省委罗世文、军委车耀先，以及打进军统的共产党员张蔚林等上百人。他总是“我奉命怎样怎样……”好像自己没有什么责任，都是奉命而行。这样一来倒反给自己添了不少麻烦。

虽无血债，但问题严重

黄逸公的问题和我们不同，他没有什么“血债”，但他问题的严重性不比我们小，主要是他和共产党的大叛徒张国焘在一起工作多年，对共产党搞“打进去，拉出来”那一套，虽然蒋老先生和戴笠对张国焘的工作大大不满，戴笠到最后甚至当面斥责张：“专说大话，成绩毫无！”张自吹可以拉垮共产党，他过去曾经自立中央与毛泽东对抗过，又是中国共产党在第三国际中的代表，不论资历、声望，自信有办法把共产党拉垮，或把共产党内部弄得四分五裂等等。

结果，几年时间中，除了从红军中拉出曾任过红军团长的朱春荣等少数中下级干部外，重要的干部一个也没有拉出来。但究竟“打进去”了多少呢？这是共产党急欲了解的一个最重要的问题。张国焘跑了，黄逸公与他工作多年，便只好找他来交代。黄除了把自己知道的都交出了之外，对张搞的阴谋知道得并不多，所以交不出来。审讯人员问到时，他总是不回答，因为答不出来又不能乱说，说出的话马上就会去查对，编造的东西立即会拆穿。与其说假话，还不如不说话。他不但是老共产党员，还去苏联学习过，懂得的比我们多，所以他便采取“宁可不说，不能乱说”的对付办法。虽然在相当长一段时期内许多审讯员认为他“话少心事多”，怕说或不敢多说，但时间久了，还是弄清楚了，不是他不老实，实在是有些事他不可能知道。因为军统特务任务多半只有纵的关系。

军统一大堆人被俘改造

1949 年和 1950 年，被捕的军统局将官一级的高干有不少，相互一对证，便渐渐知道军统局在工作中有一套办法保密。就我在战犯管理所和监狱见到过的熟人便有不少，如军统局军事情报处正副处长鲍志鸿、胡屏翰、张柏山，训练处正副处长郑锡麟、李修凯，电讯处副处长董益三，经理处长郭旭，总务处长成希超，人事处人事行政科长黄康永及孙文忠等不下几十人；外勤区站长等就更多了，如文强、章微寒、董士立、徐宗尧、邢森洲、岳烛远、黄毅夫、饶林、沈觐康、王乐坡、程浚、马策、毛宗亮、王一心、刘非、李俊才、陈旭东、刘茂欣、陈达、李人士、徐梦秋、袁晓轩、薛仁安、徐晋元、郭宗尧、曾坚、蔡慎初、李汉元、廖宗泽、何际元、东方白等数以百计的军统骨干分子，彼此参证一下，便不难把问题弄清楚。

我记得当战犯管理所刚一成立，黄逸公也被挑选了的时候，他如释重负一样，很高兴地对我说："我总以为我这一辈子也讲不清楚，想不到还会有此机会。"可从那以后，黄逸公的话就多了。他是安徽桐城人，桐城出文人，而且自成一派；黄逸公是深度近视眼，他写墙报时，往往写掉了字，有时在抄写时，甚至抄漏一行，念起来便不通顺，他又不校对一下，便贴了出去。一些爱开玩笑的，便说："桐城派的文章便是这样，有时叫人看不懂，黄逸公是得了这一派的真传。多少年以后，好让人去琢磨研究，那时才是一字千金哩！"

麻子方靖怕说同麻
刘嘉树厕所遇女鬼

北京战犯管理所第二组的同学，一提起“上海小开”，都知道他是有名的“老好人”。这位过去被人在背地里称为“方麻子”的方靖，我和他同组有两三个月，他从来不批评人，遇到别人挨批，甚至同组的黄维还在想学文天祥的时候，在组内以及全体都来批判黄维这种“文天祥思想”时，他也没有发言批评过。如果不是因为他怕别人说他袒护“老长官”，他可能还会调解和稀泥。

方　靖

方靖少年时，他父亲在上海开一爿小木器店。上海人称呼商店老板的儿子，不像别的地方称为“小老板”或“少东家”“少掌柜”等，而是称为“小开”。所以，知道他出身的同学都叫他“上海小开”。

在上海当小开，大都是很舒适的，可以靠着父亲开商店赚钱，自己便吃喝玩乐。我第一次和他聊天时，便问他为什么不当小开而进黄埔军校？他告诉我，他家开的木器店常常受人欺侮，特别是一些穿二尺五的军人更是蛮不讲理，一句话不对便打人、骂人。他看了实在不是味道，所以便弃商而从军，考进了黄埔军校第四期。毕业后，一直兢兢业业，从排、连、营、团长……晋升到七十九军长。在陈诚系中，他是属于稳健派中的老好人。

1947年上半年，七十九军在四川泸州一带由接收的四川新兵组成。该军统率九十八、一九四、一九九三个师，每师有六七千人，装备相当齐全，士兵虽多系新兵，但干部大多数是陈诚十八军系统的，都有些实战经验。1948年，这个军调往川北的域口、万源一带，后来又调往安康，不久，便奉令越过大巴山脉，进出于沙市襄阳公路一带。1949年，该军拨归十四兵团司令宋希濂指挥，“徐蚌会战”（解放军称为淮海战役）中蒋老先生原来也准备把十四兵团投进去，因当时主持华中“剿总”的白崇禧反对，这个兵团才没有调去。

当时宋希濂告诉方靖，华中方面只有些“土八路”，没有进攻能力，目前解放军主力部队集中在徐州、蚌埠一带。所以，他命令七十九军应暂时驻在荆门附近，待命行动，只要方靖把该军的炮兵营先开到南岸的公安县。方靖回去后，马上把炮兵营开来沙市过江了。宋希濂和方靖都认为荆门不会有什么战斗，也就没有做好什么准备。可能这一情况被解放军方面知道了。

1949年2月3日天还没有亮，解放军江汉军区的几千装备很差的部队突然向荆门袭击。一开始，就把荆门东端要地文峰塔占领了。方靖闻讯急忙爬起来，以为是解放军大部队自天而降，慌慌张张下令叫各部队向南突围。一九四师师长龚传文不赞成，认为这样慌张突围，部队大都是新兵，必然散乱，无法收拾，有被消灭的危险。他主张固守待援，并立即亲自率领一个团反攻文峰塔；由于解放军人数不多，马上就撤走了，文峰塔被收复。但方靖仍然坚持要撤出荆门，命令部队分路向西南突围。这些为数不多的解放军要攻克荆门是不可能的，但对从荆门慌忙逃出的部队，埋伏在一些要点上来围歼没有工事防御的行军纵队，还是很有利的。所以，当该军冲出荆门后，便被埋伏在一些险要处的解放军截成数段，打得七零八落。一个军除了一九九师的主力系由兴山经水路运到松滋一带集结没有受到重大损失外，其余的全部成了俘虏，连军长方靖也没有能逃脱。

在战斗刚起时，方靖向宋希濂急电求援，宋复电要他固守。由于方匆忙撤出，这一复电还没接到，他已率部撤出了荆门。等宋希濂亲自带兵赶到距荆门30华里的团林铺，并指挥第二军二九八师立即向荆门增援时，才得到情报，荆门已被解放军占领，方靖下落不明。宋希濂亲自督队在沙襄公路一带收容七十九军残部时，一九四师师长龚传文还带出一部分部队，宋便叫他收容整理，并命他代理七十九军军长。

因舍不得美貌太太不想死

方靖在离开荆门不远的地方被人数不多的解放军凭险围住后，本来可以和军部的特务营一道冲出去的，但他犹豫了一下，随在他身边的人大都跑掉了。等到他感到围困他的敌人并不太多，完全可以打开一条路的时候，转身一看，只剩下一批无多大战斗力的后勤人员和一些混乱的队伍了。所以在一阵大喊“优待俘虏”声中，他命令部下都放下了武器。

解放军这么轻而易举地竟活捉到一个军长，喜出望外地对他很优待，护送他到了江汉军区指挥部。他没有像其他一些高级将领一样在被俘前一刻，举起手枪自杀，也没有准备反抗，据他自己说有两个原因：一是他过去每天晚上从收音机中偷听新华社的广播，听到过去的同学、同事中，许多高级将领在被俘后的讲话，知道解放军和在江西时的红军不同，红军活捉了十八师师长张辉瓒是杀掉了，而解放军活捉了国民党的高级军官没有杀过一个，还放回不少中级军官。所以他不必自杀。二是他不但是麻子而且身材瘦小，真是其貌不扬；但他当了军长后，原配死了，后娶的太太是一位只有20多岁的漂亮四川小姐，比他小了差不多一半，他非常喜爱，认为是生平最满意的大事。而且那个女的看到他是位堂堂的军长，虽不是十分情愿，也认为不错。两人感情相当好。他估计：既然解放军说优待俘虏，不久便能与家人团聚，所以也舍不得死掉。

忌讳人家说“麻”，友侪忙解围

我到北京战犯所编入第二组后，发现方靖忌讳别人说“麻”。他和鲁迅笔下的阿Q一样，自己是癞痢头，连别人说一声“亮了”都要生气。而同组的覃道善却有时故意逗他，我很快就发觉了。有天起床后，覃向窗外一望，便故意大声说："又下麻麻雨了！"方靖的脸立刻通红。

王耀武一向善打圆场，便补上一句："你们湖南人为什么毛毛雨都分不清？"我一向不但不怕人说我面上有麻子，而且自己常常嘲笑麻子。因为我认为，这脸上长了麻点，又不能像秃头一样可以戴顶帽子遮掩，更不能像阿拉伯妇女一样整天蒙上一块黑纱，一见面，谁也看不到。这是想掩藏也掩不了的地方，还不如自己说，免得别人嘲笑。我听到王耀武打圆场，便替覃道善补充一下。我说湖南人一向把毛毛雨叫麻麻雨，或麻风细雨，形容它密密麻麻，比毛毛雨更确切些。几句话说得大家都笑了，只有方靖的嘴撅了起来。我知道别人说他，多少有些不便，我想借我自己说自己，这总没有什么忌讳。

在吃早饭时，王耀武问我：前几天他在墙报上看过我的一首观《长征路上》电影后写的诗，问我为什么对诗有兴趣？我告诉他，我母亲是参加过"南社"的女诗人，所以对诗从小有兴趣。当他问我读过的诗中，哪些人的诗最有印象？我说了杜甫、李白等后，还说：结合我脸上的"特征"，我认为前人有两句诗我十分称赞。许多人都认真问我是哪两句？我说这是赞美我漂亮的好诗。

这话一出，许多人都感到奇怪："那么前人为什么会赞美你呢？"我笑着说："请听吧！'不是君家容貌美，老天何故乱加圈！'这不是在称赞我漂亮，连老天爷也给我打了不少的圈吗？"此话刚出口，有人连饭都喷了出来。我说我坐牢后，一直认为这两句诗太好，我也写过两句："喜见狱中春到早，囚人满面是梅花！"我自认这是得意之作。

正当大家都笑个不停时，方靖一语不发，悄悄地溜出去了。

笑一笑，少一少；愁一愁，白了头

有一天，同组的七十三军军长韩浚笑嘻嘻从外面端着菜盆进来，给我们分菜准备吃午饭。有人问他笑什么？他说："刚才各组值日在等分菜时，不少人都说笑话，还说什么笑一笑，少一少；愁一愁，白了头。我想起他们说的笑话很好笑，所以一路笑进来。"我连忙接着说："是应当多笑笑，轻轻松松，人也舒适些。"

同组的另一位湖南老乡苏本善，他本来是湖南省财政厅厅长，随程潜起义后犯了严重错误，被送到北京战犯所来改造。按他的行政级别，不够到北京来，但为了照顾他是随同起义的，所以也留下来。他也爱逗方靖，但怕方生气，所以没有我有条件。

韩　浚

方靖很喜欢与黄埔毕业的或江苏同乡等认三同四同，如过去是黄埔同学，又同在陈诚十八军系统同过事，加上在战犯所同改造以及同在一个组的，便认为是“四同”。有一天，他在和别人认几同时，我在旁边插一句：“我们两人也是三同！”他愣了一下，我说：“一是同在北京，二是同一小组……”他还没有等我说完，便抢说一句：“你又不是黄埔的，也不是江苏人，怎么能数得出三同呢？”我仰天大笑一声之后，便指指他的脸和我的脸：“还有同麻！”

这回他可真的生气了，我只好保证不再在脸上这个突出的优点上和他开玩笑，他才把愤怒改为沉默。

刘嘉树夜半上厕遇女鬼，几乎吓昏

我是一个闲不住的人，有空便东串西走，又爱说笑话，所以，每一个组我都去串过门，当然就会听到一些稀奇古怪的事。我听到之后，又爱去传播，曾经为此而犯错误，要我在小组的生活会上作检讨。说起来也怪，我在不到十天内听到两个人不约而同地告诉我同样一件怪事。有一天，刘嘉树告诉我，他夜间上厕所去解大便，几乎把他吓昏过去。

这里先得说说北京战犯管理所的厕所，解大便的地方是一条四米左右的直沟，两个人蹲下去，都是背对背，或是面对面，不能同一个方向。可能由于过去是一个房间一个房间去上厕所，蹲上两个、顶多三个人，还可以互不相碍，自改成战犯所后，这些将军们大都是一起床便有上厕所解大便的习惯，就不是一个房间一个房间轮流来，而是蜂拥而去，每次至少四个人。因为相隔太近，高个子，特别是一些年高而德少的调皮鬼，如汤尧、范汉杰等，他们只能蹲下去半个身子，这样往往把屁股翘得高高的。蹲在他们后面的，就得提心吊胆，赶快解完就走。因为只要这些居高临下的稍一不慎，大便下来，就会擦着后面的人疾驰而过。遇上极稀时，那就免不了要溅到后面同学的背上、腰上了。

1942年冬，于重庆合影。前排左起：黄杰、徐廷瑶、杜聿明；后排左起：刘嘉树（黄埔军校一期学生）、郑洞国、邱清泉（黄埔军校二期学生）。

刘嘉树过去患过外痔，曾在长沙湘雅医院动过一次手术，后来又患了内痔，解大便不但慢得惊人，就是蹲下去和站起来也要花很大气力和很长时间。因为他胖得很，肚子大得像要临盆的产妇，他最怕那些缺德的“鬼崽子”和他背对背上厕所。他便在夜深人静时，一个人起床把大便解好再睡。他只要一倒上床，就呼呼地睡熟了，这样完全不会影响他的睡眠。

那天，他照例在深更半夜去上厕所。他进去后慢腾腾地蹲下来，这时厕所内只有他一个人。不久，他忽然发觉背后似乎也蹲了人，他急忙回过头去一看，他完全不敢相信自己的眼睛了。怎么和他背靠背蹲着的竟是一个梳着民国初年式样的“巴巴头”，穿着也是那时流行的大圆角的上衣，雪白的大屁股露在外面，也像是在解大便，这一下把他吓得动也不敢动一下。他知道这里根本没有女人，肯定是个女鬼。正当他吓得满头大汗快晕倒过去时，忽听到胡同里发出啪哒啪哒的拖着鞋子走路的声音，他才胆大起来，但还是不敢再回头去看。鞋声越来越近，原来是牟中珩起来倒便壶和解小便。

因为管理所对一些年纪大行动不便、夜间小便又多的都可以给一个小便壶，以免夜间起床太多，影响睡眠。牟中珩是小便最多的一个。他白天一次都不解，一睡上床，小便就来了。有时一个便壶都盛不下，还得起来倒一次，那晚正好他出来了。

他一进厕所，刘嘉树才敢回头，一看那个女人没有了，他便问牟中珩刚才来时，看见有个女人出去没有？牟中珩睡得蒙眬，只看见有人从厕所出来，是男是女根本没有看清楚。他这一回答，刘嘉树便证实了自己是看见女鬼了。他这时连站都站不起来。牟中珩费了很大气力才把他扶起。他把这一经过告诉我，并说再也不敢夜间一个人去厕所，宁可让那些缺德鬼把大便溅到身上。

天下事说起来也实在有些令人不可思议的地方。我听了刘嘉树讲过夜半遇女鬼的事不久，有一天，又有一个湖南老乡、新五军军长陈林达悄悄告诉我，昨晚他起来小便，回去时，看见专作学习室的那个胡同口有个穿民国初年式样大圆角上衣的女人向里面走，他咳了一声，就不见了。他要我夜晚少起床，肯定是个女鬼，并再三叮嘱我不能对别人讲，免得犯错误。

我是一个不信神不信鬼的人。我年轻时在上海搞特务工作，把在租界内绑架到的共产党员杀在自己住的屋子里，一两天没有把尸体弄出去，照样回去睡，从不相信人死了会变鬼。但经过这两位老乡不约而同地告诉我这一基本上相同的、半夜活见鬼的情况，我便想自己也能看到，便故意在夜深人静时去上厕所，甚至悄悄地到学习室的那个胡同内坐上一会儿。一连几夜都没有看见这位女鬼出现，但却令我想起一件与女鬼有关联的旧事来。

转述鬼故事被扣帽子

抗战胜利后，我是负责清理军统在各地接收财产的人员，我在当时的北平清点时，发现日本女间谍川岛芳子（金璧辉）的一个钻石手镯是假的，我估计一定是管理的人换掉了。因为以川岛芳子那么大的一个有名的日本女特务头子，绝不会戴假钻石手镯，便去囚禁她的炮局胡同监狱审问她，她也说不是她原来的。由于涉及另外两个日本女间谍，她们是囚禁在功德林监狱，我便到这个监狱提审她们，顺便视察了一下监狱。

我模模糊糊地有过这么一个印象，现在做我们学习室的胡同，就是当年的女监狱，再结合有两个人不约而同地告诉我看到了女鬼，我哪能忍住不说，便先和几个老朋友谈了。有的相信真有鬼，并说可能是几十年前冤死在这里的，现在还出现。也有的不相信，但这种稀奇古怪的事总是很快会传开的。不久，便查出是我散布的。因为有些胆小的夜间不敢一个人上厕所，像庞镜塘这些文人，一听见说有鬼魂出现，生怕她来找自己；相反，有些爱风流的，却又希望能遇上这位女鬼，和她交朋友，像《聊斋》故事里那样，可以让她"纵体入怀"，以解长年不和女人打交道之渴。

总之，各种想法都有，本来宁静的夜晚反而变成纷纷扰扰。管理所的干部不得不追究，便责成我在小组作检讨。我开始认为，我不过把别人遇见女鬼的事告诉了他人，这是自己不小心，今后小心点就可以啦。哪里知道许多人认为不够，要追出是什么思想支配？我说是迷信、造谣等还是不行。最后联系到这是反动思想，是站在国民党立场等等，大帽子都扣上了。在平日，犯比这严重十倍的错误，也不过是追到这种程度，就算是追到底了。因为还是站在国民党的立场，便是承认自己还在和共产党为敌。像我仅仅把别人告诉我遇见女鬼的事添上一句，这里原来是有一条胡同是女监狱，顶多是证实这里可能出现女鬼，这与国民党扯不上，照理讲已经过了头，可以不再追了。

平日一向爱和稀泥的方靖突然发言，说我是"大帽子底下开小差"，没有暴露真实思想。这个从黑暗里杀出来的李逵的两句话，立刻有很多人同意，非要我再认真找出思想根源不可。

我一看是这位仁兄，立刻联想到我常和他开玩笑，想借此整我一下。我这时灵机一动，便答应再检查，一定挖出真实思想来。学习组长和担任记录的便和全组都认真听我的“真实思想”。我轻轻地咳嗽一声，一本正经地说：他们两个亲眼看到了女鬼的人都不向人说，我为什么就加油添醋来传播呢？这与我生理上的特点有极大关系。其真实根源便在这里，也是我与别人不同的地方。我有点不好意思说出来，既然经过大家帮助，我相信也能得到组织上的原谅，我只好不怕丑和盘托出，也希望大家能够原谅我。

最严重错误是“十麻九怪”

说完，我故意做出很为难的样子。许多人便鼓励我：管理所的领导一再讲过，什么坏思想只要敢于说出来，就是好的表现，也就是说明自己与这种坏思想一刀两断，再不会重犯这种坏思想支配的错误了！快说吧！我长叹一声之后，便说：“我这次犯错误的主要思想，的确与所有的人都不相同。我受这种思想的支配，自己也感到十分痛苦，想要一刀两断总是断不了，不但今天断不了，这一辈子也断不了啊！”

我说完又停下来。一些好心肠的同学又鼓励我：只要说出来，随时警惕，便没有丢不了的坏东西。我便说：千言万语，只有一句，这便是多年来，成千上万人总结出来的一个伟大结论。虽只有四个字，可是这是真理！他们越听越感兴趣。我最后把我这次犯“最严重”的错误说出，是“十麻九怪”！

这四个字刚一出口，全组十多人都忍不住要大笑起来，但在那种严肃的生活检讨会上，谁也不敢笑出声来，最使他们忍不住的，是我再补上一句：“我是属于九怪中之一，只有七号同学（方靖的代号）是那一个不怪的！”学习组长，特别是同组的学习委员王耀武，怕再发展下去没法收场，便指出我犯的错误是“传播迷信、扰乱人心、影响学习”12 个字。同时，要我保证不再犯，如果再谈，就是原则性的错误了。我当即提出保证，绝不再说女鬼的事。君子一言为定，我以后便未再说过，有好奇的人问我，我也摇头不答。

今天，我还是遵守自己的诺言，只把它用笔写出来，而不用嘴巴讲出来。我也希望看到这一段的，只能看看，顶多笑笑，可不能讲，以免犯“原则性错误”。谨请牢记！牢记！

方靖今年已 80 多岁了，身体还很健康，不但是为人之祖，而且已四代同堂。

说也奇怪，他脸上的麻点也看不清楚了。可能是老头的脸皮皱纹多，掩盖了那些圈圈点点。当然，我也是为人之祖的人，再也不会和过去一样去和他认“同麻”，而是和别人一样，看到他的时候，总是客客气气地叫他一声：“方老，您好！”

贪婪成性，军长仍爱“小偷摸”

我一生见到过不少稀奇古怪的事，又天生一副打破砂锅问到底的个性，遇到什么少见的事，总不惜费工夫去调查、研究、分析一番。

在北京战犯管理所中，成百的前国民党将军和党政头头们集中在一起，真可说是“人上一百，五颜六色”。不但什么样的人都有，而且什么样的事也会不断发生。我十分赞赏前人一句话：“江山易改，本性难移。”我在这一回中写的两位前国民党将军，在他们身上所表现出来的怪事，我分析的结果，就是根源于这八个字。

今日西风萧瑟甚

过去说这句话来形容人的个性难改变，与江山易改不容易联系起来。而1949年以后，统治中国达22年的国民党政府在中国大陆被摧垮了，代之的是中国共产党领导的全国人民政府。这一天翻地覆的巨大变化震惊了整个世界，可是在有些人的头脑中起的变化却是很少，甚至有个别人还是原封不动。不信的话，请看我以下讲的这两位将军吧！

国民党嫡系六十六军的军长，安徽“老母支”也（安徽合肥人叫鸡为支，如飞机叫飞支，老母鸡叫老母支，所以一般人便习惯地叫合肥人为老母支，这是有根有据的）。他系张治中的旧部和同乡，追随张多年。张代表国民党到北平来与共产党和谈时，国民党不肯接受共产党提出的八条，和谈破裂，而代表团提出愿意留下来不回去，却得到共产党的同意。这种事，古今中外恐怕也是少见的。所以不但当时全国震动，全世界也认为是想象不到的大事、怪事。

张治中不但自己做了识时务的俊杰，也希望自己的旧部能成为随机应变的英豪，所以他便亲自写信劝这位军长起义。而这位军长开始还认为国民党还有半壁河山，胜败未决，万一国民党在美国大力支援下，能以长江为界偏安下来，总比投降到共产党方面去过那种艰苦的日子要舒适得多。所以他接到张治中第一封信时，还是无动于衷，至少是想看看风向再作打算。谁知他的部队一经与人民解放军接触，便溃不成军。这时张治中的第二封信又送来了。他便如同落在水中，抓到一个救生圈一样，立即决定举起白旗了。

新中国成立初期，对起义、投诚与被俘的国民党高级军官，愿意留下工作的，大都是派到解放军的军事学校去当教官，少数是留在原部队任职，也有一些人愿意回去，由地方上安排工作。这位军长已决定了走后一条路。

据他告诉我，因为他多年来弄到不少的钱，在家乡不但买了大量附廓的良田、山林、房屋，而且做了一些可赚钱的生意，回家去可以好好享受一下，过一个舒服的晚年，何必再去当什么教官。当然，他这一决定立即得到了同意而解甲归田了。

大大出他意外，运动一个接一个，使他越来越恼火。他回到老家，不但良田好地要分给农民，连山林也不能属于自己所有，过去雇工开设的粉房等也雇不到人了。他这一气非同小可，便和当地的政府大吵大闹起来。他认为他既是起义的，就不能分掉他的田地。虽然地方政府一再向他解释，“土改”是全国一致的，连张治中的田地也一样要分给农民，不让他退还过去所收农民的大量押租金，已算是照顾他了。他还是不同意，说要自己种自己的地，不能分给别人。这一要求，也得到同意，就是只能按他自己全家的人口来分配田地，不能多分和雇人去种。

当然，要他放下架子去种田，放弃回家享福的思想，是一万个也不能答应的。最后，只好随大流，把多年积累别人的血汗钱换来的这些东西都让出来了。他为此而日夜不安，而且越想越不是滋味，便决定采取报复办法，让分到他的田地、山林的人也不能好好过下去。

据他说，他采用的办法是这样的。有一天，他到原属于他的山林去走动，突然大叫狂奔向山下跑，许多人问他为什么惊慌？他说看见一个全身长着红色毛发的怪人追他，幸亏他发现得早，跑得快，才没有被追上。

他在家乡说话，一向有些人相信的。经他这么闹了一下，许多人便不敢再上山去打柴挖猪草了，害怕碰上那个毛人。这一计得逞之后，他又造谣，说他家那口大水塘，夜晚有水鬼爬上岸来拖人下水，这样弄得许多人再也不敢起早贪黑去田里工作了。他却自以为这一下算是出了一口气，只等机会再狠狠整一下分到他田地、山林的农民。

共产党的干部是不信神信鬼的，很快便证实了山上既没有毛人，塘里也没有水鬼，并且查出这些谣言是他放出来的，便找他去谈话，想劝他不要再这样做。他一听就火，新恨旧仇一齐涌上心头，便向劝他的干部拍桌子大骂。干部指出他这种行为是错误的，还批评了他几句。他更不服，差点要动手打人，这样便被捉了起来。

因为考虑到他毕竟是起义有功，这时还不便给他判刑。所以送他到战犯管理所学习改造，因为这里既不像监狱，而且生活待遇都很好。可是在他心里还是一直愤愤不平，而认为是“人到矮檐下，不好不低头”，只能逆来顺受。

他的这种思想，终于在一篇墙报上表达出来了。有一天，他看到院子里的几株虞美人，在雨中被淋得抬不起头来，于是写了一首七绝贴了出去：“往来篱下托终身，徒负人间最艳名。今日西风萧瑟甚，满怀清泪暗中倾！”

由于他平日和我还能谈得来，加上我又是一个出了名的“不坚持原则，爱和稀泥的人”，一向斗争性不强，所以当他把这首诗给我看时，我知道他是借花来发泄自己，我不但没有劝他，更没有指出他的错误，还答应和他一首。

我的诗也是用《咏虞美人花》作题的：我没有用“今日篱边沾雨露，明朝阶下沐恩光”一类感恩戴德的话去启示他，而是用了“项羽当年发浩歌，虞兮虞兮奈若何？美人死后名花在，不似当年健壮多！”这四句话的含义不过是想说明国民党已完蛋了，我们也是等于昨死今生，而这一次活下来，却再不能和过去一样跃马横戈、耀武扬威，就这样无声无息、病病恹恹地过下去，用不着留恋过去而流泪了。

他的诗刚一贴到“新生园地”墙报上，立刻引起了不少会看问题、立场坚定的先进同学们的注意。我本来可以不再贴出去自找麻烦，但因为有言在先，我要和他一首，而且没有劝他不贴，所以我明知会挨批，也随后把我的也贴了出去。

当时在管理所“新生园地”壁报上贴东西，可以说是相当民主的。谁想写什么，都可以贴出去，错的东西，自然会有人来写东西纠正，打笔墨官司的事是常有的。

第二天，批评他那首诗的文章，一下便有十来篇，大都是指出他借咏虞美人花来发牢骚，把接受改造说成是寄人篱下，他过去是有本领有名的人物，现在被埋没了。当时很流行的一句话是“东风压倒西风”，今天他是感到了被东风压倒的西风萧萧瑟瑟，难过异常。但又不能反抗，只好暗中满怀热泪偷偷地流。当然，这是不认识过去的错误和不愿意接受改造的具体表现。

牛虽丢，仍得捡回牵牛绳子

我呢？可能是一些先进同学不愿分散精力和转移目标，放过主要矛盾；或者是我一贯温情主义，不愿得罪人，所以都笔下留情，没有指名道姓地批评我。只是在批评他的时候带上一两句，如“这种借题发挥是别有用心”“随意去随声附和等于鼓励别人犯错误”，等等。所以我就不用作检讨了。

这位军长真可说是“祸不单行”。他的检讨会还正在他的小组内进行时，他为了寻找东西，不慎把一个布包掉在地上。当他那组的学习组长好心去帮他捡起来时，可能是由于做贼心虚的缘故，他急忙去接，对方还没松手，两人一拉，布包被打开了，掉到满地的竟是几十颗衣扣、几卷棉线和大大小小的布片。这些东西都是他在缝纫组劳动时，自己背着人拿回来的。特别是那些补衣服时的新布片，比较完整点的他都拿走了。

这一意外发现，立即引起了管理员的重视。因为平日我们的东西，甚至日记本等，都没有人检查。这回却不能不对那些大大小小的布包、纸盒来一次检查，结果竟发现了出人意料的大量公物。有些是洗衣组洗晒的床单、被套，较新的衬衣裤等，清出了一大堆。管理所的负责人决定把这许多东西陈列出来，开一次别开生面的“展览会”。让大家看后，结合正在开他的批评会扩大一下，由别的组也派人参加对他进行帮助。我便是派到他那个组去参加他的批判会的。

我清楚地记得，当有人指出他拿公物是什么“贼骨头”等一类名词时，管理员忙出来纠正，说这只能是“小偷小摸”或“私拿公物”。

大家的批评，我就不讲了，因为太多太长。我只讲他接受批评后，对私拿公物所做的一些检讨，而且是大家勉强通过了的。

他一开始就承认，由于他过去一直是个贪官，从他当连长起就吃缺。他带的一连兵，从来没有满员，这一方面是因常有开小差和病故的；另一方面是他有意不让满额，存心吃缺。由当连长吃几个到当营长是十几二十个，当团长、师长便越吃越多。当了军长，更可以大吃特吃了。

据他检讨中承认，吃缺弄的钱并不太多，而使他发了大财的是抗日战争时期。他允许奸商把禁止运往日军占领的沦陷区去的东西都运过去。当时日本最缺乏的钢铁一类物品，被列为资敌的原材料，是严禁运往沦陷区的。他因为可以得到很高的贿赂，便允许一些奸商通过他的防地运出去。这种“外快”，是为数可观的。抗战胜利后他又发了不少的接收财，因此，成为富甲全乡的财主。

由于过去一向贪财，新中国成立后，用这些贪污来的钱买下的田地、山林被分给农民了，他再也没有发横财的机会，所以，在管理所改造时，凡是能拿的东西便拿些，准备将来出去时能够变卖一点钱。按照他的原话说是：“牛虽丢了，也得把牵牛的绳子捡回来，总比空着手好一些。”所以看到什么都手痒。

我过去没有带过兵，听到他讲当连长就吃缺，我不懂怎样吃法。他曾告诉我：每到发饷时，如上面派人来点名，他就向别的连长那里去借几个口齿伶俐的兵来代替，当然得给这些人一点好处，不机灵的是不能用的。如他本名叫张三，让他顶李四，点到李四就得由他答应“有”！否则会露马脚出问题。而连长与连长之间都是“互通有无”，就不用酬谢了。

在战犯管理所中，像这样“江山已改，本性未移”的人为数还是不少，在下一回中我再举出另一种典型人物。

恶习难除，战犯依然“惹不起”

特赦必须“确已改恶从善”

我自从在香港《百姓》半月刊上发表《战犯改造所见闻》以来，曾接到港澳和海外一些亲友们的来信，除了说好说坏的外，多数是劝我笔下留情，不要太让一些人的亲属感到过分难堪。我为此曾考虑再三，所以，这次两位军长在我的笔下没有指名道姓，而只把他们过去带过的部队番号写出来，使知道他们的人或记得这些番号的人一看，就能一读此文，即知其人，不认识他们的人，也不会认为我在随意编造。看了之后，也有“此中有人，呼之可出”之感。

以下说的是一位属于非国民党嫡系的“杂牌子”五十一军军长。我刚一到北京，就有人善意地告诉我，这里有四个“大恶霸”，也有人说是四个“惹不起”。我同意后一种称呼，因为我知道，旧社会遗留下来的什么“南霸天”“北霸天”早已不存在了。在战犯管理所内，自然更不可能也不会允许还有这种人存在，顶多是蛮不讲理、别人不愿或不敢惹他，给他取个绰号“惹不起”，这比较恰当些。

开始，我还是有点不理解，也不完全相信，成了战犯，还会有这种使人闻而生畏的“雅号”，什么原因能让他们长期存在下去？这个问题，一直到我得到特赦后，于 1964 年秋天，我和杜聿明、宋希濂三个人应北京战犯管理所领导的邀请，去那里向仍在学习改造的同学们，介绍我们去东南和西北几个省参观学习的心得体会时，我才弄清楚，原来如此！

过去我是这里的阶下囚，这次是这里的座上客，身份不同，自然可随便问东问西了。当我把这件事提出来，管理所的负责人便很直率地告诉我：战犯所在成立之前，上级领导便早估计到，这些过去骑在人民头上作威作福、横行霸道惯了的人，要一下把这种多年养成的习惯改掉，是不大可能的，必须一步步来。而且主要是靠他们自动自觉接受改造，其次是别人的帮助和适当的一点压力，这就是管理干部按政策给予教育。如果一开始就用强制手段和高压办法来改变他们那根深蒂固的个性，后果只有两种：一是反抗不接受；二是伪装起来，造成一种骗人的假象，一旦遇上机会，又故态复萌。所以，管理所的干部们既要对这些人加速改造，又要有耐心，务必要使之能自动自觉甘愿接受教育，这样才能巩固采用强制手段所不能达到的目的。

当然，他们估计，经过了几年改造的人，再集中来加速改造，仍会有一些恶习未除的，但为数不会太多，不怕他们。因为少数几个人，只能充当一下反面教员而不致影响绝大多数人的学习。

听了之后，我才恍然大悟，否则真不易理解这种苦心。我过去只是片面地想，在社会主义社会的监狱中，特别是在战犯改造过程中，这种人还能不受到严厉惩罚？原来是希望他们能自己认识这种错误，好彻底改变。因为特赦应主要具备的条件是“确已改恶从善”。这个“确”字是说明彻底、根本和实实在在，不是一时或一事改了就通过了的。我知道，有些人如果不是在 1975 年最后一次特赦全部在押战犯而给赦了出来，可能再加上若干年，也不容易达到这个条件。

三个“惹不起”棋逢敌手

现在，让我来谈这位五十一军军长吧！他在四个“惹不起”的战犯中，如果论资排辈的话，他得屈居第三位。因为还有两个比他更要横蛮一些，连他也不能轻易去惹，真是强中更有强中手。

我亲自看到在分菜时，他先去数一数自己菜碗内分到的肉有多少或看鱼的大小，再去和分菜的同学比较，如果他少分一片肉或鱼比较小，那就得遭到他一顿批评，什么帽子都给人扣上，直到别人认错给他添足或调换之后，他才肯罢休。其实，当时我们是按中灶标准，每餐饭都有荤菜，许多人吃得肥头大耳，大腹便便，而他却是每次都得计较，而且非比别人多一点不可。

北京战犯所的寝室和学习室外面有一片很大的空地，四周都准备了几条粗铅丝，给战犯们晾晒衣服、被褥用的。有一条向着正南，冬天几乎大半天都得到太阳照射，许多人都喜欢在这条铅丝上晒被子。有一天早饭后，这位第三号“惹不起”懒洋洋地抱着被子去晒，一看这条铅丝中间日照最长的那一段，已有两条被子先晒在上面。他走过去，把两条被子向左右一推，将自己的搭在中间，很得意地看了一看，正要转身走时，在附近散步的“同学”中，有两人气势汹汹地跑了过来，一边一个把他拉了回去，指着他的鼻子又叫又骂。他一向不示弱的，当然得回敬几句。那两个毫不客气把他的被子从铅丝上拖下来向地上一摔，又去把自己的被子拖回原处。有一个抬头一看，因为他的被子被推动时，将铅丝上的灰尘擦在上面，有一道黑色的痕迹。另一个也同样发现，两人便不约而同地走过去。三号“惹不起”正在把摔在地上的被子拾起来用手拍去沾在上面的泥沙，口中还在小声嘀咕时，那两位便揪住他让他看两条被子上擦的东西。我赶忙跑去想劝开他们不要吵了，那两个理也不理我，却从三号“惹不起”手上把他抱着的被子抢过来，再次摔到地上。这还不算，每人还在他被子上踩了一脚。我以为这样一来非大闹一场不可，没想到这位“惹不起”竟不再作声，而是赶紧抱着被子走到西边的铅丝上去打拍灰土和脚印。我开始还弄不清楚，以为是他自知理亏，不敢再和人吵闹。后来旁边有人告诉我，今天算他倒霉，他正遇上比他更加厉害的第一号和第二号“惹不起”，否则他是不会让步的。

三号“惹不起”还有一个特点，是处处想显示出他比别人思想进步，态度积极。有次在批判第三兵团司令张淦的会上，他又叫又骂，和别人摆事实、讲道理完全不同。

张淦一向爱搞迷信活动，过去只是在小组会上帮助他，他不接受时，也没有准备开大会批判。这次是他在学习发言时，强调他和共产党一样是反蒋的，蒋的下台还是桂系逼下去的，他与共产党是同盟战友，不应当把他当成敌人对待。虽然有人帮助过他，说桂系反蒋是国民党内一派一系的利益，与共产党反蒋本质上不同。

他不接受而坚持他的那一套，所以才开大会来批他。有些人发言对我很有启发，也有说服力。如指出桂系逼蒋下台由李宗仁代总统，同样不接受共产党提出的八条；白崇禧在华中同样继续与解放军激烈战斗……虽把张淦驳得哑口无言，但他仍不认错，仍坚持他的说法。

这时，这位第三号“惹不起”竟比一、二号都表现得更“左”，连连拍着桌子叫张淦“站起来”！管理所的干部虽早在旁边，从没说过一句话，但听到叫张淦站起来不准他坐下，才指出不准坐是错误的，并说被批评的人一时想不通，可以回去慢慢想。同时宣布：结束这次批判会，等张有了新的认识或肯接受大家的帮助时再作研究。

会后，我便听到不少人告诉我，这位“惹不起”在批评别人时表现得那么积极，而他对自己的许多坏思想却从来不检查。别人只要指出一星半点，他就可以吵个不停，甚至能无休止地胡搅蛮缠几天十几天还不罢休。往往要等待管理所的干部出来制止，他才在“有则改之，无则加勉”的掩护下，自己表示要“加勉、加勉”！

他自己究竟有什么事也被人抓住了小辫子呢？说来也实在有点出乎他的意料。如果用“弄巧成拙”这句话来形容他，就最恰当不过了。

编很多“恨国民党”的理由

在重庆战犯管理所近百名战犯中，我与前热河省主席孙渡（唐继尧的妹夫）等几个人是受人注意的。本人虽然是在快解放时才当上当年国民政府国防部云南游击总司令的，但还是被人列入总司令这一级的范围，处处都得留心点，怕被那些“假积极”作为靶子来射击，以表现他们比别的人“思想进步”和“立场坚定”。

我一到北京，怕当靶子的包袱立刻放了下来。这里当过总司令、集团军总司令、兵团司令、省主席等一类大人物多的是，我就变成了一般“群众”了！由于自己没有包袱，便可以留心观察一下周围的人。我发现，大多数人都有一套高明的手法，这就是和下棋的人一样，“善弈者，谋势；不善弈者，谋子”。他们眼光放得远些，采用的方法也比较正派，不斤斤计较一言一字的得失，老老实实学习。极少数的人，如那几个“惹不起”和“假积极”，便是像初学下棋、只看到一步的人一样，以为只要有斗争性，敢批评别人，对一些有坏思想言行的人敢于揭发、斗争，就会很快得到信任，而且认为越“左”就越能表现“进步”。

北京战犯管理所的这100多名国民党党、政、军、特的头头，既是久闯江湖，更擅长搞两面三刀。但不少人慢慢懂得，过去那种把别人当垫脚石往上爬的办法已不适用，所以和人拍桌子、瞪眼睛、伪装进步都不屑为之。对那些大大小小的“惹不起”，都敬鬼神而远之。但是一旦发现这些人犯了真正的“原则性”的错误时，也会毫不留情地指出来，绝不会放过他们。

有一次，这位第三号“惹不起”在学习发言中，不知怎么竟得意地称：他在新中国成立前，“对国民党的仇恨比对共产党胜过十倍”！立即有人叮他一下：“此话当真？”“一点没有错！”“再说一遍！”他又重复一次，许多人便一字一句记了下来。接着，一阵质询的话像连珠炮一样朝他射出。主要是质问他，既是那时就有那种思想，为什么不投降起义，而要顽抗到最后才化装逃走，遭自己的部下打了一枪，被解放军活捉了还不敢立即承认自己是五十一军的军长……这些话，问得他答不上来，只好使出他那仅有的一点看家本领与人吵闹不休。论吵架骂人，许多人的确不如他，但讲道理、摆事实，他却远非这些人的对手。当然，结论是：“太不老实！”这顶帽子他是死也不肯接受的。可问题并未结束。

经过他一天一夜的深思熟虑，终于又编出一套他恨国民党胜过恨共产党的所谓理由。听听也是令人发笑的。

第二天，他哭丧着脸，也可能是事先在手帕中浸上一些生姜汁等，一开口，一抹脸，居然会挤出几滴眼泪来。他突然变得像饱受委屈的小媳妇了。他说由于他带的部队是“杂牌子”，一向受中央嫡系部队的歧视，打仗当头阵，驻防却是最差的地方……说着说着竟然泣不成声。有知道他过去情况的，便表示对他同情，还答应替他说出他这一思想的真实来源。在场的人知道这是在准备揭他的老底，都同意由那位“同学”来替他说明他为什么会恨国民党。

那位同学只谈了新中国成立前一段时间的情况。五十一军原来是防守长江一小段，解放军横渡长江成功后，这个军便奉命调到上海去担任防守。他这个军在长江战役江北桥头堡作战时，被歼灭了两个团，败退中又损耗一个多团。残部于5月初到上海不过6000余人。所属的四十一师和一一三师的师长，在撤退中先后因擅自脱离战场指挥部被撤了职。一一三师师长后由汤恩伯派被歼灭了的第四师师长调任，四十一师师长则由副师长升充。

这位军长的确是有点感到委屈，为什么他还愿意再去冒风险呢？他原来以为调到上海后，可以大大捞上一大把，便出国当寓公。因为他早听到国民党发行“金圆券”时，曾在上海强制收兑了大量黄金白银，加上上海资本家不少人手中还有大批美钞、黄金和贵重物品。反正上海迟早肯定会守不住，只要手中还有枪杆子，不愁无发横财的机会。所以再受气，也得忍气吞声不放弃这一大好时机。

但出乎他意料而使他大感恼火的，是他把残兵败将好不容易拖到上海后，上海防守司令石觉和京沪杭警备总司令汤恩伯却命令他率领残部去浦东川沙方面接替三十七军罗泽闿部白龙港与三九港间的防务。这等于给他当头泼了一瓢冷水，使他气得两眼发黑。去吧，不但那里除了海水和沙滩，什么油水都没有，连居民也都迁走了；不去吧，军令如山，怎敢说半个不字。

由于军长垂头丧气，部下就更加不安。除了士兵不断开小差外，连军部参谋处科长一级的校官和译电员、司书一类尉官都陆陆续续不辞而别，且几乎每天都有。

军部在上海交通大学驻扎了几天，便于1949年5月12日一早全部开往川沙去接防。据那位揭发他的同学说，他出发前还一再回头望着他认为遍地是黄金、美钞的上海市，最后才用力向地上吐了一口唾沫，气愤地走了。

同学指出他只为个人利害

该军驻防白龙港等地才四天，解放军便从左右两侧和背后包围过来。他召集两个师长到军部商议，决定于16日薄暮后，利用黑夜全军向高桥镇附近撤退，目的是希望能保留一部分兵力，慢慢撤退到上海市区后，还有点力量向不逃走的商店老板们逼出些财物，再逃往香港等地，这下半辈子就不愁没钱花了。这位军长的如意算盘刚刚打定，没料到他所部两个师长更想抢先一步捞上一把，部队一开动，两个师长都不约而同地先溜走了。部队没人指挥，他才匆匆换上早准备好的便衣，天黑下来，便高一脚低一脚向上海市区跑去。

当他正慌慌张张乱窜时，解放军已把这几千名像没有头的苍蝇一样的士兵包围了起来。因为他换了便衣，又在黑夜，他部下士兵还以为是解放军派出的便衣侦察人员，就朝他放了几枪。幸亏他一听枪响，马上卧倒，才只擦伤一下肩头。当他的部下全部投降后，他也落入了解放军手中。第二天大天亮之后，他才被自己部下指出来，他就是五十一军军长。正当他认为这一下非死不可时，却出乎意料地受到了优待。不久，就平平安安把他护送到了上海。

他一到上海，与几个被俘的国民党高级军官住在一起时，有人告诉他，不但汤恩伯、石觉等跑了，连三十七军军长罗泽闿等都在混乱中弄了不少的钱，逃到台湾去了。据说他听到这些情况后，的确大骂过石觉、汤恩伯等人，不该要他去接替三十七军防地，结果财没有发到反而成了俘虏。要是让他在上海市区驻防，他不是也和罗泽闿一样到台湾去享福了吗？

既有人能当场证实他的确骂过国民党几个高级指挥官，他仿佛像落水人抓到一把稻草一样高兴。许多平日不爱乱讲话的同学，却一针见血地指出：他为了个人利害而恨透几个人，不等于他恨国民党，他反共反了那么多年，更不可能恨国民党超过恨共产党。这种自欺还想欺人的手段，只能够证实他极不老实而已！

一贯爱抓住别人小辫子不放的人，给别人抓住了自己的小辫子，这滋味自然是不好受的。聪明一点的人大都是承认错误，检讨一阵，最好是骂上自己几句，一般就可以过关了。如果要和全组或多数人去胡搅蛮缠，不承认自己有错误，是很难顺利解决的。因为都是有一套的人，反正没有事做，天天开别人的会，这是轻松愉快的事。这位军长本来就不太高明，他还是想使出他那一套办法，结果越这样越过不了关。一连三天，他正在感到气馁时，管理员突然宣布结束他的批判会，叫他自己再去好好认识了一下，究竟错在什么地方？对同学们的帮助，不应当采取对抗，要虚心一点，考虑别人为什么要那样提意见等。

他听到这些话，真是喜出望外。我翻了那几天我写的日记，我把他最使人感到可笑的话一字不漏地记了下来，作为本篇的结尾吧！

他说：“开始我说我恨国民党胜过恨共产党，你们批斗了我三天，说我不老实。

今天，事实证明了我的话不但是对的，而且应当提高一步，因为批斗我的人，都是你们这些国民党人，而帮我解围的，却是共产党人。我今后应当说，我永远恨国民党，永远爱共产党！”

我轻轻地收拾好我的日记本，准备和读者们一起笑它几声。

李仙洲乐天知命
马励武牢骚满腹

在国民党军队中，中年以上的军官没有不知道军中的“山东三李”，这就是三个黄埔第一期毕业、都是官拜中将的三个同乡同学同姓的高级指挥官李仙洲、李玉堂、李延年。

现在硕果仅存的李仙洲，执笔时就快到他 90 大寿，亲友们正在准备为他耄耋之年而好好庆贺一番。

饭后“三德”变“三得”

抗战期间，我在重庆时，只在戴笠请他吃饭时见过一面。在我的印象中，他很有武二郎的气派。因为山东人忌讳别人称呼大哥，即使是老大，也得称为二哥，原因是武松的哥哥武老大，太不够英雄，而他的弟弟老二却是英雄盖世，所以一般人对山东朋友，都是以叫二哥为尊敬。那次戴笠除称他为“学长”外，也是称他为“二哥”。

在北京战犯改造所，我不仅曾经和这位“山东大汉”（这是“同学”们背地里对他的称呼）同在一个小组一年多，而且是和他一同于 1960 年冬第二批特赦的，所以我有义务介绍一下，也算是对他 90 大寿的一份礼物，我相信他乐于接受这“秀才人情”。

1959年，北京战犯改造所重新编组时，我和李仙洲同编在由四十一军军长胡临聪任组长的那个小组。第一天，由我分配菜饭时，李仙洲便提醒我，他是有名的大肚皮；我也不甘示弱回答他，我的饭量也不小。两人相互一笑之后，他很风趣地告诉我他有“三德”。我急忙问他哪“三德”？他把摆在桌上的饭菜一指：“吃完饭再告诉你。”今天我还清楚地记得，那天我们是吃米饭和“赫鲁晓夫”（赫鲁晓夫认为苏联人有土豆烧牛肉，就一切都解决了。所以我们称这道菜是“赫鲁晓夫”）。当然，战犯能在北方吃到南方的米饭已算是一种特殊享受。尽管那种米饭是米质中较差的籼米，但南方人吃起来还是比馒头和窝窝头（玉米面做的）要有味得多。如果吃惯了暹罗米和西贡米的人去吃那种米，就会感到难以下咽了。可能米饭较粗糙，或是我分给他那一份菜土豆特别多，他那餐和我只吃个平手。我三碗，他也三碗。当时分菜，只要牛肉都是一样十来小块，土豆多少就没有人去计较了。我特意多给他半勺土豆。我刚把饭吃完，便急忙问他有哪“三德”？他一看还有两三个人没有吃完饭，仍不肯说。等到最后一个人吃完，他才笑嘻嘻地说：我是有“三得”，而不是三从四德的德。这就是吃得、拉得、睡得。大家在吃饭时，我这拉得就太不卫生了，因此一定要在吃完饭后才说。

李仙洲

这时，我才恍然大悟，原来如此。

接着，他又补充说明：光是吃得拉不得，那是一件苦事。吃得多，拉得痛快，又睡得香甜，才是三全其美。

当时，我还有点不服气。他这“三得”我也有。等到以后吃面食时，我才佩服他比我强。他一次能吃二两重的馒头六七个、窝窝头五六个，吃面条面片等可以用小脸盆盛上半盆一气吃完。肉包子就更不用说，可以超过我四分之一，一次轻松愉快地吃下十一二个。

如果没有坐过牢，谁也不会想到我们这些人的食量会这么大。其实，原因很简单，因为坐牢除了三顿饭便没有零食可以吃。每天不到开饭便已感到有点饥肠辘辘，何况还得搞一些体力劳动。后来去农场劳动锻炼时，我更经常感到肚子在饥饿时会发出叫声。原来，“饥腹雷鸣”并不是一个形容词，而是千真万确的事实。

零下四十摄氏度小便变冰棒

我和李仙洲还有另一个相同的爱好，就是都爱起床后用冷水洗澡。但一到冬天，他就不做全身冷水浴，而是改用冷水擦身；我不管多冷，冬夏一样要用冷水洗个痛快。当然，在南方人看来，冲冲凉，这有什么值得提；可是在北方，冬天在零下十来摄氏度的气候，即使房内生了火炉或有暖气，要全身脱光跳到冷水盆里，没有长时间的锻炼，准得发高烧。北京战犯改造所在冬天，早晚也供应每人半脸盆热水洗脸洗脚，冷水却不限制，可以随便用。

李仙洲是一个非常好胜逞强的人，有次一位同学笑他，冬天不敢和我一样洗冷水澡而只擦澡时，他非常不服气地引出了一段平时不愿意说的事来。事情原来是这样的：

1947年春天，李仙洲在莱芜战役中，和七十三军军长韩浚、整编二十六师（相当于军）师长马励武等被俘后，被送往佳木斯囚禁。那年的冬天，经常冷到零下三四十摄氏度，他还能在室内坚持擦冷水澡。连看守他们的解放军都看成少见的怪事。这无非是想证实他的耐寒能力比我更强。我如果在那样低的气温下，连擦冷水可能都不敢了。

当时我并不想和他比什么怕不怕冷，而是对在零下三四十摄氏度下的生活究竟怎样能熬得过来倒很感兴趣。一有空，我就要他讲在那里的情况。他很得意地向我夸口，即使在那种严寒的气候下，他还被人称赞过他的劳动表现是最好的呢！

我笑他是不是学陶侃一样，在室内把床铺桌椅搬来搬去这种劳动。回答是出乎我意料的，原来在那种气温下，居然是每天要到室外去劳动一两次。我便放低声音悄悄问他：怎么用这种手段来折磨犯人？他放声大笑起来说：按照你的想法凡在佳木斯的人，一到冬天，就只能在家里围炉取暖，连大门都不出去了。

他们当时每天要做的事，主要是打扫大门口的积雪。有时雪下得连门也开不了，如果不每天或经常打扫，就会被雪封住；风一吹，雪化为冰，就休想出来。大门口的路上也得打扫，这是不可少的工作。还有一件事也得每天要做，就是破坚冰取水。井口被冰封了，要取水，先得破冰，才能从井内把水提上来。如果提出井口的水不马上倒在桶里运回来，很快就会变成冰桶。他告诉我，他小时读书，看到“坚冰在须”，认为是形容天冷而已，但在佳木斯，便不是形容而是司空见惯的事。因为嘴巴、鼻孔吹出的热气聚积到胡须上，马上就变成了冰球和小冰柱一样粘住了。

他还告诉过我这样一件有趣的事，他刚到佳木斯，有人吓唬他，冬天千万不能在室外解小便，一不当心，冷风一吹，解出的小便会变成一根冰柱顶住尿道口，如不赶快用根棍子一边解小便，一边敲打冰柱，尿就不能继续流出来。他有点怀疑，但也不敢大意，有一天，他拿着一根木棍去零下四十摄氏度的室外解小便，并没有出现尿变成冰柱，只是流下之后，很快就聚在一起成了一个尿堆。一阵冷风吹来，他那出尿的东西差点成了冰棒，从那以后，再不敢去试了。

陆军将领为何要骂海军

一提起他们在佳木斯的事，马上有人补充说，李仙洲每次扫雪、提水都受到表扬。相反，马励武总是挨批。这位马老兄也是黄埔一期毕业的，1947 年 1 月间，他统率的整编二十六师和第一快速纵队，都是装备最精良的全部机械化部队。他与新四军在峄县作战时，自恃有最新装备，根本不把只有老式枪的对手放在眼里，结果吃了不少亏。后来，他把坦克车开到峄县城墙上去，等到要反攻时，坦克车开不下来，最后一败涂地。许多人都笑他这样指挥机械化部队，连常识都没有，所以他憋了一肚子的气。被俘后，他牢骚满腹，怪话连篇，连轻微劳动都不愿干，所以经常挨批。一批，心里更不痛快。

有人告诉我，马励武发牢骚骂街，连国民党的海军、国共和谈代表都骂。他这个打败仗被俘的陆军将领为什么要骂海军呢？

说来也很有趣，那是1947年的下半年，解放军决定要送马励武和李仙洲等在山东被俘的高级将领去哈尔滨。当时从陆路去，不但交通困难，而且这么长途押送容易出问题，便决定从水路送去。押送他们的一位姓王的解放军负责人，原来是在商震部队中工作，与韩浚同过事，所以派他押送，比一般人方便。他们从山东乘坐一条渔船出发后，在海上正遇上国民党的海军巡逻舰队。这些押送的解放军官兵，都认为这一下非出大问题不可。不料军舰的探照灯射到这条渔船后，舰上的人只隔水盘问了一番，看到船上挂满了捕鱼工具，便没有派人到船上检查就放过了。

据说当时马励武等知道有国民党的海军在盘问，虽然他们被安置在船舱底层，不能爬出来，但嘴巴却没有被堵塞；只要军舰上派人上来搜查，就可以大喊大叫，肯定会发现这十多名被俘的将领。可是，只相隔几丈远，对方盘问一下就放渔船走了，使他们没有呼救的机会。那位押送他们的解放军军官在到达哈尔滨时，用半开玩笑的口吻对他们说："只要军舰上派人来搜查，那就不再是我押送你们来哈尔滨，而是你们押送我们去台湾了。"

马励武

事情过了好久，马励武对这次海军失职的事仍在痛骂。有人曾和他开玩笑地说：海军不搜查载有自己人的渔船，这和陆军指挥官把坦克车开到城墙上去作战，同样是犯了严重的错误。马励武的脸平日本来就有点红，这一气之下，就变得更红了。

马励武骂和谈代表，不提出交换俘虏，是忘记了这些为党国尽忠职守的将领；并说这些代表谈不拢而不回南京去，却忙于接自己的妻室儿女到北京，实在不像话！李仙洲对这件事却有他自己的看法，他劝马励武不要再骂这些和谈代表。他说刚开始打内战，马法五被俘，国民党能拿新四军军长叶挺来交换。现在被俘这么多军长和军长以上的高级指挥官，能拿什么被俘的解放军将领来对等交换？和谈代表不回去，而忙于接妻室儿女，这也是人之常情。你在峄县时，战事那么激烈，你还把最爱的小儿子硬留在身边不肯送走，不是一样的心情吗？

后来，马励武的态度也慢慢有些转变。我从重庆到北京战犯管理所过第一个春节时，他还高高兴兴在晚会上唱了秦腔《柜中缘》和《火焰驹》等家乡戏。关于马励武可谈的事还有不少，等以后有机会再谈；现在言归正传，继续谈李仙洲吧！

“俺这山东人学不会！”

李仙洲被俘后，很少发牢骚，说怪话。

他有他的见解，认为自己打败仗当俘虏，是一生中的奇耻大辱，也认为是“天亡我也”！大有楚霸王的味道，不承认自己不行，而把最后惨败完全归于天意，不是人力可以挽回的。他觉得老天这么安排了他最后当俘虏的命运，就安心当俘虏吧！他懂得，按照国际公法，不能随便杀害战场上的俘虏，何况像他这样的高级将领，更不会轻易杀掉；只要安分守己，便可以避免麻烦，也省掉吃眼前亏。所以要他做什么，他都很积极，不论是扫地、打水、挑抬东西，都争着去干。可有一件事，出人意料，他从不肯去电台广播，向国民党的军队搞劝降等工作。

1980年秋，全国政协常委侯镜如（右）、杜聿明（中）与全国政协委员李仙洲在一起。

1948年12月30日，中共主席毛泽东写了一篇《将革命进行到底》，作为1949年新年献词，由新华通讯社发交解放区各报刊登在第一版。所有管理国民党战俘的单位都奉命要战俘们进行座谈、讨论，李仙洲这些高级将领在座谈时，新华社还特派记者去采访和旁听。当时他和韩浚等已从佳木斯送回哈尔滨解放军官第五团学习，许多人都对这一篇“新年献词”大谈自己的感想，他却一言不发。管理人员劝他学学四十九军军长郑庭笈（军统特务头子郑介民的堂弟），不但肯去电台广播，而且每次座谈都抢先发言。他的回答则很出人意料：“俺这山东人学不会！”

是真的学不会吗？非也！原来他有自己一套看法。等管理人员和记者一走，他的话就来了。他说：身为高级指挥官，没能完成党国的重托，打败仗成了俘虏，又有什么脸去劝自己过去的长官、同事和部下投降呢！

当然，经过长一点时间，他的这些观点也有所改变；我和他同组学习时，他也发言，也肯写墙报，但总是很简单扼要，没有什么长篇大论。既不积极，也不消极，按照他自己的说法是：“甘居中游”和“随大流”！不过这一表现拿“改恶从善”这一尺度来衡量，也可以得90分左右；所以他和我这个“表现尚好”而不是很好的“同学”，都在第二批特赦时得到特赦。

战俘之中“关公”特多

我从懂点事开始，就喜欢打听不大为人所知道的事情，特别是有些人不愿说的事，我总要想方设法弄个一清二楚。这可能对我今天写东西有不少帮助，同时，也是注定我过去要搞特务工作的原因吧！

在战犯管理所，有位姓刘的管理干部，他在领着我们挑饭组去厨房挑饭菜及开水时，常有意无意地和我们聊聊天，有时还开开玩笑。他常说我们这些人当中，不少是三国时代的人物，而且关公关羽字云长特别多。开始我不理解他这两句话的意思，久了，我才弄明白，因为我们当中不少人是单名，如汤尧、张淦、孙渡、孙楚、韩浚、黄维、沈醉等。这与《三国演义》中许多人都是单名一样。说关公多，则因为这些人闲聊时，都爱讲自己“过五关、斩六将”那些得意事。当然，也可能还有个含义，即讽指“身在曹营心在汉”。

过去，我虽未带兵打仗，对什么黄埔建军、消灭陈炯明、攻打惠州以及北伐时汀泗桥之役、龙潭大战，抗战时的台儿庄大捷、昆仑关大捷、湘西会战等却听得烂熟。但一提到第三次国内战争，就如同关公“走麦城”一样，认为是丑事而不愿谈。而我偏偏爱打听，某某人是怎样全军覆没而被活捉的，某某人怎样在突围时遭到生擒。李仙洲同样不愿谈他在莱芜战役中被俘经过。

我在和李仙洲同组的一年多时间中，一有空，我就问他被俘的事，经过多次吞吞吐吐的谈话，终于弄清楚这一经过了。

1947 年 2 月间，国民党准备对山东临沂地区的解放军分两路夹击，出动的兵力要超过解放军一倍左右。李仙洲以第二绥靖区副司令官身份指挥约三个军的兵力，由济南出发，进驻新泰、莱芜。等大军到达莱芜时，解放军早已撤出城去，他十分高兴，马上打电报向第二绥靖区司令山东省主席王耀武告捷，说他已攻占莱芜，敌人闻风而逃。

当时，他统率的十二军霍守义部、七十三军韩浚部和整编四十六师韩练成部，武器都很精良。解放军采取避实就虚战略，不和他打硬仗，而是伺机进攻，各个击破。直到 2 月下旬，才把七十三军所辖七十七师包围在博山、莱芜间的河庄地区加以全歼，师长田君健亦被击毙。这时，李仙洲才慌张起来，赶忙调整部署，准备乘机围歼解放军。这一场激烈的大战详情，这里就不叙述了。

最后最紧张的一幕，是李部被迫经过吐丝口这一极为险要的狭隘地区，准备退回莱芜县城时，被解放军利用两侧高地层层包围，李急忙请空军副总司令王叔铭派空军前来解围。王和李不但是黄埔一期的同学，而且是山东同乡，私交极深，所以王叔铭除派出大批飞机前往协同作战不断空投弹药、食品外，还亲自飞临上空与李仙洲用无线电通话，随时把解放军的情况告诉他，并且不停地指挥空军对包围他的解放军进行轰炸、扫射。但这一切都无法挽回最后彻底失败的局势，这位身经百战的国民党中的常胜将军，到此时，也只有选择突围逃走的一条路了。

李仙洲一直没有忘记，那是 1947 年 2 月 23 日下午 2 点，他和七十三军军长韩浚率领一部分卫队，准备向北面冲出去。下午 3 点左右，他的左腿下部挨了一枪。他仍咬紧牙关，指挥附近一些残兵败将拼命向北逃走。在混乱中，韩浚与他失去联系，卫士们扶着他走到距吐丝口镇约三四华里时，他因伤口流血过多，摔倒在山沟里。黄昏时，被解放军搜索队俘虏后，才给他包裹伤口。莱芜战役到此宣告结束。

谈到这里，李仙洲往往仰天长叹一声：这次本来是准备将北来的解放军全部歼灭，结果适得其反，使国民党七个师近十万人全部被歼。高级军官中除整编四十六师师长韩练成生死不明，新编三十六师师长曹振铎只身逃回济南，而七十七师师长田君健被击毙外，其余全部被活捉。因此，他长时间认为这是“天意”。

李仙洲得到特赦后，本来准备留他在北京和杜聿明、宋希濂等一起，但后来他却提出愿意回山东老家，与儿孙们一同生活。按照他的说法是：北京的汽水都没有济南的泉水沁人心脾。当然，山东大饼卷大葱，也比面包夹火腿更有风味。这样，他就回家乡去欢度晚年了。

曾扩情大而化之
处事也粗中有细

在黄埔毕业的同学中，一提起扩（读况）大哥，没有人不认识他。这一方面是他在黄埔第一期同学中为年龄较大的一个，又名列“蓝衣社”十三太保之首；另一方面是他为人和蔼，平易近人，且乐于助人，只是有点马马虎虎。许多人都认为他是“大而化之”。

提起他来，真是可以说上三天三夜。因为他一生曲曲折折，奇奇怪怪，加上有时竟荒唐到可笑的程度，所以他的趣闻就特别多。

我和他在抗战前就见过面，那是他任西北“剿总”的政训处长时。“西安事变”发生，蒋介石希望马上有军队把西安包围，救他出去。曾扩情由于一向与张学良相处得不错，张请他向南京广播，不要用武力解决西安问题，他就照办了。曾当时还是一番好意，怕一旦打起来，蒋的安全便成问题，据他说，那完全出于爱护校长去广播的。这次广播话虽不多，却使他从此失去校长宠爱，再也抬不起头来，引为终生憾事。

“西安事变”一解决，蒋即下令将他扣押，交与戴笠囚禁于南京“军统”的监狱中。因为当时蒋认为他投靠张、杨，不想让中央军去救援，除当面骂他是寡廉鲜耻外，还撤职查办。

戴笠对这位老大哥一向尊敬，所以他被囚禁在“军统”监狱时，除不能出去外，一切如同在家里一样；我们去南京也可以去看望他。

抗战期间，他是戴笠的座上常客，我更有机会接近他。新中国成立后，我和他先同在重庆坐牢，后又同在北京战犯改造所学习，对他的事知道较多，但限于篇幅，只能简单谈些。

许多人说曾扩情“大而化之”，是说他遇事不肯动脑筋；还有人说他幼稚可笑，我却认为他有点天真可爱。不信的话，就请看看这些天真可爱的事吧！

由于他是黄埔一期老大哥，只在北伐前攻打惠州时当过连长，一上火线就“带花”。伤好之后，他对冲锋陷阵没有勇气，而改任政治工作。“复兴社”成立时，他是创始人之一。后来别人称他和酆悌、邓文仪、贺衷寒等是“复兴社”的十三太保。他不承认，说自己还不够当太保资格，因为别人排挤他。他常常咬牙切齿地说：贺衷寒等人对他下的评语是“学问平常，略有经验”。不管怎样，一般人总认为他是当然的太保。

新中国成立前夕，他在四川闹过这样的笑话，他不想去台湾而在四川搞什么“中央军校毕业同学非常委员会”，是以黄埔同学为核心的坚决反共组织；可是到快解放时，他虽无一兵一将，还大叫要和共产党拼到底，绝不去台湾！其实他是怕到台湾见校长，因为校长见他一回骂一回，使他感到实在忍受不了。许多关心他的人都劝他早点走，因为他名声太大，又长期搞反共工作，一旦被俘，绝无生路。他却胸有成竹地表示：“到时一定有办法。”

1949年秋天，我去陕西准备接胡宗南的妻子、“军统”同事叶霞娣去昆明，因胡不想送家眷去台湾，毛人凤便要我把她安置在昆明。胡也打算分出一部分兵力把云南控制下来。我经过成都时，四川军统的负责人告诉我，曾扩情既不去台，又没有作打游击的准备，可能是打算投降共产党，现正在请示要不要逮捕他。我认为他不会投降，但却猜不出他有什么高招。直到解放军进入成都后派人去逮捕他时，他还满不在乎地对去的人说，我已拜某大和尚做了皈依弟子，早遁入空门，跳出三界外，不在五行中了。你们还抓我作甚？这几句话引得去的人都大笑，并且很坦白地告诉他，不用说像他这样反共反了二三十年的十三太保皈依佛门后也要抓，就是削发多年、正在庙里闭关面壁的“军统”分子宋灰鹤（即在“军统局”任过行动科长和特训班任过教官的宋良，又名周大烈，抗战胜利后，便拜广东南华寺虚云大和尚为师，是真心诚意去出家为僧的）一样要清查出来。这时，他才傻了眼，悔恨没有早点逃走。这件事，当时人们便引为笑谈。许多人都说，这么重大的与生命攸关的事情，他用这种连小孩子都不会相信的简单办法“遁入空门”来对付共产党，以为就可平安无事，真是滑天下之大稽。

新中国成立后，我从昆明监狱被送到重庆白公馆监狱的第二天，在楼上与王陵基、徐远举凭栏聊天，忽然发现扩大哥在楼下和一些“军统”小特务在下棋。我便问徐远举，为什么他没有得到和我们一样的待遇？徐笑着说：扩大哥太天真了，因为楼上住的都是高级犯人，待遇很好，下面那些犯人就发牢骚，说过去这些人高官厚禄，过着舒适的生活，今天当了犯人，还比他们待遇好得多，很不服气。后来经管理人员说明：这些人年龄都较大，而且囚禁的时间肯定比下面一般犯人要长，用不着和他们去比。他一听囚在下面的时间比上面的短，便坚决不肯搬上来过较好的生活。后来，西南公安部撤销，一般犯人去农场劳改，他才被并到我们一起。我们都笑他，早点来不是可以早点得到享受。以他的地位和过去的所作所为，难道不和我们一道就能把他当一般人先行处理吗？他又一次傻眼了。

以为死期将至，裤裆全湿

我和他相处的近十年时间中，发现他不但马虎，而且胆子特别小。1955 年，我们几个被移禁到重庆市石板坡监狱，虽仍保持我们的中灶伙食，但大家心情却特别坏，认为即使不杀，也将是长期坐牢，永无出狱的希望。第二年夏初，我正在强作欢心为他们讲我过去在南岳山打老虎的事，突然一位与我们相处较好的管理员匆匆忙忙跑进来，一个劲地向我们叫着：“恭喜各位！恭喜各位！明天或后天就要送各位回去了。”一听这话，大家刷的一下，脸色都变了。曾扩情更是一屁股坐在大通铺上，两眼发直。不用说，监狱管理员向犯人道喜，谁都知道，这是报道处死的一种变相口吻；何况还加上送我们回去这句话。回什么地方？大家都清楚，是回到阴间去。

我是受到过一次自己知道死期的滋味的。我在昆明监狱，有天叫我出去拍照，当时就有人告诉我，拍好照片，第二天就枪决。我自落入共产党手中，早做好了被杀的思想准备，喊出去一声枪响就结束了生命，我从来没有害怕过。但不是当时处决而是要等到第二天，这一晚就不好受了，真是坐立不安，更不用说睡觉了。过去看电影，一个外国皇帝被处决前的晚上，换了几十张床都不能入睡，才感到“慷慨捐躯易，从容就义难”。在极度不安时，我写下了几首绝命诗，有两句是这样：“终宵坐立待更残，今日方知一死难！”我过去搞暗杀、绑票等工作时，常常是九死一生，一点不在乎，而早知道什么时候死，却没有领略过这种滋味。等到第二天知道所有犯人都要拍照片而不是要处死我时，自己也感到好笑！

这次看来不再是误会而是真要去处决了。这个管理员偏偏先告诉我们，要让我们死前还难过一两天，我不禁怒气冲天。正要向他责问时，有一个一直跟随我们在一起的小特务，是我的旧部，他是奉派来照料我们生活的，他比我更急，便抢先问那位管理员：“我的罪比他们小得不知多少，总该没有我吧？”管理员连声说：“没有你！没有你！”这时他便斜着眼看我们，嘴里还得意地吹起口哨。我就冲着那管理员大嚷：“你也太缺德了！你既然知道要明天或后天才处决我们，你为什么不让我们过好这两天，一定要我们难受你就舒服吗？”

他听了竟仰天大笑道：“谁说要处决你们啦！我向你们道喜是你们马上要大大改变待遇，集中学习。你们原来住过的地方已经粉刷一新，每人有一张小床，还有蚊帐、凉席等，伙食也提高多了，我刚才去看过，才来向你们道喜的。”他的话音刚落，管理所长也笑容满面地走进我们房间，一面向我们打招呼，一面问那位管理员：“你已告诉他们了吗？”“告诉过了！”所长便补充一句：“明天我送各位去，希望各位好好去学习，将来好为人民做点有益的事。”

这时，我那个旧部忙用恳求的口吻说：“请所长也让我一同去吧！”答复是斩钉截铁的：“你差得太远了！这次是集中武官少将以上、文官厅长以上，你不够这个条件。”这时，我们每人脸上都露出了笑容，大有“山重水复疑无路，柳暗花明又一村”之感，只有他一个人把脑袋耷拉了下来。在这一瞬间里，人生的喜怒哀乐都一齐出现了。这种场面，我一生也没见过。

所长走后，曾扩情才慢慢从床铺上坐起来。我一看，他的裤裆全湿了，原来他一下把尿都吓出来了。

粗中有细，带点温情主义

有不少人说曾扩情常常捡了芝麻，丢了西瓜。可不，新中国成立前，他任国民党四川省党部主任委员，省党部的职工连薪饷都发不出，他向省主席王陵基去借钱。王不肯借，说党部开支有党费收入，不能拨行政经费。他再三解释，法币贬值，物价涨了不知多少倍，党费却没有增收，全川党员的党费集中起来，还买不到一石米。王仍不给。他只好把省党部一辆旧汽车卖掉，才维持了一两个月。党部开不出伙食，他就东吃一顿，西就一餐。后来有人介绍他认识了成都某照相馆的女老板，她立即答应供给他食宿。他喜出望外，马上就搬到某照相馆楼上，和她同居起来，他以为这是占了一个大便宜。

说起她，也不是无名之辈。抗战前，她凭借父亲一笔不小的遗产，自办电影制片公司，自己编戏，自任主角，并邀了两个同姓不同宗的姑娘，拍了一部电影。在上海金城电影院上演时，三位女主角竟登台先表演一番。这种别开生面的做法，并没有能一举成名，因为上海人对那种“咿呀嗨，呀嗬嗨！”的四川山歌毫无兴趣。所以第二部影片没有拍出来，三姐妹就各奔前程了。

她是不甘寂寞的人，新中国成立前在成都开的照相馆，生意相当不错；加上她虽是半老徐娘，但风骚依旧，因此一些饕餮之徒都对她颇感兴趣，但为此也使她招来了不少麻烦。她决定把扩大哥接到自己家中，愿供食宿，并不是浪女回头，而是想利用这块生了点锈的“老招牌”，给她起一点“姜太公在此”的作用。她公开向扩大哥表示，如扩大哥什么时候需要她，她一定奉陪；其余时间，则自由支配。年近花甲的扩大哥食量有限，所以这一合同顺利签字。

如果说扩大哥什么事、什么时候都是粗心大意，那未免有点冤枉他了，猛张飞也干过细心的事，何况有几十年政治斗争经验的他呢？有人要不服气，我可以举两件他比我要细心得多的事来。

我们刚从重庆石板坡监狱搬到磁器口重庆战犯改造所后，我就有几次粗心大意的事被他发现而及时纠正了。我们住的地方是原来军统的缫丝厂办事处和军统重庆训练班本部，往西走不远，就是当年戴笠住过的杨家山公馆，下面有一个用双喜和寿字组成的花园。我当年经手修建这个花园，是专供戴笠和他的情妇电影皇后胡蝶去散步时用的，花了上万银圆到处去购买奇花异草，还派出不少特务到一些名园去连抢带偷弄来不少名贵稀有的品种；所以，我对这费过我不少心血的一小片土地，十分喜爱。战犯改造所既规定我们可以在附近自由活动，而过去戴公馆也改成了干部的办公室和宿舍，我一有空就到那个小花园去走走。有一次我邀他去，他一听就连忙又摇头又摆手地说："这个地方你少去吧！别人看见会说你还在留恋过去呢！"当然，经他这一提醒，我也就不再去了。

还有一次，我看到我们住处不远的一片菜地里有个女人在用网子网蝴蝶，边网边唱边跳，一看就不是一般农民，我便走过去。她看我穿得整整齐齐，以为是什么干部，便和我打招呼。我问她捉蝴蝶干什么？她告诉我，这种蝴蝶专在包心菜上产卵，几天就变成青虫，一畦菜只几天时间就给吃得残破不堪。我问为什么不洒农药？她说洒了药的菜，洗不干净，吃了要中毒，捉掉蝴蝶就安全了。我正和她谈得起劲时，扩大哥也缓缓走过来，从他鼻梁上架的那副金丝眼镜，一看很像一位大干部。那个女的便迎上去，很客气地叫了一声"首长，您好！"扩大哥一听正不知如何回答时，她又补上一句："这位首长有点面熟，记不起在什么地方见到过。"他定睛一看，连忙在我肩上拍了一下："等你开会，还不快回去！"对那个女的，他理也不理就拉着我走了。她只好借追蝴蝶悻悻离去。

离开了那片菜地后，我急忙问他："开什么会？"他又用一贯爱开玩笑的口吻，轻声地说一句："开你的批评会！"我正摸不着头脑时，他小声告诉我：你知道她是谁？她就是当年国大代表中最年轻漂亮的"国大之花"！因为我吃过她的"豆腐"（占过便宜），所以她对我有点印象。你和她聊天，不是该受批评吗？

虽然我向他说明，今天的"国大之花"早已劳改期满，自愿在农场就业而不愿去当小学教员，为什么不能与她谈谈？他的两句体会很深的话，对我很有启发。他说：在改造过程中，做了一百件好事是应该的，做了一件错事就成了错上加错。你可得当心！可能由于他这种粗中有细的地方，所以能比我早一批得到特赦。

扩大哥和我一样，都有点"温情主义"，所以，我们都当不上学习组长。在王耀武、宋希濂的提议下，他在北京战犯改造所是负责清洁的"委员"。但他的喜爱幽默诙谐的个性，可能是他能健康长寿的原因之一。

坐定又还起，无风门自开……

有一天，管理员发现晾在胡同里铁丝上许多人的洗脸毛巾没有拧干，弄得地上一摊摊的水。他怕这些老头们不留心滑倒，就找曾扩情去批评，要他注意点，并且指着地上说："看！尽是水！"扩大哥不慌不忙走到挂毛巾的铁丝旁看了一下："报告管理员。不仅是水，还有几块帕子！"（四川人叫毛巾为帕子）连管理员听了这一幽默的回答也笑了起来，只轻声说："以后要告诉大家拧干点，以免影响走路。"

扩大哥喜欢写写诗，遇事以"有诗为证"。他告诉过我，他与原配结婚那天，双方特意选定八月十五月圆之日作为佳期，希望永远团圆而不分散。结果，适得其反，他婚后考上黄埔一期当了官之后，对家乡"黄脸婆"虽未忘记，但总不及野花儿香，所以他便不接她出来而让她去"牢守寒窗空寂寞"。但还是为了怀念她而写过这样一首诗，我到今天还记得："当年此日是佳期，每到佳期怨别离；两地相思同见月，但凭明月寄相思。"

我和他一起多年过中秋，他都要念上一遍。我曾笑问他："在新人的怀中赏月念过没有？"答复是很老实的："杜甫早告诉过你，还要问什么。"我一时想不起来，他才提醒我一下："但见新人笑，哪闻旧人哭。"

扩大哥爱写几句诗，本来不是什么坏事，可是在监狱写诗填词，就不能不注意点了。1959 年 10 月 1 日国庆十周年纪念，我们在北京天安门广场东侧、公安部北面围墙上搭的临时看台，看几十万人的大游行后，"诗犯"们纷纷写出不少五言和七言贴在墙报《新生园地》上。扩大哥当然不甘落后，也写出几首贴了出去，不料其中有一句："喜得今朝大礼巡。"这可惹出麻烦了。本来，十一"真"这一韵中，可用字很多，他偏用了这个字。诗刚一贴上去，"立场坚定、观点鲜红"（比鲜明更进步）的"同学"，马上贴出质问他的墙报，大意是指出他：忘记了战犯身份，居然敢大言不惭去"巡阅"或"巡视"国庆工农兵的大游行。他一看就慌了，赶忙写出解释：这个"巡"，是和"巡逻""巡更"一样，不是"巡阅""巡礼"。这一解释，更加使那些"左"字号抓住了他的小辫子，指出他在强辩。诗中明明白白写了“大礼巡”，怎么不是在“巡礼”。一霎时，他那小组几个“同学”的舌剑唇枪不停地向他刺来，墙报上也是笔矛、纸弹飞舞，一片喊杀之声。他虽未吓出尿来，但也急得满头大汗。他是越急越说不出话，越怕越写错。

正在感到精疲力竭，已无招架之力时，幸好有位家学渊源的书香子弟、国民党中央执行委员兼山东省党部主任委员的庞镜塘出来给他解围。庞贴出一张很有分量的墙报：根据《辞源》《辞海》对“巡礼”的解释，一是指朝拜圣地，二是指朝拜或礼拜；并举出唐诗人张籍《送令狐尚书赴东都留守》诗句“行香暂出天桥上，巡礼常过禁殿中”说明亦可引申为“巡游”“观光”。结论是“大礼巡”或“巡礼”，都无不尊敬工农兵游行群众之处，相反还可当作朝拜工农兵群众。

庞的墙报贴出，几个正准备借此踩住别人短处来显示自己一番的好战分子，只好偃旗息鼓，鸣金收兵。

扩大哥对此却心有余悸。有一天，我和他在操场上坐着晒太阳，他说被他们这样闹一次，会不会影响到不久就可以得到的特赦？我认为完全不会。如果政府会听信这些人的话，我们当中个别到今天还在坚持什么“气节”，因而被假充积极、伪装进步分子所指的几个“身在北京心在台”的人，早就枪毙掉了。他点了点头。接着，就听到了他又把久不唱的川戏、赵尧生写的《活捉王魁》中的词句唱了起来：“你看他，绿窗灯火映楼台，哪还记，当年饿倒在长街……”他正唱得很得意时，他同组的一位四川同学便走过来质问他：你又在唱什么鬼戏来宣传迷信？他马上抵赖，你没有听到我是唱“向前走，要过关……”吗？对方也真会挑毛病：这曲戏也不健康，是黄色的。扩大哥知道他没有听清他开始唱的什么，便理直气壮地顶过去：如果连“抢伞”都是黄色戏，那广播电台放送的《秋江》，唱的是小尼姑私奔，又作何解释？对方理屈词穷，只好祭起“监狱法宝”：群众可以听可以唱的东西，战犯就不能唱！当然，这一“法宝”是招架不住的，他只好答应：“下回不唱就是了！”等那位“左字号”刚一走开，扩大哥又低声在继续唱着：“坐定又还起，无风门自开……”

扩大哥到了北京后，有一个很显著的思想变化，他常常爱和曾经统率过几十万大军、叱咤风云的杜聿明、宋希濂、范汉杰、王耀武、廖耀湘等许多人比过去的地位、声誉，比的结果，总是这么几句：“他们都享过福，走过运，我却是总不得意。”真是这样吗？那我可要破除情面来揭发他一下。

戏称“绣花被面特派员”

扩大哥不但走过好运，而且比上述这几位走得更早。远在1928年10月间，蒋介石从日本回国复任国民革命军总司令后，就派他为特派员去四川，与四川军阀进行联系。那次他除了带去蒋介石给四川军阀的亲笔信外，还带有孙中山先生给蒋介石的亲笔信印成的精美册子，分赠给刘湘、杨森、刘文辉、邓锡侯、田颂尧等人。刘湘等不但把他看成贵宾，而且所到之处，还发动当地军民郊迎十里，天天都是隆重款待。不但许多人送钱送东西，连当时打了败仗才逃到四川的吴大帅（吴佩孚），也亲书一对联送他。吴用了杜甫送给剑南东西川节度使严武的七律中一联：“川合东西瞻使节，地分南北任流萍。”他得到这副对联，比衣锦还乡更加感到荣耀。因为他过去一直是钦佩这位北洋军阀的，今天用这两句诗来送给他，认为这比当年保皇派头子康有为送吴佩孚50大寿的对联更加对自己尊敬。当然，他对康的对联是不会忘记的，我也不止听他说过一遍，那就录下来吧！上联是“牧野鹰扬，百岁勋名才半纪”。下联是“洛阳虎踞，八方风雨会中州”。其实，这两副对联，都是吹捧对方太过火了。

扩大哥对四川军阀的生活十分羡慕，对他们的无知可笑也是经常向来人谈的。那时，这些绿林出身和靠拖枪杆子成家的狗熊们过着十分奢侈的生活，他们天天打内战，抢夺地盘，主要是征粮征税。说来真难令人置信，民国十几、二十年期间，许多军阀就征到了二三十年之后的粮、税了。四川纵然是天府之国，也弄得民穷财尽。而这些土皇帝却都田连阡陌，甲第连云，妻妾成群，他们所带的兵，不仅有步、骑、炮、工、辎，还有陆、海、空、神（神兵）、猎（猎队）。有个那样无知的师长，因好奇而要坐刚买来的小飞机。那时的战斗机是敞着的，前面坐一个驾驶员，后面只能坐一个人。起飞后，这位师长感到不舒服，大喊驾驶员停下来，他要下去。驾驶员告诉他，飞机不像汽车，空中停不住，他便命令低飞。在接近一片山地时，从空中往下看并不很高，他便跳了下去，结果摔得粉身碎骨。还有一位师长，在奉命改编时，集合全师官兵讲话，他手捧水烟袋，咳嗽一声："弟兄们给老子好好听着，昨天老子接到一封信，打开一看，格老子原来是一个命令。从明天起，老子们便是国民革命军了，谁要再去偷鸡摸狗，他就是龟儿子！"

扩大哥第一次去四川，收获之大，连他自己也是没有料到，除了几万元白花花的银圆外，四川名产更是不计其数，仅川绣被面就是100多条。有一小报戏称他为"绣花被面特派员"，他还感到很得意。

被蒋大骂后官运不得意

尝过第一次入川当特派员的甜头之后，1933年8月间，他再一次兴高采烈地随同武汉行营主任何成浚去四川，加委军阀刘湘为"四川剿匪总司令"时，刘湘特派他的师长范绍增负责招待他们。范是有名的吃喝玩乐的能手，特叫四川名妓陈八、马九来陪伴他，使他饱尝家乡美味。他便产生了与当年"乐不思蜀"的刘阿斗相反的思想："乐不思宁（南京）。"刘湘看出了他的心意，想利用他向蒋介石要些武器装备，便电呈蒋介石，保荐他为川军教导师师长。蒋一看这一电报，大为震怒，认为他的学生要别人向他保荐，不仅仅是给他丢脸，也是背叛他的行为，立即电召他回南京，大骂一通。之后，扩大哥的官运便每况愈下；等到"西安事变"之后，就更加得不到蒋的信任了。

经过十年的改造，扩大哥由遇事马虎也变得有点肯动脑筋了，不过那种爱捡芝麻而丢掉西瓜的性格并没有改变多少。他得到第一批特赦后，本来是可以留在北京的，因他在沈阳的儿子来信欢迎他去沈阳，说一切都给他安排好了，留在北京则一切都得从头开始，便决定要去儿子那里当现成的老太爷。他没有想到，留在北京的人，在政治待遇上比到地方上优厚得多。等到他看到杜聿明、宋希濂、范汉杰等都当上了全国政协委员，又再一次傻了眼，后悔也来不及了（不过他和李仙洲不久也都被特邀为全国政协委员）。

去年听说扩大哥回了四川一趟，可能是去荣县看空守寒窗多年的老伴，而不是去成都与新人重续旧欢吧。

本章写完，我向东北凭窗遥祝：扩大哥健康长寿！

董益三专捡香烟头过瘾

有烟帮助无烟的瘾君子

1956年，我从重庆被送到北京的第一天，便先来一个“入乡问俗”，打听好这儿的一些规定，免得犯错误。当我得知只要不出铁栅门，门以内完全可以自由活动，串门串组悉听尊便；摸到了这个底，就放心大胆了。

第二天一大早，我便到操场去做广播体操。当时这个过去监狱的放风场，还只有我一个人在运动。等到我做转体动作时，发现身后有一个人在弯腰捡什么东西。而他捡时又不是大大方方地捡，捡了以后，迅速向一个信封里一放，赶紧把信封塞进口袋；到再捡时，还向四面先看一下。这就引起了我的好奇心。由于我是背着他在做操，他以为我没有看见。等他再准备去捡时，我便故意做一个弯腰运动，用头贴在膝盖上，实际上是想通过小腿的缝隙仔细看看他究竟在捡什么。这回完全看清楚了，他竟是在捡拾昨天夜晚别人在散步时丢下来的烟头，的确使我感到十分惊异！

这次各地集中到北京战犯管理所来的，都是被俘的国民党中党政军特人员职位最高的一部分。这些人被俘虏时，身上都带有不少黄金美钞。按规定，除了像四川省主席王陵基的八万两黄金，宋希濂、马励武等的几千上万两黄金，郭旭一手提箱美钞等，属于公款，应予没收外，凡带在自己身上的，即使也有些是公款，只要为数不太多，照样是归自己所有。搜出后，虽由管理单位代为保管，自己要用时，仍可请求兑换一些使用。而这些人中，又有不少是挥金如土、一掷千金绝不吝啬的，绝不会对个别不名一文的人一点不接济。重庆战犯改造所有个别因害怕“匹夫无罪，怀璧其罪”，临逃走时，把身上的钱财和手表等全部抛弃，以免被人从这些东西上能证实自己的高贵身份，二免坏人图财害命。但到了战犯所准许犯人抽烟时，有烟帮助无烟的瘾君子互通有无者，大有其人，也不会穷到拾烟头而无人接济的地步。怎么北京战犯管理所反而出现这种现象？

1976 年，在洛阳参观白马寺。（左起：郑庭笈、董益三、周嘉宾、沈醉）

我正想着想着时，他越走越近，我便急忙转过身子去一看，四只眼睛一接触，便不约而同地惊叫了一声：“是你！”原来这位是我在军统局多年的老同事、军统电讯处副处长董益三。提起此人，军统局 4000 多名电讯人员中，没有一个不知道他，也没有一个不敬佩他。

枪指下叫通福建的潜伏台

抗战胜利后，戴笠为了培植董益三接替电讯处处长魏大铭，把他送往美国去学习电讯管理工作。两年学成回国，戴笠早已死去，毛人凤不想用他，而另外提升了一个浙江同乡负责军统的电讯工作。董在美国时，认识了一个与戴笠齐名的特务头子康泽。康回国后，蒋介石不让他再搞特务，而被任命为十五绥靖区司令，负责指挥襄樊地区的军事工作，他便邀请董去担任他的第二处处长，在那个地区搞军事情报。我知道他与康泽早已被俘，没想到能在北京战犯管理所和他见面。

我一看到他，刚才的疑团尽释，对北京战犯所的“太斉啬”的想法完全不存在了，因为这位老同事说得好听一点是“穷且益坚”，不好听就是粪坑里的石头——又臭又硬！

我过去和他在重庆军统同事时，深知此人的个性，他工作的那个处，虽是清水衙门，但他这处长却是财源茂盛。因向国外去购买电讯器材时，可以附带带一批私货，是百分之百保险的。当时军统掌握的空、陆、水等处的检查机关，是专门检查别人的东西，一看是军统局局本部买回的电讯器材，谁敢去碰一下？搬动时轻搬轻放都唯恐不周，哪还会去检查。

论搞电讯工作，魏大铭的确是一把好手。抗战前，他在上海国际无线电台任报务员，当时中国电讯技术之落后于欧美等国，实在惊人;偌大中国的国际电台中，仅仅有三个半人能与欧美先进国家的最佳报务人员媲美，魏便是三个人中的一个。

戴笠主持特务处工作后，以重金礼聘魏为其工作，从几个电讯人员发展到军统有四千多人搞电讯。从几台收发报机发展到几百部，还自己制造特工专用机。在军统电讯工作中，他确有不小的建树，而他的技术更是为人所称道。抗战期间，蒋介石命令戴笠在福建沿海地区多布置一些潜伏电台。福州沦陷后，蒋介石急于要了解日军在福建的情况，戴笠无法应命，便把魏大铭叫去问，为什么不能通报？魏认为一定可以联络上，可是经过几次呼叫，总是没有回答。戴便把魏大铭叫到重庆电讯总台，要他亲自上机与福建潜伏台联系，联系不上就要枪决他。说完，戴笠掏出手枪向桌上一拍，指着魏的鼻子说："叫不通福建的潜伏台，它就对你不客气了。"魏亲自上机呼叫，不到一小时，居然叫通了，而且收到福建站发来的重要情报。按理，这样一个专门人才，戴笠为什么还准备撤换他，而培养不懂电信技术的董益三来接替他呢？这里面有一小段连许多军统特务都不知道的内幕，直到今天，我也才敢泄露出来。

敢从戴笠手上夺去禁脔

戴笠在抗战末期，不但准备撤换魏大铭，而且决心要置他于死地。这中间的深仇宿怨，却只因魏不仅敢于去偷尝他的禁脔，而且公开与之结婚，还报请戴笠去批准，迫得戴笠不但准许了，并且送了一笔厚礼。

魏大铭这位上海小开，除长得一副讨女人欢喜的小白脸外，而且风流潇洒，连男人见了也不讨厌。我很佩服他有胆量，而且十分聪明，他敢于从戴笠门中去夺取嫩肉，完全是看准了戴笠自有了电影皇后胡蝶之后，已无余力再去对付几副备用的"待召"了。他于是趁机捡起一副，可谓得天时、地利与人和。

戴笠爱玩女人是尽人皆知的，但得了胡蝶这位曾经南征北战、久历沙场、更抵御过上百员猛将的常胜将军后，也感到渐渐力不从心，只能靠注射"盖世维雄"等一类东西来讨好胡蝶了。

见过胡的人都知道，她粉脸上天生小酒窝和一副媚人姿态，真是香艳透骨，比之"回眸一笑百媚生"的玉环姐姐却更有勾魂的丰富经验。戴与胡虽不敢"春从春游"，但"春宵苦短""夜专夜"，却没有人去过问了。而戴在重庆的几名"听用"，都正是风华正茂之年，久不承召，不得不自求"入"路。魏大铭就在这种条件之下，轻而易举地把戴的一位宠姬揽入怀中。

虎口夺肉，毕竟是冒大险的事，可能由于色胆包天，就没有考虑后果，魏几乎为此而送掉小命。如果戴笠不死，魏在 1945 年被戴下手令以走私罪而囚禁后，可以肯定必死无疑。所以戴摔死的消息传到重庆时，军统特务都痛哭失声，只有魏仰天大笑。这些就不多谈了。

吸食“伸手牌”烟的人

我一向有点旧意识，怎么改造也改造不掉，所以一见到董益三这位老同事，大有万里他乡遇故知的喜悦，赶忙问长问短。他只简单地告诉我，这里集中学习的军统将官级的同事有好几位，而且连两个上校级的站长也集中到了这里。我一听就感到奇怪，这次集中的人上校级的连重庆都没有，北京为什么会有呢？经这位“老资格”（许多人都这样称呼他，因他1948年就被俘了）一说明，真是使我茅塞顿开，又学到了一点知识。原来公安部门很了解，军统局过去组织那么庞大，有近五万人，但军阶却普遍偏低，连戴笠也才是中将。在正式的编制中，少将也只有十多名。有些在外横行霸道的特务，他们的级别往往只是一些尉级。所以新中国成立后，在处理这些人的时候，大都是比照国民党其他军事机关或部队的级别提高一级。如一般称为县团级的人，是指文官县长一级或相当于县长一级的人；武官是指上校团长或相当于团长一级的人。而军统特务中，中校有时甚至是少校一级的，也可以算为团级，组长也列为县级。听他一说，真是学到老学不了。

这位老同事和我谈话时，他一看出来活动的人越来越多，就要做走的准备，我急忙问清了他住的胡同室号之后，便和别的熟人去招呼。我很遗憾，当时没有好意思问他为什么捡香烟头？所以我一回到房内，吃完早饭，利用学习前的一点时间，就把我从重庆解送北京时，在武汉买的几条“大前门”香烟拿出一条，准备去送他。过去我们都是吸惯了“三五牌”“茄力克”以及土耳其名贵扁圆香烟的人。那时如果送人一条“大前门”，送的拿不出手，受的将会认为是侮辱、嘲笑他。今天，却完全不同了。能吸上“大前门”牌，就是一种享受。

当我兴致勃勃地夹着香烟找到他的房间，他正在收拾吃饭的桌子，我把香烟递过去，他却一个劲地摇手不要，并且连连说：买来不容易，留着自己吸吧！我需要再去找你。我以为他看我一次拿多了，别人会向他要，便取出一包递给他，没有想到他还是把我的手一推。这一意外的举动，使我感到十分难堪，脸色马上变了。他一看，才把那包香烟接过去，打开来取出一支，其余的扔还给我。

我二话不说，夹起那条烟就赶快往回走，心想，未免太不近情理了。等我离开他那个房间，还没有走出胡同，就听到后面有人追上来。我以为他赶来给我解释，便放慢脚步，回头一看，原来是陆军副总司令汤尧。我和他在昆明就一同坐过牢，深知他爱讲点“哥们儿义气”，也知道他爱吸烟又没有钱，因他被俘时，除了一块表和一支派克笔没有丢掉外，其余都在逃跑时丢得精光，一向是吸“伸手牌”烟的人。我立刻把那条烟递给他，他也把手轻轻一摇：“一包就行了！”“要时随时来取。”“那还用得着你说，不说我也会来喽。”

捡拾烟头拆散并重卷再吸

果然，第四天或第五天，我一人正在房内写日记，汤尧悄悄走了进来，我赶忙取出一包烟给他，他取出一支向嘴巴上一插，其余的便装入口袋。我问为什么老董宁愿去拾烟头而不要我的烟？他用轻蔑的口吻回我一句：人家是学习组长，你送烟给他，不是想拉关系吗？听了他这句话，我才想起第一天和董见面时，他就一再向我表示：“我们重新交朋友。”我开始还有点不理解，经汤这一说才恍然大悟。

汤尧一边吸着烟一边和我聊天，他说他有时也不好意思老向人伸手，瘾来了，也和老董一样拾别人丢下的烟头。他很风趣地埋怨同学们抽烟太吝啬，全不像过去，吸到还剩五分之一甚至四分之一就向下一丢；现在都吸到快烧到手指了，还要狠狠地吸上一口才恋恋不舍地丢掉（那时还没有过滤嘴香烟）。所以捡起来的烟头，重拆开再卷成烟去抽时，一股焦味直刺喉咙，但要过瘾，也得吸。他和老董两人常常偷偷地捡了到室外去吸，有时利用打乒乓球时，在乒乓球台上把烟头抖散，用废纸一支支卷好，慢慢去抽。听到他这一介绍，我当时真有一番说不出的滋味。这些人过去的生活那么奢侈，谁会料到竟去捡香烟头。

当汤尧抽完一支烟，把熄掉了火的烟头也放入一个信封里的时候，我禁不住长叹一声：战犯所什么都发给我们，为什么香烟不发呢？还是他比我见多识广，他说过去供给制时，连士兵都发烟，现在改成薪给制，早不发烟了。

“喜战犯有从善之时”

我翻开日记，准备把他们捡烟头这些记上去时，他看到我日记本夹了一副对联一样的纸条，便要过去看。我递给他后，他边看边摇头，还用他唱京戏时的道白：“这个使不得，使不得！”我也答他一句：“何事惊慌？”他竟不先回答我，而划燃一根火柴，把那副对联烧了。

我为什么写那副对联？说来也很凑巧。我一到北京分在第二组时，发现同组的两个湖南老乡的名字中都有一个善字，他们一个是第十军军长覃道善，一个是原湖南省财政厅厅长苏本善。后来，看到了同组中还有一个王耀武，另一组有一个马励武，我就把他们四个人的名字联起来写下：“王耀武马励武叹英雄无用武之地；覃道善苏本善喜战犯有从善之时。”他指出这“英雄无用武之地”已够给人抓辫子了，还加上一个“叹”字，不更是自找麻烦吗？我还有点不服气，说下联不是有“喜战犯有从善之时”吗？这犯什么错误？

他听到我这辩论，便告诉我以后多学习一下写写“监狱八股”诗文，少用这些成语。他举出黄维因写了“龙游浅水遭虾戏，虎落平阳被犬欺”，被他从前的学习组长打了一耳光的事。他的话还没说完，我已经怒火上升，猛一下站了起来，大声说：谁敢打我一下，我就会奉还他两下。这两下，可能会像鲁智深拳打镇关西一样，叫他脸上开花！就是可杀不可辱！他一听马上把我的嘴捂住，连忙说，现在再不会有人敢打人了，打黄维那个学习组长，被领导上狠狠批评过一顿，再也不会发生那种事了。你这样大叫大喊，反而会引来麻烦，以后千万注意。

经他这一指点，我又学乖了一些。从那以后，我再没有送过烟给董益三，董也没有再向我要过。每天清晨，我还是看到他在放风场和胡同里去弯腰拾地上的烟头。我可没有勇气去领略他那带焦味的“自造牌”。

康泽谈襄樊之役
罗历戎想回锅肉

台词未唱完解放军已攻进

董益三是怎样比我先走进监狱一步而成为“老资格”的，我倒很有兴趣。可是一听到他口口声声“重新交朋友”，我又怕碰钉子。倒是平时不爱说话的康兆民康泽，我后来在给他理发时，他却给我谈论不少。为了让关心董益三的旧同事们了解一下与他别后的情况，我还是把记得起来的写点出来，总不算是多余吧？

康　泽

康泽一谈到与董益三被活捉的一段往事时，总是先叹一口气，才结结巴巴说上几句。他记得最清楚的，是他任十五绥靖区司令官以后，司令部驻在襄阳，那年他才44岁，正是大有可为之年；他本想在那个地区，能把驻扎在桐柏山等地区的解放军打个落花流水，显示一下自己的指挥才能，所以他在1948年7月1日做生日的那天，兴高采烈地接受了当地的行政专员、县长和几个旅长等文武官员为他祝寿而大摆寿宴，举行堂会。一位当地有名的女演员正卖力地高唱“万寿”献词，还只唱到一半，主管情报的董益三便匆匆忙忙走到他身边，用嘴贴在他耳朵上，轻声地说：“报告司令官，刚才接到老河口的电话，解放军的部队已向我进攻，战事极为猛烈，请司令官速派队增援。”

左起：范汉杰、沈醉、康泽、廖耀湘

这一大煞风景的消息传来，他还故作镇静，只点了点头，但什么戏都听不进去了，心里却像打鼓一样不得安宁，只好叫堂会草草收场，赶忙去部署准备迎战。他开始还有点盲目乐观，认为这是送上门的生意。不料第三天，驻防老河口的一六三旅就败下阵来，沿汉水南岸向襄阳撤退。紧接着的是解放军大部队随即向襄樊包围过来，驻守樊城的一六四旅还没有听到枪声，就放弃了防地而全旅乘船渡过汉水向襄阳驶来。他听到了这一情况，气得暴跳，立即命令该旅一定要返回樊城，同时向华中“剿总”白崇禧求援。

说来也好笑，一六四旅官兵下了船，蹑手蹑脚回到樊城后，解放军并没有来，他们又高高兴兴地开进去，但马上又都怒气冲天。原来樊城的老百姓以为国军退走了，解放军立刻会来，便箪食壶浆，杀猪宰羊来迎接。一看又是这些“中央军”回来了，便把准备好的东西都收藏起来。康泽一听到这一情况，认为老百姓都反了，非惩罚一下不可，便借口为了固守樊城，扫清射界，命令化学炮连向北门一带民房发射黄磷弹。这种炮弹既可使建筑物着火焚烧，又能产生五氧化二磷有毒气体，可以毒害进攻的解放军。这些措施，并没有能保住樊城，两三天后樊城就无法守住，一六四旅的残部又再次撤到了襄阳。

经过康泽一再呼救，白崇禧本来答应派整编第七师去救援，但这师的行军速度说他们比乌龟都慢，那未免有点冤枉，可是却并不比乌龟快，倒是真的。因为襄阳被围还苦撑了几天，天天等他们来救。一直到了 7 月 16 日下午，解放军已攻入襄阳城内，康泽和副司令郭勋祺与董益三等都龟缩在一个碉堡中的时候，他们还在坚守，希望整编第七师能够到来。等到一个手榴弹从碉堡枪眼塞进这个临时的指挥所爆炸之后，康泽的头上幸好戴了顶钢盔，只右膀受伤；董益三因躲在一个被打死了的机关枪射手的尸体下，才安然无恙。

康泽这时是举手就擒的，没有按照他向“校长”表示的决心，“与城共存亡”，也未做到“不成功，便成仁”，而是乖乖地当了俘虏。

二龙斗一虎变作二龙戏猪

1962 年，于第四批特赦时，康泽得到了特赦。我去旅馆见他，他说话也没有在战犯管理所那样结结巴巴，而是一个劲地说想不到他能得到特赦。他最担心的是他在江西进攻红军时，因为红军抓走了他的几个别动队队员，他捉到了几个红军，就把这些人的心挖出来去祭奠他的队员，所以，他老是为此而嘀咕。

他和董益三虽然同是比许多人早当俘虏的“老资格”，可并没有能当上组长，有时甚至被人指为“思想顽固”。他能得到特赦，连他自己也都没有想到。可能是刚刚够 60 分吧！

董组长在他们的小组内虽然得装模作样摆出一个组长的“端庄”姿态，可是一旦不在组内时，也是和我一样敢于调剂一下生活，与人开开玩笑。记得有一天，杜聿明、董益三和十七兵团司令刘嘉树与我同在缝纫室赶做棉衣，我正坐在杜、董两人中间，杜便指着我说：“今天我们是二龙斗一虎，要剥你的虎皮当垫子用。”因为我是甲寅年生的肖虎，杜、董两人都是甲辰年生的肖龙，比我大十岁。我也不甘示弱地回敬他们一下：“我是肖吊睛白额虎的。斗你们这两条老龙，只要使一半气力，就能把你们两条龙筋抽出来，将来出去时捆行李被子用。”

正在学习铺棉花的刘嘉树一听就笑，便很吃力地转过他那胖乎乎的身体，指着杜聿明说：“你当东北九省保安司令长官没有坐稳，被人拉下宝座；今天难道还想坐虎皮交椅来当山大王吗？”

杜聿明在和人开玩笑时，最怕别人拿他在东北和淮海战役中打败仗的事来取笑他，一听到刘嘉树这句话，便气愤地回敬几句：“你这只蠢得和猪一样的大傻瓜，少来插嘴！”刘还来不及回答，董益三便补上一句：“猪也能作人言，动物也变得聪明起来了！”“老子是肖地头蛇的，看我把你们这两只瘦皮猴子闹得现出原形，再吊起来去玩猴把戏！”

我一听就乐了，便从中插句嘴：“今天的节目，龙虎斗宣告结束。现在，请继续欣赏新排的好戏——二龙戏猪（珠）！”说得都笑起来。杜聿明正在扎棉衣的缝纫机器虽然响声很大，也没有能掩盖住我们四个人发出的欢笑声。

滚马下鞍举手投降的军长

今年春节前夕，八岁多的小外孙和几个小同学一窝蜂地跑到我的房内，兴致勃勃地来告诉我：“罗爷爷来了！”“哪个罗爷爷？”孩子们不约而同地把两只小手高高举起，作一个缴枪投降的姿态：“就是这个罗爷爷！”我一看就知道孩子们指的是这位年近 80 的罗老大哥，便连忙披了一件大衣，下楼去搀扶他。

为什么孩子们要做这一个动作来形容罗历戎呢？原来去年有一部叫《解放石家庄》的电影，解放军把国民党第三军打垮之后，这位曾气宇轩昂的军长在清风店被俘时，便是这样举双手就擒的。所以孩子们一看到他，都顽皮地学他这一投降时的姿势。

在北京全国政协文史资料委员会，担任文史专员的十多位原国民党高级军政人员，差不多都在电影中和电视中露过面。有的在电影中一开始便是耀武扬威，指挥着装备精良的机械化部队，连打几个败仗之后，便一败涂地。有的是化装逃走被盘查出来，或被自己的部下认出来，有的是坐在坦克车上冲出重围后，被追兵赶上而活捉的。孩子们最感兴趣的是，有的在最后跳上一匹战马狂奔逃命时，被解放军开枪将战马击倒，于是将军滚马下鞍（不是滚鞍下马，因为马先倒地了）。至于这位高举双手投降的罗军长，更成为孩子们学打仗的游戏时常常爱学的对象。

1961年11月，第二批部分特赦人员合影。（自右至左：沈醉、董益三、陈金城、罗历戎）

这些文史专员们，现在都是七老八十的人了。每星期由政协派汽车接他们来学习半天。其余时间便在家含饴弄孙，养花饲鱼。

在“爱国不分先后”的政策下，这些人都早成为全国知名的爱国人士，再也没有人背地里叫他们是特赦战犯了。

我和罗历戎是由重庆到北京之后才相识的。由于他和我有一个共同的嗜好，什么事都爱“研究研究”。不论是墙边一株草或盆内一株花，往往看了又看，有时还得提出自己的一些意见。例如庞镜塘的小图书室里，有那么几盆和我们在监狱一样、强作欢笑的草本花，可能是因阳光见得太少，开出的花朵总是懒洋洋的，我和罗历戎就不约而同地向庞不止一次提过建议。还有些小的家务事，我爱顺手弄一下，如有人把纸片丢在走廊里，或把浓痰吐在墙壁上，也是我和他去顺手拾起来并擦掉，由于这样一些情况，很快我们便成为好朋友好同学了。

罗历戎是一个很痛快的人，可能是四川人爱摆“龙门阵”（聊闲天）的关系吧，认识不多久，他就把自己被活捉的一段不光彩的经历滔滔不绝地和我讲了出来。

保证“好兔不食窝边草”

战犯们一提起了“想当年”，紧接着就会来一句：“悔不该！”罗历戎也离不开这一套公式。他告诉我，他跟随胡宗南十多年，总认为胡可以一统天下，成为校长的“接班人”。特别是抗战胜利后，胡宗南凭仗着自己在抗日期间在西北扩充起来的部队已达到30多万人，而且都是装备很好、兵员满额的。比起那些去前线和日本兵拼搏、被打得七零八落后整编起来的要强盛得多。因为他的这些部队一直是“另有重用”，专负责对付共产党所占领的陕甘宁边区，基本上没有打过什么仗。所以抗战刚一胜利，他就迫不及待地决心要“向全国进军”和“开出潼关去”！目的是扩大自己的统治区。

1945年9月，胡宗南就迫不及待地命令三十四集团军总司令李文率领第三军和十六军开赴华北，进行接收。胡自己也赶到河南去接受中原日军的投降，以便同时把势力向华北、华中发展。罗历戎统率的第三军，只有第七和第十二两个师。当时，十二师还在甘肃担任兰州的警备，罗要胡让十二师归还建制一同出发，胡则叫他带领第七师先走，为的是争取时间，害怕别的部队先去河北。

罗历戎谈到这里，曾仰天长叹一声：我当俘虏，主要是“出师不利”！我很奇怪，不知道出师河北与当俘虏有什么联系。他说，从陕西去河北要经过山西，他们10月初到了山西榆次县。这时，阎锡山早已回到太原，这位山西土皇帝对胡宗南派大部队要经山西去河北，一开始就不愿意。他怕胡宗南来一个“明去河北，暗夺山西”，所以除了积极严加戒备外，还一个劲儿地推说山西交通没有恢复，无力协助大军过境，再加上沿途各县人民均缺食少粮，更难担负大军军需粮秣供应。总之一句话，不让打从山西通过。虽然李文一再托人向阎老西去说情，并且很坦率地表示，胡的手虽然伸得很长，到处想抓一把，但保证做到“好兔不食窝边草”，绝不打山西地盘的主意，真是去河北。

阎身边的谋士们有的认为不如做个人情，让他们过去，免得得罪这位野心家，将来找麻烦。有的则认为胡的大部队到了河北之后，如果与陕西的部队一同把山西包围起来，就前后受敌，到时只好拱手让位了。后经李文一再当面向阎表示，绝不损害山西半点利益，并愿与阎共同对付共军，给他挡头阵，这样才勉强让他们通过。通过山西时，还特别规定：部队不能去任何城市休息，官兵无事也不准进城，不得与阎部的中下级军官往来。防范之严，实在大出意料。所以一离开陕西进入山西，就憋了一肚子的气，一直拖到 10 月底，李文部才到达石家庄。

刚一驻扎下来，李文又急不可待地率领三十四集团军总部直属部队与第十六军兼程赶往北平。没有料到，孙连仲的十一战区司令长官部早就空运到北平去了。李文赶到时，好的房子等都被别人捷足先登，不过他毕竟还是有一个军的兵力在手，仍然能够“五子登科”（即房子、车子、金子、票子——美国钞票、女子）。许多方面比上不足，比下还是有余的。

李文临走时，指示罗历戎要好好保住石家庄这一华北交通枢纽。而这个市当时只有 20 万左右人口，罗历戎感到大不满意。我便开玩笑地说：“那也可以比得上万户侯了！ 20 万人中不一样可以五子登科！”出我意料，他竟顶我一句：“我是六子登科！”原来他得到了一个会做四川菜的厨子。

只要一提四川菜，罗历戎总要大谈如何做回锅肉，而且每一谈到回锅肉，他总是边谈边流口水，感到回味无穷。有次为了谈如何做好回锅肉，几乎闹了一场误会，差一头发丝那么点距离，就得挨一顿批了。

回锅肉误当黄色下流东西

罗历戎不但爱吃，而且能亲自下厨做几道美味川菜。有一天，我和他在操场上边晒太阳边聊天，没有聊上几句，又扯到如何才能做好回锅肉了。他一边说一边比画着：做回锅肉首先是选择不靠近骨头的地方，皮要薄，切好下锅后要一气炒成。这几句话，被与他同组的一位杂牌军军长、绰号“管得宽”的同学听到了，马上气势汹汹地走了过来。一看到他，我们谈吃的兴趣便都一扫而空，但还猜不透他能在我们谈话中挑出什么带原则性错误的地方。他是臭名“近”扬、人人讨厌的人，不用说别的同学不管的事，甚至管理员也不管的事，他都要从鸡蛋里挑骨头一样挑出一星半点错误来，所以我们都笑他是“管天管地，管到别人拉屎放屁”！

他一开口，的确出我意料：“不谈学习心得体会，今天还谈那些庸俗、黄色、下流的东西，得好好检查一下是什么思想支配？”他这一问，真把我们问糊涂了。我便不客气地反问他一句：“你听到我们谈什么不对的地方，你指出来就是了，扣那么多帽子干吗！”他居然理直气壮地指着我们：“你们谈的我都听到了，什么‘嫂曰骨、姑曰皮、婆曰一鼓之气也’！这还不够庸俗、下流，他说这味道不错，你也认为这种‘肉’好吃！还想要赖不成？！”

一听到他居然把做回锅肉中的骨、皮、气一下扯到“那个家伙”上去，我实在没有料到，便用开玩笑的口吻顶他一下：阁下以自己之心而度别人之腹，正好暴露出阁下时刻所想的是什么东西了！今天，我倒要把这个问题彻底弄清一下，谁在谈猪肉，谁在想别的什么“肉”？

当然，“管得宽”是从来就不服输的，他听到我这个刚从重庆来的“新同学”，竟敢包庇别人来顶撞他，立即大声训斥起我来。我正准备进行反击，忽听到我身后有人大吼一声：“‘管得宽’！你找岔子也要有根据，不能把别人的话歪曲，硬是要按照你的想法来冤枉别人，我就是听到他们在讲啷格做回锅肉嘛！”黑弯里杀出来的李逵，我不必回头，听到他一口地道的成都口音，就知道这是被别的同学把他和罗历戎叫成为“宝一对”的四十四军军长王泽浚了。

“管得宽”被他这一吼，居然马上见风转舵，只盯着我们恶狠狠地说：“一天到晚谈吃谈喝，就该挨批了。天天给你们肉吃，还在挑肥拣瘦，真是越学越退步了！”我马上讽刺他一下：“谁在挑肥拣瘦，我们是谈回锅肉，不是谈肥肉。你听都没听清，就要提意见，这符合遇事要调查研究这个原则吗？”王泽浚一看他本已转身了，听了我的话又准备转回来，便把他连推带拉地弄走了，并一再向我摇手不要再理他。这样一场意外纠纷，总算这么不了了之。犯人们吃饱了饭，也许就爱这样来混日子吧！

王泽浚不为寒士建公寓

一遇写墙报就喊“恼火”

罗历戎最怕别人抓小辫子，别人一批评他，他就面红耳赤，越急越讲不出话来。甭看这些曾经统领过几万大军、长年冲锋陷阵的老将，可是一遇到批斗和写墙报等时，便一筹莫展，常常为此而急得满头大汗。他和王泽浚被同学们叫做“宝一对”，主要就是这两位大军长不仅是四川同乡，而且干杂务又同是多面手，可就都同样怕写墙报怕批评，所以被同学们敬奉了这一雅号。

战犯改造有一条主要原则，就是要让这些战犯们自觉接受改造，而不是完全采用强迫方式。所谓自觉，它必须表现在学习认真上。而学习认真，除了在学习文件时能积极发言，在批评别人时能真心诚意帮助，检查错误时能挖真实思想和虚心接受别人意见并改正等之外，还有一项是要经常写墙报，以表达学习心得体会和暴露思想等。所以，每学习一篇重要文件、一篇重要社论，听了首长一次讲话，参加一次国庆观礼，甚至看过一次电影，都得写一张墙报贴到“新生园地”。既然这样重视墙报，认为这是战犯们表达自己思想感情与心得体会的最好方式，那么就

王泽浚

得促使每个人都写；虽不硬性规定，但全组十个人有九个人都写了，逼得这一个不能不写。

罗历戎和王泽浚一遇到写墙报，就大喊“恼火”！两个人拿着组长发下的墙报纸，坐在桌子上写不出，又倒到床上去冥思苦想一阵，再伏在床上写。写了半天，往往还只是写上一个标题。如是，便有些好心人去告诉他们，不妨去看看别人写的，再综合一下，不就是一篇墙报吗？这有何难哉！但这种好意被谢绝了！理由很奇怪：“拿枪杆子出身的军人，不能剽窃别人的文章。”好像那是拿笔杆子的人所干的事，军人是不屑为的。又有人告诉他们“监狱八股”如何做，无非是这么一套：说形势时，便是“当前形势大好，而且越来越好”；读文件时便写“这是一篇重要的历史文献，是放之四海而皆准的真理”。如此而已！他们也是摇摇头。等到他们费了半天气力写完贴了出去，我赶忙去看看，总以为定有特殊意见或惊人之笔，结果几乎完全与前说的两种情况一样。

提起王泽浚这位仁兄，本来可以写上一篇，由于要写的人太多，只好屈就他一下，把他和罗历戎写在一起，也是不忍心把这一对宝贝生拉活扯分开来。

没读过什么豆腐咸鱼的诗

新中国成立前，我和王就有过一次往来，那是我有事去成都，正巧遇上他的新居落成请客，我经朋友们向他提出后，他也送一张请帖给我。我因听人说过，这位四川老军阀八大将领之一的王瓒绪的公子是很好客的，便应邀去他的新居做了一次客。那次给我的一个很特别的印象，多年之后，在战犯管理所重逢时才算得到解决。

我和他在一起挑饭菜、开水和在缝纫组劳动时，我们彼此之间是可以随便谈心，而不必顾虑那些“左”得发昏的同学找岔子，因为那些口头积极分子，对劳动并不是那么感兴趣。特别是挑饭菜这种较重的劳动，他们一般都不愿争取，因为这是硬碰硬的干活。他们争着做的，大多是扫厕所、搞卫生，这种活不但比较轻，主要是能在众目睽睽之下，可以显示出不怕脏不怕累的先进精神。所以，我们“挑”组的几个同学，每天一大早轮流去给同学们挑洗脸水时，往往在铁门前挑着空桶，在等管理人员开门领我们去厨房之前，总有相当一段时间，可以乱扯一顿。有一天，我和王泽浚两个人值班，我忽然想起，他在成都建的那一座大得有点出奇的公馆，是准备做什么用的？

我过去在军统局当总务处长时，主持修建过不少房屋，也看到过许多亲友修建的房屋，都没有像他修建的公馆那么别具一格，那么多的房间，很不易分出主次，差不多大小格式全一个模样，真有点像一座中型旅馆。我当时很不理解，由于初交不便问，现在就满不在乎地、用带着取笑他的口吻说：“你在成都的公馆修那么多房间，是不是读了杜甫的‘安得广厦千万间，大庇天下寒士俱欢颜，风雨不动安如山！’想完成杜甫不能完成的一个雄伟的愿望？”

他听了之后，一边笑，一边摇头，用四川朋友那种特有的俏皮口气回答我：“我没有读过豆腐（杜甫）、咸鱼（韩愈）、留女婿（刘禹锡）的诗，那些酸溜溜文绉绉的东西一向不爱看，也没有无产阶级思想，我唧格会去同情什么寒士！我是准备一些熟识的绅粮（绅士、地主）军政界的朋友到成都来耍的时候，招待他们临时住住，大家好热闹热闹，不是为寒士修建公寓。我根本不打算当什么春生菌（春申君）、秋生菌，养一批闲人。”

王泽浚的个性也是十分爽朗，很可爱的。我常常为他一声惊叹而大笑，杜聿明却最怕他这种惊叹声。我们在缝纫组工作时，只要王泽浚用四川口音大叫一声“哦嗬”！杜聿明组长就要为这一叫声而捏一把汗。因为，王往往在弄断了缝衣针或弄坏衣车和把衣服等弄坏了的时候，才会发出这种叫声的。杜聿明不但小心谨慎，而且十分负责，生怕我们这些组员们把东西损坏，所以一听“哦嗬”！他就赶忙把手里的工作放下，去王泽浚跟前弄个明白，看是出了什么岔子。王总是一边搔头皮，一边再补上一句“格老子”！

两天之内伤亡三千多人

王泽浚和罗历戎虽然是“宝一对”，但还是有些不相同的地方。他最不爱谈他被俘的经过，我好几次问到他时，他总是把头一摇，两手一摆：“不谈这些。当军人打败仗成为俘虏，连先人的脸都丢尽了，唧格还好意思去谈它！”

罗历戎则不同，他谈到1947年10月间由石家庄率部去保定时，思想上相当麻痹，以为自己的部队战斗力很强，不怕解放军。他清楚地记得，那是1947年10月19日上午，他率部正由定县到达清风店附近的途中，一架飞机在他们头顶上做低空盘旋飞行几圈之后，便投下一个通信袋。他急忙拆开一看，里面装有一张通知："请第三军指挥官注意，我们发现共军大批密集南来，距离你们很近，请紧急做好战斗准备。"这时，他才有点紧张，便决定在清风店附近的东南合和南北合几个村庄宿营，加紧构筑工事，做好战斗准备，并电请孙连仲、李文速运粮弹支援。不久，就看到两架运输机在第三军宿营地投下不少弹药和饼干等。

当天下午5点多钟，前方警戒部队便与解放军展开了战斗，枪声由远而近，由稀而密，到晚上10时左右，第七师的十九团驻地村庄被解放军攻破，他急令团长柯民生做收容整顿工作，并急电孙连仲调派空军前来助战，同时请李文派部队支援。没有想到，李文派出的支援部队分乘汽车南来支援迟迟没有赶到。到了21日早上6点左右，解放军已突破了军部驻地西南合村，罗历戎和副军长杨光任参谋长等从军部冲出来的时候，村内已发生巷战，情形极为混乱。

当时罗历戎自知无法挽回这一失败的局面，便跑到第七师师部与师长李用章企图向北突围。但因李的腿部负伤，突围未成。到了上午8点多钟，他和李用章已被解放军俘虏了。及至战事快结束时，才看到四架战斗机在战场作低空扫射飞行，他差一点被射伤。这使他十分懊恼，这时来扫射还有什么用呢！敌人没有打到，几乎把自己人射死，真是令人啼笑皆非！

我听了他两天工夫就全军覆没，便用开玩笑的口吻讥讽他不会打仗，活该当俘虏。早知这么快就完蛋，还不如不打便投降算了。

他对此却有点生气："你没有看到当时的战斗是何等激烈，你以为我是不抵抗主义者吗？告诉你，两天时间，第三军的伤亡就达到3000多人，这一仗是打得够厉害的了！"

周振强不怕手脏脸黑
大敌临金华决心不走

他乡遇故知——仇敌

当年孙中山先生的卫士，据说现在全国只剩下两个人了。一位在广东中山翠亨村中山故居安度晚年，另一位便是现在北京全国政协任文史专员的特赦战犯周振强了（最近已被特邀为政协委员）。

周振强是浙江诸暨县人，青年时期，在孙中山先生身边任卫士。黄埔军校成立，孙先生送他去第一期受训。毕业后，他又给蒋介石担任警卫工作，一直升到蒋的警卫大队长、教导总队旅长，后来才转任其他工作。

我从重庆一到北京，就认出这位仁兄和我也是冤家对头。我过去由于工作关系，除了在国民党统治区工作的共产党一些领导人，以及民主党派中一些负责人受到过我的迫害和监视、盯梢、逮捕、打骂等外，在国民党内也有不少和我是冤家的。连在战犯管理所内，也有几位和我过去还是仇人。本来，“他乡遇故知”是件喜事，而我对于这种喜事，正如抗战时与四川朋友摆龙门阵，他们把许多喜事添上两个字那样就完全变了：“久旱逢甘雨——几滴，他乡遇故知——仇敌，洞房花烛夜——隔壁，金榜题名时——未必。”

他乡遇故知——仇敌，写的是袁仲虎。他是前营口市长，被俘释放回到云南，大肆宣传共产党如何优待俘虏等。被我逮捕囚禁后，迫他作反共宣传，新中国成立后又被逮捕。所以他一看到我就说：他早投靠了共产党，是我迫他反共，结果又坐牢。我也曾不客气地顶过他：你要真心诚意投靠共产党，不怕成烈士，今天就不会再坐牢。

周振强和我这一段往事，过去我们彼此都不愿谈，直到今天我才写出来。原来，他在抗日战争期间，担任战时干部教导总团的副教育长，战干团总团部就设在重庆附近的綦江县，该团教育长桂永清和周是黄埔一期的同学。他为了要一手控制全团的工作，便推荐这位副教育长去兼綦江警备司令，免得他插手战干团的事。当时綦江警备司令部又归重庆卫戍总司令部领导，军统在重庆卫戍总司令部内设有一个庞大的稽查处；这个处名义上是属于卫戍总部，实际上工作、人事等都是归军统领导。不但如此，卫戍区所有的 13 个县，每县也由稽查处设一个稽查所。这些稽查所对当地的警备司令部也从来不买账，等于两个单位。在周振强兼任綦江警备司令期间，对稽查处派去綦江的那个稽查所一直是视同眼中钉，因稽查所的权力很大，并与军委会水陆交通统一检查处合作，在綦江设有交通检查站。统一检查处处长又是戴笠兼任，所以，这些联合检查站的特务们更是目空一切，根本不把当地什么警备司令、县长等放在眼里。因此，警备司令部和稽查所等经常闹摩擦。

有一次，綦江稽查所抓了一个商人，罪名是贩运鸦片烟，物证是从他的行李中搜出一枚治气痛的佛手，里面有鸦片烟。这个商人是从浙江逃难到四川投奔亲友，路上老婆被日本飞机炸死，只剩下一个十七八岁的女儿。这个商人身上还有几两金子，在綦江住在一家小旅馆内，主要是这几两黄金惹来了家难。

几个查旅馆的稽查员发现了黄金，正苦无罪证可逮捕他，带去的警犬一下嗅到那枚治病的佛手有烟味，便叼了出来。稽查员一剖开，发现里面有鸦片，这就构成了拘捕他的罪证，便连人带黄金、佛手一同抓走。

军官·逼良为娼·枪毙

当晚有个稽查员又到旅店去找他女儿，借口她父亲供认，在她身上还藏有毒品，便把她衣裤全部扒下来检查，实际上是借机来奸污她。从此，这个小姑娘就落入了这个稽查员的魔掌。除奸污她外，还迫她卖淫接客，她便写信向她父亲的朋友求援；其中有个认识周振强的，便赶到綦江找周进行营救。周一听到自己的同乡遭到这样的冤屈，决定要为之伸张正义，便叫人先把这个强占商人女儿的稽查员找去，询问案情经过。周因为知道这些人不会听他的，只是想讲讲人情，说明只有四川运鸦片烟出去，没有从浙江贩运鸦片到四川来的道理。这个稽查员对这位司令官的态度非常傲慢，惹得周火冒三丈，便把桌子一拍，大声斥责这个稽查员奸污民女、逼良为娼、栽赃陷害等一大堆罪行。没有料到，得到的答复是：你管不着！周便怒气冲冲地骂上一句：老子就管得着！不信，看老子枪毙了你！这个稽查员自恃来头大，只冷笑了一声：量你没有这个胆！这回周不顾一切，连叫带骂，老子官不做了，非把你枪毙了不可！本来这是气头上的话，只要对方不再顶撞也就大事可化小。谁知这个该死的稽查员竟回骂他一句：你不枪毙我，就是我儿子！这可把周气急了，便叫几个卫士把这个逼他枪毙的人，在司令部门口枪毙了。

綦江稽查所立即把这一情况向稽查处报告，当时我是稽查处副处长兼督察长，处长正在生病，由我代理处长。我一听也火冒三丈，心想周振强这样无法无天随便枪毙一个军官，我也就准备同样无法无天，把这个司令抓起来。所以，我立即下令调了几十个稽查员和特务队队员，分乘两辆卡车赶赴綦江。

我刚一走，便有人向戴笠报告，戴笠就打电话到一品场的水陆交通检查所，说等我汽车到时，叫我打电话给他。我一路上越想越气，认为即使那个稽查员有该杀的罪也不能随便就枪毙了，总得问清楚；在后方不像在前线，不能任意处决一个军官的。当时的稽查员，一般都是少尉到上尉级，警备司令虽有权杀人，也只限于暴动、抢劫杀人或奸杀等，对于正式军官，一定要经过军法审判才能定罪。

我的汽车刚一到达一品场，马上有几个小特务向我报告，说他们所长请我去。我去后便与戴等通电话，向他报告出事经过。他只若无其事地叫我马上回去见他，再听候解决。我只好掉头回去。见到戴笠后，他骂我事前不向他请示，带那么多人去准备干什么？我说准备把周振强抓来。他问抓来后怎么办？

还没有等我答复，他就骂我糊涂，说这种事要冷静处理。他叫我回去，并说他有办法解决。主要是因为那个稽查员不是军统特务，是一个地方恶霸，当时稽查处有500多稽查员，90%都不是军统分子，而是地方上一些恶棍地头蛇之类的人。军统一些特务训练班毕业的学生，在该处都是担任所长、哨长、督察员等职务。所以，戴笠对非军统分子一向不在乎。加上周是黄埔一期的，还在蒋介石身边工作多年，不能把事情闹大。后来经过几个黄埔一期的人向戴笠一说情，这样一件随便杀掉一个下级军官的事，就不了了之了。

我当时对那件事的处理一直不服气，认为很不妥当，所以，我在一次宴会上见到周的时候，还和他吵了一架，弄得宴会不欢而散。到北京战犯管理所，彼此一见，只说了一句：想不到我们在这里相见了。开始我还有点提防他，怕他报复我，因他比我早到一些。不久，我就发觉这是一个心直口快的人，对过去一段不愉快的事，谁也不愿去提它，而且几年来我们之间相处得很好。

自告奋勇发明以煤敲煤

周振强在管理所有个绰号叫周老黑，后来他又被同学们称作狗熊。这不是侮辱他，而是对他的爱称。因为他不但长得黑不溜秋的，并且气力很大，干什么脏活、累活他都抢着干，从不挑轻避重。当时北京功德林监狱内没有暖气，冬天生了几十个煤火炉取暖，最重的一项劳动，是把大块大块的硬煤敲碎才能送进火炉，每天要敲两百斤左右。开始是由各组轮流敲，轮到哪个组，都是十分勉强去敲敲，因为敲块煤时不但要费劲，还得在房子外面空地上工作。生火炉时，气温总在零下十摄氏度上下，敲上半天，手脚冻僵了，身上头上却又冒汗，脸上往往是一层黑煤屑，所以，许多人口里虽不说不愿意，而心里却是一百个讨厌干这种活。相反的表面上还得装出一副高高兴兴的样子，这才能表现出树立了劳动观点。如果唉声叹气，保证劳累了下来还得挨那些“左”字号同学一顿批评。

所以，只要轮到哪一组敲煤，哪一组就有那么几个聪明同学，早不生病，迟不生病，刚巧就在那一天生起病来，由管理所医务室大夫开一张全休或半休证明书，就可以免去参加敲煤了。

我是一个什么事都好研究研究的人，为此我也研究了一下，原来这些“大人物”年纪都在60岁上下，一向养尊处优，四体不勤，要找一点病，随便就能说出。

即使是身体很健康，要逃避劳动也有妙法，只要在去医务所之前，先喝上一大杯滚热的开水，马上去试口含的体温计，保证会到38摄氏度。这样全休、半休的证明就到手了。再加上当时那几个大夫，对战犯们是奉命要小心照顾的，所以什么病都没有的，只要说晚上失眠、起床头痛，除可以免劳动外，大夫还会安慰几句，如不要背包袱去胡思乱想、好好学习、注意身体等。这些同学要钻一下空子是很方便的。一个小组一般十来个人，如果有三四个聪明同学正在敲煤那天生病，不病的就得分担这几个休息同学的那份劳动了，因此，在小组内常为此而引起争吵。

这件事，周振强看在眼里，想在心里，便下决心，自告奋勇向管理员提出，敲煤的任务由他一个人承包下来。管理员还在考虑他是否能担负得下来时，表扬他这种精神的墙报已贴出去了。我看了，真是打从心眼里对这几位贴墙报的同学表示无限钦佩，真不愧是天下聪明人的代表。他们除表扬周的风格高、劳动观点强等之外，还表示要向他学习呢！丢都丢不了的事，被人捡了去，还要说几句风凉话，我想可能是怕周振强一时冲动，过后又后悔，所以要来钉牢它。这样一来，周振强只好咬紧牙根来拼老命了。

开始几天，周振强累得精疲力竭，许多人看了过意不去，都纷纷提出，仍应恢复轮流敲煤的办法，不能让他一个人来干。因为战犯所不是劳改单位，主要是学习，劳动只能是半天，不能占去半天学习时间。周为了坚持要包下来，便不同意管理员和同学们的好意，就把早晚的休息时间也投进去；没有好久，居然熟能生巧，给他摸索出一套敲煤的办法。过去都是把煤块放在石头上，用锤子等去敲碎，后来他在一次很生气时把一块大煤块向另一块摔过去，结果两块煤都碎了，于是他发明了以煤敲煤的方法，功效便提高了一倍。这样，他终于把这一战犯们认为艰巨的劳动，一个人包了下来，所以一直得到管理员和同学们的称赞。

读文件如火如“茶”

由于周振强的文化程度较低，据说他当中下级军官时，很得力于他的夫人楼亚隽。她是杭州一所中学的教师。北伐成功后，周振强“三皮还乡”（斜皮带、皮包、皮马靴），楼对这位年轻身材魁梧的革命军官一见倾心。结为夫妇后，她帮助周学文化，代他看信写回信等。后来周的官越做越大，可以用秘书了，便不再需要这位结发夫人代劳；而且另外娶了一位年轻貌美的如夫人。不过等到周被俘后，这位如夫人便另找出路，他的几个子女还是靠黄脸婆抚养成人。他在战犯管理所一谈起这种事的时候，有时深感内疚，同时也总得咒骂那个“无情无义”的如夫人几句。

战犯们大半都有相当的文化程度，所以许多文件拿来一看，不但能看懂，一般也能抓住文件的精神发挥一通。有时为了消磨时间，总爱推几个人轮流来什么“初读”“精读”。读的人大声朗诵，其余便闭目养神。而有几个缺德鬼，明明知道周的文化程度低，便故意推举他出来读；老黑有个犟脾气，越说他不行，他越要干。读文件时，这些缺德鬼为了要拿他来开心，便用激将法来激他，让他自己抢着读，看他闹笑话。不知道是他真的念错字，还是故意来逗这些想取笑他的人，他往往把贪官污吏读成贪官污“史”，如火如荼读成如火如“茶”，有人便问一声：“什么茶？”“龙井茶！”回答得也很利爽。

周振强一谈到他是怎样被俘的，总是那么一肚子的怨气。仔细一问，不由得我也要帮他叫一声：“太冤枉了！”

事情的经过虽然很简单，但也很滑稽可笑。解放时，他是担任浙西师管区司令兼金华城防司令。但这两个司令都是光杆杆，自己没有部队；当时是每一个省有一个军管区和几个师管区，以及几十个团管区。这么多区司令是专门负责替别人征兵的，兵征到后便交出去了，自己只有少数押送新兵的小部队，是大米加步枪，没有什么好装备。城防司令或防守司令，如果不是由军长、师长兼任，那就只能指挥驻在这个地区的别人的部队了，有些部队长还能听听话，有些根本不买这种空头司令的账。

不过周振强有黄埔一期的老招牌，并在蒋介石身边当过侍从副官、警卫大队长，直到蒋的重要卫队、教导总队副总队长兼第一旅旅长。这种亲信关系，非一般人可比。特别为人所共知的是，蒋介石曾经亲手打过他两记重重的耳光。在当时，能得到校长亲自赏两个耳光，不但不是什么耻辱，在有些“领袖第一”“校长至上”的人心目中，简直和当年皇帝老子赏穿黄马褂一样光荣呢！

司令官遇到兵，有理说不清

由于周振强有过这么一连串的“光荣”历史，新中国成立前一般人对他都客气三分。不过到了快解放时，由于解放军对浙西的大包围，驻守在金华一带的野战部队早都陆续抽到前线去了，加上金华没有发生激烈的争夺战，所以周司令也没有亲临前线，就这样躲在家中静待解放了。

据周振强自己常常既谦虚又后悔地说：我这一生中，虽然有打仗的经验和杀人的经验以及保卫领袖与抓壮丁等经验，却没有投降的经验。所以金华解放前夕，不知道怎么办才好。走呢，他是决心不走，因他过去贪污的钱不多，大小老婆和一群孩子都没条件送往外国或台湾、香港，全在浙江。最后是解放军先头部队没有遭到猛烈抵抗而进入金华后，他便一个人穿上便衣想找解放军的指挥部去投降。这么一件生死攸关的大事，他事先没有做好充分准备，便只身前往找寻解放军指挥官，未免有点太儿戏。

当他忐忑不安走出家门，准备去找投降的地方时，正好遇上他的司令部几个士兵与保甲长。他们二话不说，一把将他揪住拖着就走。周急了，连问他们要干什么？回答很简单：抓你去立大功！周再三解释，他是准备去找解放军指挥官投降的。那些人哪里会相信，说他穿上便衣明明是想逃跑，还想欺骗人是去投降。不论周怎么说，那些士兵就是不相信，一下就绳捆索绑地把他送给了解放军。过去只听说“秀才遇了兵，有理讲不清”，谁知道天下居然会有司令官遇到兵，同样会有理讲不清的！

周振强提到这件事，多年来一直是气愤异常：几次他试图向有关领导说明他是去投诚而不是逃跑，希望得到投诚人员待遇，而不是被俘战犯。经过调查，他的确是被部下士兵在路上抓到的，这些人都得到了重赏。当然，众口难辩，那么多人说是他们抓到了准备逃跑的司令官，而且已立功领过了奖，周又提不出任何投诚的证明文件和证明人，这样的案子就成了无头官司。所以多次申请，也多次调查都未能得到平反。事实上也无法子平反。

周希望得到投诚人员的名义，无非是想在政治待遇上比战犯要好一点，不过现在他已经不在乎这些了。因为留在北京全国政协的特赦战犯，除了在第四届和第五届全国政协委员中安排了一半左右当上了全国政协委员外，余下的文史专员八位，计有周振强、文强、李以劻、罗历戎、杨伯涛、郑庭笈、方靖、董益三，在全国政协第六届中全部都被安排成为全国政协委员了。许多人对这一安排感到满意。“八仙过海”，很快就传遍了。此无他，这些国民党军长一级的特赦战犯，留在北京全国政协任文史专员的，都是 70 岁以上的老人，而且是“后无来者”，只此一批。这一消息得到证实后，已成为最引人注意的重要新闻。

杨文璟仍爱粉面油头 狗皮膏药论男女结合

香喷喷的风流将军

与周振强不怕手脏脸黑完全相反的，在战犯中也可以说是极其个别的，我只看到过七十二军军长杨文璟。

我经过昆明、重庆、北京三处的大号监狱，都是有上千的犯人。一般说来，人到失去自由后，是不讲究仪表的，即使没有坐过牢的文人墨客的笔下，也总是爱用“蓬头垢面”来形容这些人。当了犯人，而且成了战争罪犯，还一直保持着粉面油头，可能是闻所未闻吧！有没有第二或第三个，我不敢说。但杨文璟的爱收拾头面，则是我亲自所见到的第一个。

杨文璟是四川人，黄埔二期毕业，担任过蒋介石的侍从参谋，师和军的参谋长，以及师、军长等要职。因他和军统老同事戴颂仪不仅是同乡，而且一同去投考黄埔。抗战期间，戴颂仪在戴笠身边当秘书，专门负责为戴笠联络黄埔同学，和我往来很密切，我多次在戴颂仪家中见到过这位风流将军。

1946 年 7 月 10 日，当时的天津市市长张廷谔和副市长杜建时（后继张任市长）在天津为军统头子戴笠开追悼会，我奉命代表军统去参加致谢。杨文璟那时是九十四军的副军长兼天津警备司令，他和军长牟廷芳、国民党天津市党部主任委员邵华，都是那次追悼会的发起人和主持人。所以，我有机会与杨文璙异地重逢，特别感到亲切。接着，天津警备司令部参谋长严家诰和天津市警察局长李汉元等军统同事请我吃饭时，知道他与我相识，也总是邀他作陪。不过我对这位仁兄一向有点感到“那个”。背着人说他的坏话，是不道德的行为，但我又不能不说我过去对他的一点看法，轻描淡写一下吧！我从认识他的第一天起，就总认为他不像个军人，满身香气扑鼻，而且还有点和古代文人陆机《赴洛道中》诗中描写的一样，有些“顾影自怜”那一股酸劲儿。总之，不是味道！

我从重庆到北京战犯所，便参加挑菜饭组，早、中、晚还得挑几次开水。早上挑的开水是洗脸用，上午和下午挑是饮用的，晚上则是挑洗脚水。只有夏天，早晚不用热水洗脸。洗热水澡则只能一星期一次。

说到洗澡，我现在还感到很可笑呢！因为每次洗澡是由军统头子郑介民的堂弟、四十九军军长郑庭笈负责安排。这位海南岛出生的朋友，说起话来真有点“天不怕，地不怕，就怕海南人说官话”。每次他叫各组轮流去洗澡时，总是这样叫：“第 × 组先死（洗），第 × 组接着死（洗）。”许多调皮鬼听到他叫，总是要和他开玩笑：“我们不死，你先去死吧！”头几次，他还不知别人在取笑他，便生气地说：“你们要不先死（洗），就得最后才能死（洗）了！水冷了可不能怪我。”

早晚的洗脸、洗脚水是由挑水的人来分配的，每人每次两大杯，加点凉水，也可以痛痛快快洗一下了。当我第一天埋着头，一人两杯地分水时，突然听到一个似乎熟悉的四川口音轻声说了一句：“老沈，多给我一杯！”我抬头一看，原来是这位身上散发香气的老朋友，我不知不觉先深深地吸了一口气，这也许是什么条件反射吧！看到他就立刻想到他身上是香喷喷的，可这回吸进去的只有那么一丝丝微弱的余香。我给他多加了一杯后，便直起腰来和他握了握手：“想不到在这里见到了！”两人几乎都是说了这么一句犯人见面的习惯话。

“分！快点分！”我正准备和杨文璙再谈上两三句话时，站在旁边拿着空脸盆的“惹不起”之一的某军长，已横眉怒目地催促我了。我一语不发，赶快给他舀上两大杯，而且舀得特别满，以免他挑剔。没想到，他的脸盆还伸在我面前：“不是已分给你了吗！”我还是勉强带点客气地提醒他一下，我认为我已够文明礼貌了。

"你给他三杯，也得照样给我三杯！"他这一质问，实在出我意料，这些过去挥金如土的将军们，今天连一杯开水都如此计较，如不身临其境，亲见亲闻，想要凭什么第五、第六灵感去创造的话，恐怕折断几十根胡子，也想不出来吧！

我这个人，有时可以"俯首甘为孺子牛"，但有时湖南骡子犟脾气发作起来，也是天不怕地不怕的。我把他的脸盆一推，就给他后边的人分了。当然，这种人是不会在一个新来的同学面前示弱的。他再次质问我时，我便干脆再舀上一杯，倒进杨文琮的脸盆，并当着许多人公开表示：从今天起，我的两杯洗脸水让给他，我不再要了。其实，我一直是用冷水洗脸洗澡惯了的，不过自那以后，杨文琮便可以多分到一份洗脸热水了。

他要这么多热水干什么呢？也许由于我过去是个职业特务的关系，遇事总爱侦查、研究分析一番。我和他不是同一个小组，有一天，我分完洗脸水，便跑到他那个小组去串门。我和他同组的几个人一边聊天，一边注意他的洗脸方法。他是那么有条不紊地把肥皂盒拿出来，把手巾放在旁边，先用手捧着水，把脸洗过一遍后，才把香肥皂在手上搓几下，手洗干净，再搓香皂向脸上抹去。他两手是那么轻、那么慢地来回在脸上抹，好像重了、快了，都会把吹弹得破的脸皮损坏似的。我真有点忍不住要笑出声来，心想，这不和爱打扮的女人洗脸一样吗？我怕再看下去，会笑出声来，便把和我坐在一起的一位同学拉出来。我一边笑一边问，才知道他洗脸一向是这样慢腾腾可以洗上十多二十来分钟，洗完还得在脸上涂点雪花膏之类的润皮肤的东西，最后才在发上抹点油脂，这样才干别的事。我好奇地问：管理员同意买生发油吗？答复是买变相的油是可以的。如冬天买点防皮肤皴裂的蛤蜊油、甘油、凡士林等，他便留下来当成头油慢慢使用。总之，他每天都要把头和脸弄得漂漂亮亮才肯罢休。我又问：劳动回来怎么办呢？回答是：你没有看到，劳动时他一定戴上帽子保护好头发，回来后，再和早上一样把脸洗得干干净净才肯休息。我听了便自作聪明地认为，这可能是一种"洁癖"，也是一种小小的病态心理反应，没有什么值得去注意的。

一个才疏学浅的人，如果对某一件事妄下结论，自以为是地满足于自己的一知半解，肯定是会犯错误的。瞧！我不就是这样受了一次教训吗？天下事之怪，往往会怪到出乎人之常情，奇也会奇到令人拍案叫绝，不信，那请听杨文璟的一番自白吧！

“白面书生”畅论追求术

有那么一个星期天的上午，别人休息、娱乐，担任理发的我便得给同学们理发。我正在小房内收拾理发工具，门轻轻一推，一看，是“白面书生”（这是杨文璟的绰号）走了进来。他刚一坐在靠椅上，我边拿工具边自言自语念着：“磨砺以须，问天下头颅几许！及锋而试，看老夫手段如何！”我对理发店这一副对联，十分欣赏，所以在给人理发时，常常念它一下，可以长精神，增气力。杨文璟一听，马上惊叫一声：“我的妈呀，你可不能把我的脑壳拿来试你那杀惯人的手艺呀！”“那该怎么办？”“显显你那顶上功夫，好好给我收拾才行。”“那就听你的吧！”

可能是由于我和这位同学有“杯水之情”，他把我也看成了可以谈知心话的好友关系。这时小房内只有我和他两个人，理发组的小组长牟中珩怕房内闷热，在外边走廊上摆开了阵势，所以我和杨文璟有这次畅谈的机会。

我刚拿起推剪，准备表演“顶上功夫”，他忽然转过脸来问我：“你知不知道男人最大的快乐是什么？”“当然是宋朝名词家辛弃疾的那首《破阵子》词中的两句：‘了却君王天下事，赢得生前身后名。’”“不及格，顶多50分！”“何也？”“这种快乐，女人也一样有，佘太君、穆桂英、花木兰……不都是有过这种快乐吗。我指的是男人最快乐的事。”他得意扬扬地说：“男人最大的快乐事，是能讨得许许多多漂亮女人的欢喜！”

当他看到我连连摇头，不同意他这种谬论时便问我：“看过《水浒传》吗？”“看过！”“王婆告诉西门庆的五个字记得吗？第一是要有潘安之貌，才能谈到其他，这是金字招牌，挂在外面的，是能讨女人欢喜的首要条件……”我有点不耐烦听下去了，他却滔滔不绝地告诉我，他过去到一个地方，便极力追求当地的什么交际花、校花、名媛闺秀等一类在社会上有声誉的美人儿，直到最后结合。

说到这里，我才反问他一句：“你到处结婚，不是自找麻烦吗，还有什么快乐？”他便十分得意地告诉我，他说一般人讨老婆是易讨难丢；大凡有点地位的男人要结婚，总会有女人愿意来当太太和夫人的。这种女人容易到手，但一旦结合，就有点像狗皮膏药，贴上去容易取下来难，要丢可是困难重重，得一辈子忍气吞声过下去。而他追求的什么“花”一类的女人，却与此相反，叫难讨易丢，因为这种女人追求的人多，而且骄娇之气很重，追到手的确不易，好处是一旦玩厌了想改改口味，只要几番争吵，一记耳光，马上就会同意离婚。因为过去排队没有排上的，立刻会欢天喜地地接收过去，一点没有麻烦。

我越听越感到不是味儿，正好，又有人来理发，我才在他种种苛刻要求下，勉强把他那个还想去讨女人欢喜的脑袋修剪好了。

像杨文琭这种人已经当了囚犯了，还沉迷着旧日的罪恶。他在 1946 年间，任九十四军副军长后任七十二军军长兼天津市警备司令时，追求天津最大的军火买办商的一个孙女儿，虽费了不少气力，总算追到手了。这位小姐，不仅是这花那花的，更因为祖父是一个有千万家财的大富商。上了点年岁的人都知道，他在清末与李鸿章、盛宣怀等大官有密切来往，后又与北洋军阀袁世凯等以及熊希龄、朱启钤等都有很深的关系。他为德国克鲁伯等兵工厂推销军火，在中国内战中大发横财。所以追求他孙女的人非常多，最后在他的同意下，孙女嫁给了这位风流将军。除一幢花园洋房外，还给了 10 万银圆做嫁妆。许多人说，这是他贩卖军火，使中国军阀残杀无数同胞得到的一个恶的报应。

杨文琭与她是怎样分手的我就没有兴趣再去过问，只知道他统率的四川部队七十二军在山东战场被活捉时，他是孤家寡人，没有带随军家属。在战犯管理所改造时，也从来没有听说他的家眷去看过他。这回可能是女方把他丢掉了。

绿化基地没人逃跑
偷吃猪肉腹泻八次

1958 年 10 月初，在北京功德林战犯管理所的战犯们中，突然发生一阵暴风骤雨般的思想波动，在近百名国民党的党、政、军、特高级人员中，几乎个个都是紧张而又兴奋异常。像在平静的水池中投下一块大大的巨石，激起了一圈圈的浪花一样。这浪花冲向小池边，又被冲回来，这样反反复复冲来冲去，几天都没有平息下来。

说来很简单，但又很出人意料，原来战犯管理所的领导人宣布：要让接受改造的战犯们去郊外农场，进行一次农业方面的锻炼和农村生活的体验。去的条件一是身体好；二是自愿。年老身体不好和自己不愿意去的，继续留在功德林，还和过去一样，边学习边搞一些力所能及的体力劳动。有病而暂不能去的，病好之后，还可以请求去，也可以不去。总之，以自愿为主，不勉强，希望每个人都认真好好考虑一下。

共产党的改造政策是明明白白规定了："思想改造与劳动锻炼相结合。"也就是说两者不可缺一。现在既宣布了要去一趟农村进行改造，谁也不能说不去，但又考虑到农业劳动是在野外进行，自己从来没有使过农具，是否能顶得下去？有些人在太阳下多晒晒都感到受不了，到农村去就免不了要在风吹日晒中从事流大汗的体力劳动，会不会把身体累垮？不去，那会被看成什么呢……总之，各种各样的想法都有。当然，多数人是希望有这种机会去锻炼一下的。拿我来说吧，认为到农村去劳动，总比围在高墙深院要舒畅一些，不但可以呼吸新鲜空气，眼睛也可以不再一看就是铁窗和墙壁。所以我一听到这一宣布，思想上就做好了决定，去！

杜聿明也报名要去农场

经过几天的思想波动，许多原来举棋不定的人，听到愿去的人那么多，也都决定“少数服从多数”，不再考虑风吹日晒雨淋了。

又过了几天，医生逐个进行心脏、血压等检查，仔细询问了每人过去常犯什么病等之后，才正式宣布：愿去的可以报名。

我在报名之后，发现杜聿明也报名要去。我便去问他，你一身的病完全可以不去，为什么还要勉强去，这不是跟自己的身体找麻烦吗？但他很坚决地表示：无论如何也要去。他说：“我不能锄地可以除草，不能挑抬可以干别的。退一步还可以把缝纫机带去，给人缝补衣服。”我被他这诚意感动了，也认为应当把缝纫机带去，农业劳动最易弄破衣服，便需要缝补。当然，我的理发工具也得带去。劳动总还得理发，不能留辮子。

出人意料的是愿意去的那么多。而且许多人是完全可以不去的，但也像杜聿明一样坚决要求去。年近古稀、又有深度近视的四川省主席王陵基，居然也争着要去。还有多人经医生检查后，决定不让去的，还经过一番说服工作才同意暂留下来，等以后再去，所以留的都是实在不宜从事农业劳动的。如大腹便便的兵团司令刘嘉树，血压很高，连去晒一条棉被回来都要坐下来休息好久才能说话；山西绥靖公署副主任孙楚，真是骨瘦如柴，连稍大一点的风都可以吹倒;陆军副总司令汤尧，满身都贴了膏药，多走点路都得要人搀扶；军统老同事、两广监察使邢森洲，三尺以外就看不清桌子和椅子；第三军副军长杨光裕两条腿没有了下肢……像这几位实在无法去的才被留下来；勉强能去的，差不多都争着要去了。

10月底，在一阵欢笑声中，三辆大客车把我们从功德林送到京郊秦城公安部干部劳动农场。这里也是分配给公安部的绿化首都的绿化队基地。

一下车，我就感到格外轻松，因为我们是住在干部们劳动的宿舍。这是一排

L 形平房，前面一个空地，对面就是大厨房，不但没有围墙，连大门都没有了，窗上也没有铁条，只是把房子后面朝北那面的窗子临时用砖砌满了。当然，也可以解释，这样冬天可以更暖和一些。

带领我们这 60 多名将军们去的是一位科长和两位管理员、一名护士长。至于暗中有多少人在“保卫”着我们，就不知道了。

半天劳动半天学习

这位科长在到达后便向我们宣布“约法三章”：大致上规定了我们的活动范围，由于住房四面是田野，所以规定白天不要走出住的地方 100 米左右；夜晚解小便在住房门外的便桶内，一个人可以起床去解，不必惊动别人；而到房后厕所解大便，就得找同房的人陪去。据说是怕这些人在上厕所时万一发生什么“急病”，有人“照顾”。我们心里都有数，这是以防万一……

劳动是在离住地不远的山坡附近，不能越过小山的分水岭到山那边去。

基本上还是半天劳动半天学习，但农忙时则减少学习而在雨天时补学习。有病应及时报告，自己不说，同房的有责任。

这次是分五个队而不是像过去一样分组。每队十几人，指定队长、副队长各一个。我编在第二队，队长是整编九十六军军长陈金城，这是一位老好人。同队的有第三军军长罗历戎、浙西师管区司令周振强以及国民党中央执行委员兼山东省主委庞镜塘等。

开始，我真有点担心，这些人当中，不少正是壮年时期，万一有人借机逃跑，即使能抓回来，肯定会导致整个气氛严肃起来，不可能像现在这样有百米之内的自由区了。1950 年，在重庆管理战俘的嘉陵大队开始也是很松，结果逃走了李文等几个兵团司令，马上严加管制起来，所以，我一直害怕这里也发生这样的事。

说也奇怪，我们这几十人在这里劳动了一年多一点点时间，居然没有发生过逃跑的事，甚至连企图逃跑而被发现或引起可疑的事都没有发生过。这不能不引起我的好奇心，一有空，我就研究，为什么在这样方便的条件下，没有人想到要逃跑？这真是想象不到的奇迹！天生一副“打破砂锅问到底”习惯的我，经过一番调查研究之后，居然把这个问题弄清楚了。为什么有这么方便的条件不逃走而安心从事农业劳动？主要原因是：第一，由于张治中、邵力子、程潜、傅作义、唐生明等原国民党的高级军政人员，受毛主席、周总理的委托去功德林看望战犯们时，明白告诉过，对这些人将采取不审不判，从宽处理。大家都吃过了“定心丸”，知道不会太久，就能得到宽大处理，又何必去自找麻烦当逃犯。第二，这是几位身体较好的将军们悄悄地回答我的几句话，他们差不多都是这么说的：当军人打了败仗当了俘虏已够丢人了，如果再逃走被人从背后打一枪，那就更不光彩，无面目见人。过去冲锋陷阵都没有当过逃兵，今天怎么会当逃犯！

除这些出自内心的话以外，还有一个原因，就是经过几年改造，都很清楚，就算能逃走，到什么地方安身？亲戚朋友即使能看过去的情面留一两天，总不能长期待下去。今天没有正式户口很快就会被查出来，再抓回来就连这样的待遇都没有了。权衡利害得失，还是不逃为妙。更何况这些人都老于世故，懂得人情冷暖，逃到亲友家中，让人家去告密立功，做送上门的礼品，实在不合算。

厕所“监护人”的经历

担心有人逃走而影响到全体会被严格管理的问题，虽然得到解决，但夜间上厕所必须两人一道去的规定并没有取消。这条规定有不少人吃过苦头，又没有人敢要求不这么办；毕竟是“知人知面不知心”，谁也不敢保证没有一个人想逃跑。那么，这条规定就得一直遵守下去。我到今天还清楚记得，有一天上午，我们在离住的地方相当远的山坡上栽树挖鱼鳞坑（一个坑挨着一个坑，在坡地上远看像鱼鳞一样），快到中午，管理员要我和同队的一位代号叫二三六的一起去厨房把饭菜早点挑回来，一回去就可以吃饭。这位二三六同学是一个不吃猪肉的少数民族兄弟，照例在我们吃肉时，不论是在功德林或农场，厨房都有单灶给这些少数民族兄弟做牛羊肉。那天回去，一进厨房，炊事班长便先端一碗红烧牛肉给他，才给我盛满两大桶红烧猪肉。如果按照平日我们分菜的标准来看，他这一份总是比我们的多一点，那天更是堆得尖尖的。

我把猪肉挑回，便到附近水沟去洗澡，要他照顾一下。平日如果是和别人一道挑饭菜，我是不会走开的。别看这些过去一掷千金无吝啬的将军们，当了战犯后，有不少人总是想多吃多占一点，要是没人看见，先尝几大块猪肉是经常会发生的。由于他是不吃猪肉的，我就放心走开。我思想上压根儿不存在他会去“尝”猪肉。不过这回我上了一课，遇事不要太麻痹大意。因为那天吃午饭时，我们是同在一间房子里，平日他吃完一碗菜还得吃两碗米饭或三个二两左右的馒头，那次他去只盛半碗米饭就不再盛了。我只用关心的口吻问他一句：“今天有什么不舒服吗？怎么只吃半碗饭？”他的回答不很自然：“今天的红烧牛肉比平日多得多。”我也信以为真，没有再问。

真的是这样吗？且听夜间分解。

累了一天，我一上床就睡着了。也记不清我睡了多久，便听到这位同学慢慢把我推醒，在我耳边轻轻说了一声：“请陪我上一趟厕所。”这是义不容辞的事。我只好揉着惺忪的眼睛，跟着他急急忙忙奔向房后的厕所。这是我生平第一次自己不解大便而陪人去解，所以完全没有经验。开始我站在厕所门口，站一会儿瞌睡又来了，便在厕所外踱方步。不知怎么一个危险信号的闪念，在我脑中忽地一下出现了，我被这一个信号惊出了一点微微的汗珠。在这四面漆黑中，我在厕所外面徘徊，万一被暗中在“保护”我们的人发现而产生误会，说不定会送给我一粒花生米那么大的飞来之物，我吃得消吗？我赶忙来一个率性奉陪到底，和他一样蹲在另一个粪坑上面，直陪到他站起身来我才跟着站起来和他一道回去。

倒下去刚睡不久，他那带着几乎恳求气味的声音又在我耳边响了起来：“请再陪我上一趟厕所！”我又奉陪一次。接二连三这样一直快到天亮时，我一共陪了他七次。

当王耀武站在房门外院里高喊：“吃糖！吃糖”的声音传入我耳朵时，我疲乏得一点气力都没有了。这位前山东省主席的泰安话，总是把“起床、起床”喊成“吃糖！”那天真给我糖吃，我也没有兴趣，只是想睡。但昨晚发生的事我还得如实向小队长反映。一会儿护士长就来了，他拿着一个小纸盒，叫二三六把第八次要解的大便留一点去化验，同时叮嘱我和他都不要去劳动，在家休息。由于白天上厕所不要人奉陪，我便一直睡到快吃午饭才起床。

护士长把二三六的大便送去化验了之后，我刚起床，他就把我叫到他的房内，略带几分责备的口吻问我："明明知道他是不吃猪肉的，你为什么给他吃过量猪肉而造成腹泻！"我便把昨天挑菜饭的情况向他说明，我没有料到他会背着人去吃猪肉。护士长一听，连忙低声叮嘱我："可不能去质问二三六，也不要向别人去说这件事，这样影响不好！让他休息一天，吃点药就会好的。"我答应了。直到事隔二十多年的今天，我才把这件事如实地写出来（不是说出来），我想那位可敬的护士长，也不会责怪我吧！

画地为牢，人人遵守
指山作界，个个不违

在农场一年多点的劳动锻炼中，将军们虽闹过不少的笑话，却也增长了不少的知识，把小麦当成韭菜，这是一般城里人常弄不清的小笑话，但一经别人指出，不久就能分清楚了。而有些个别的人不懂装懂而且坚持自己意见的也有不少。有一次我们出工，经过一片胡萝卜地，廖耀湘便自作聪明大声赞扬："这块地的香菜（芫荽）长得真好！"他的话音刚落，立即引来一片笑声。担任我们农业指导的一位老农民和带队的管理员马上纠正：这不是香菜，是胡萝卜。廖还坚持是香菜，而且要我证明，我们湖南的香菜就是这样。我也摇头不承认那是香菜。他有点生气了：你们湘潭的香菜不是这样，我们宝庆的香菜都是这样，一点都没有错。

为了证实这的确是胡萝卜，管理员和那位老农民便用锄头挖出一些来，他们一边分给我们每人一个，一边把胡萝卜在袖子上擦几下，将上面沾的泥土擦掉后，就放进嘴里吃了起来。我们却没有这种"劳动人民感情"，不敢学他们那种吃法，而是装进口袋带回去洗了又洗，才敢入口。

每次去地里撒肥料，特别是用人畜粪便掺和的上等有机肥，我们都是找一块破瓦片之类的东西，舀着去撒。带领我们劳动的那位科长一看就笑了，他说这样撒，既慢又不匀，应当用手抓着撒。我们听了都不作声，只是加快一点，仍旧用东西舀着撒。他却不责怪我们，而是走过来用手抓一大把，边走边向两面均匀地撒

着。我们看着他一次又一次地用手去抓，也只好学他一样，他立刻称赞我们一番。不过回来之后，我们都是用肥皂洗了又洗才去吃饭的。如果让我抓过干粪肥的手只拍打几下，或者在衣服上擦一擦就去抓馒头，老实说，直到今天，这种“不怕脏”的习惯，我还是没有养成。

最使我们犹豫而无法着手的事，是有一次派我们一二两队的人去农场的猪圈起猪粪肥。一走到猪圈前，因刚下过大雨不久，猪的粪便都溢了出来，那一股臭气，使许多人都把鼻子掩了起来。虽然我们也会学着劳动人民的腔调：“没有猪粪臭，怎有猪肉香。”可是身临其境时，看着那满坑的猪粪，都不知如何是好。

我们带去的工具是十多个挑粪桶和几个葫芦瓜做成的瓢，怎么能把圈坑的粪水舀上来，连我们队里那位博览群书的饱学之士庞镜塘，也想不起什么书上曾说过起猪圈肥的有效方法。大家只是你看我，我看你。最后还是一队小队长，著名的不怕脏、不怕累的邱行湘，这位洛阳警备司令官操起葫芦瓢，弯下身子，把粪水一瓢一瓢向桶里舀。我站在旁边计数，要 40 瓢才能装满一桶。如此下去，一天也清不完一个猪圈，这一排 20 多个猪圈，不是要半个月以上的时间才能清完。

正当我们自己都感到这样效果太差劲时，又是那位科长出现在我们面前，他说这样太慢，要下去用桶舀。“下去！”谁也没有响应他的号召，又是他带头脱下鞋袜、卷起裤子、毫无惧色地走下粪池，用桶侧起来一舀，便满满地装了一桶。邱行湘一看，也就二话没说，照样下去了。

我马上坐在一块大石头上脱鞋袜，我们的小队长一看，二队也出了一个不怕脏的“英雄”人物，十分高兴地帮我把鞋子提着放在另一块大石头上，等我把袜子脱下去，才把脚伸在大伙面前：“我是烂脚丫，天天流水，不能碰脏东西。”那位科长回头一看，忙说：“你可不能下来，当心感染了得破伤风，那就麻烦了。”

如是，我又把鞋袜穿上，想不到我这双“香港脚”使我避免了与猪粪肥去打交道的“光荣任务”。

拾砖比赛砌猪圈

谈到猪圈，我又想起把猪粪肥起完后，我们又去修猪圈时发生的一起“意外工伤事故”。

农场通过那次起肥发生的困难，决定把猪圈和粪池下面都彻底整修一下，主要是利用附近几座过去烧红砖留下的破窑的砖头，把猪圈全部砌成砖头的。这个任务不重不轻，正合我们去干。自认有点手艺的便担任铺砖，其余的便去拾砖，两人一个筐，拾了慢慢抬回来。我和庞镜塘抬一个筐，徐远举和天津警备司令陈长捷抬一个筐，我开玩笑地要和徐远举比赛，看谁抬得快、拾得多，他同意了。

工作开始前，那位科长郑重其事地宣布：只能在破窑附近拾砖，不准进到破窑里面去，以防倒塌伤人。照例，我们大声回答：“知道了！”这三个字也不知是谁发明用来回答问题，好在当时没有人挑毛病，这不和过去皇帝老子批阅公文用的三个字一样吗？有时我往往在大声回答时，常常闪过一点点“阿Q精神胜利法”。今天老子们也当一秒钟的皇帝了。

和我搭伴的庞中委，一向谨小慎微，他连破窑的附近都不敢走近，我因手快眼快脚快，一会儿就拾了大半筐抬走了。徐远举和陈长捷这一对急性子，越想快越捡不到合用的。当看到我们已送走第四筐，他们第三筐还没有拾满，这两位仁兄在管理员和科长正背对着我们、站在一丈高的猪圈墙上、指导如何砌砖时，悄悄溜进破窑，一下子就抬了一筐出来。

由于农场靠近燕山山脉，夜晚常常有狼想去偷袭猪圈里的猪。所以要在猪圈前修一道一丈左右高的墙，使狼跳不进去。徐远举抬的一筐砖比我们的完整得多，科长一看就让留在墙下作修补围墙之用，这样他们比我少走不少的路，很快就回来，便又悄悄去破窑内抽下面压着的整砖。我一看也想去拣点整砖回来，庞镜塘一下抓住我不让我进去，我只好在外面拣。

当我们正抬着走向猪圈时，忽听到“轰隆”一声，接着就听到徐远举那响亮的嗓门在窑内大叫：“砸死人了！”“快来救命！砸死人了！”这时站在墙上的科长和管理员，连忙从墙上跳了下来，急急忙忙向破窑奔去。我看到他们那一副焦急的神情，便提醒他们一句：“不要紧，砸死了还能这样大声喊叫吗？”

拔错再植，玉米苗变蒿

在农场劳动的一年当中，我们不仅能分清麦子与韭菜了，还能分清玉米苗和杂草，这可比麦苗、韭菜之分学问要大得多。开始我们到地里拔草，不说全体，至少有一半以上的同学，把间种套种的玉米苗当杂草一样拔了出来，一看它根下连着的那颗玉米种子，才连忙又把它埋在地里。因为拔草时，管理员和那位老农早告诉过我，要特别留心不要把玉米苗当草拔掉，将一棵玉米苗拔出来和杂草一起让我们仔细看了一下。许多人都认为未免太瞧不起我们了，我们连麦子、韭菜都能弄清，这又有何难哉！实践的结果，证实了一条真理，旧的说法叫："看事容易做事难。"如果用马列主义的新名词，便应当叫"实践出真知"，或者叫"实践是检验真理的标准"吧！

别人不好意思，让我自己坦白吧！我粗枝大叶地看了一下管理员手中拿的两种不同的东西，心想谁不清楚，玉米苗比杂草长得高一点，高一点的就不拔它，这不就行了吗！我一听到开始工作的信号，就希望比那些慢手慢脚的同学多拔它一垄，便弯下腰去，两手左右开弓。刚一开始，就发现了一株杂草根部也有一粒黄白色的东西，一看，是把玉米苗拔出来了。我左右一扫射，没有人注意我，就轻轻地骂了一声："你这棵该死的玉米苗！为什么不长高一点，让我分不出来，这不能怪我。只怪你不争气！"骂完，我赶快用土又把它埋了回去。

有了这次教训，我不再自以为是，而是小心谨慎，不敢求快，只求不拔掉玉米苗了。虽然我再小心，但在不到半垄的一段地里，该死的不争气的玉米苗，却有十多株撞到我手中，我总是很迅速地又把它埋下去，这总算是对得起它了。

收工时，管理员逐垄检查了一下，我那垄留有一些长得粗壮的杂草没有拔尽，管理员顺手拔了起来。我开始还在想，你和我一样也分不清，那样茁壮的会是杂草吗？说也奇怪，他拔出来那些我认为是玉米苗而小心保留下来的，它们的根部都没有带上一颗玉米。我不能不承认他比我高明。

那天，和我一样"没有"拔错损伤玉米苗的一大批同学，都得到了管理员口头上的表扬。有几个老实巴交的同学，把拔出的玉米苗握在手中，准备自我检讨时，管理员只说，用不着检讨，下次注意就行了，学什么都得付点学费，这就算你们付出的学费，今后还可以向那些能不拔错的同学学习学习。我的天哪！我应当怎么讲呢？

第二天还是在那块地附近继续拔草，可是一走进昨天拔过草的地方，管理员一看便愣住了，我也感到脸上有些发热。因为有几十垄的玉米苗都蔫了。不用说，和我一样拔出又埋了的苗，当时看不出，过了一夜便蔫了，好像被人用开水烫过一样。管理员边看边说：玉米苗一般不能移栽，拔出了又栽回去，肯定活不了，万不得已要移栽，也得带一大块泥土才能成活。今后拔错就拔错了，丢在杂草一起，不要栽回去。

停了一会儿，他又意味深长地说了一声："这样看来，昨天自己承认拔错了而准备作检讨的几个人，态度是老实的！"不用说，我们这一大批拔错了又埋回去的人，就是不够老实了。

经过这次教训我才认真仔细观察，好久才算能真正分清，一看就能认出，好像玉米苗长在杂草一起，有亭亭玉立鹤立鸡群之态。看起来是一件小事，却说明这中间也是一门学问啊！

在学习农业技术的过程中，如为果树剪枝和疏花、疏果、打尖等是不能马上看到效果的，也不会和拔错玉米苗一样立刻丢人。可是杜聿明和罗历戎等学嫁接果树，就比较不同了。我过去完全不知道，又大又甜的苹果、梨子等，必须经过嫁接才能长出好的果实来。我没有那种耐心和细心，所以我没有去学接枝，因为接得不好，几天之后也和拔错的玉米苗一样会蔫下去。

通过一年多一点的农业劳动改造，不但学到一些过去不懂的知识，真正体会到，学到老、学不了与学无止境这些话的确不错外，同时还解决了我一个思想上长期存在的问题。

过去我听到不少人说，中国农民参加革命是受了马列主义的影响。我读过中国历史，中国自有文字记载的几千年历史中，那么多次农民揭竿而起，那时马克思的曾祖父都还没有诞生，怎么就会产生马克思主义的思想呢？

冰雹打掉葡萄，心底极难过

事情还得从种葡萄开始，我从小爱吃葡萄，如果有人问我："葡萄是怎么来的？"我会毫不犹豫地回答："拿钱去买来的呗！"这回可懂得一粒好吃的葡萄得来可不容易，特别是在北方种葡萄，除了浇水、施肥、打尖、上架、整枝等外，一到冬天还得埋在地里，春天又得把土扒开把它请出来……一埋一扒可费力不少。稍不注意，一下就会把一大串小葡萄碰掉，再也长不出来。

那是1959年春天，我和杜聿明、王泽浚等几个人在农场一片葡萄地里给刚出土的葡萄搭架的时候，发现有一株葡萄长得特别茂盛。杜聿明提议给这株葡萄搭一个方形架，让它向四面发展，因一般都是搭一排一面朝阳的单架或双架，还没有搭四面架的。管理员看到我们兴趣那么高，也同意让我们去搭。

这株葡萄我们对它特别精心照料，不但浇水时多浇，施肥时也特多。它也没有给我们丢脸，不但越长越茁壮而且一到入夏就果实累累、几乎四面架子上都布满了大串大串地挂在那里，谁见了谁都爱。眼看快要成熟了，我们都提议单独给它计算产量，一株究竟最高能产多少。每次出工和收工，我们宁愿多走点路，也要绕道去看看它。

杜聿明（左）、宋希濂（中）、王耀武

快到收获的时候了，有天夜晚忽然狂风暴雨，接着又是一阵豆子大小的冰雹打了下来。我睡在床上，听到冰雹打在窗子上的时候就好像是打自己身上一样难受。如果没有夜晚不能出去的规定，我真想把自己床上的被单拿给那株葡萄蒙上，免它遭受冰雹和风雨的侵袭。虽然到半夜风停雨止，但我惦念那株经过自己汗水浇过的葡萄，却一直没有睡好。

第二天起床吃过早饭后，我迫不及待地希望早点出工，好去看那株葡萄，杜聿明、王泽浚等也几乎和我心情一样，都盼着去看它，昨夜被风雨雹子摧残成了什么样子？

好不容易盼到集合出工了，我们几个便争先恐后地跑到那片葡萄地里，远远就看到那繁茂的枝叶被打得东倒西歪，一串串葡萄都看不见了。等到近前一看，都不由得惊叫了一声："呀，怎么都被打掉了！"眼看快成熟的果实，被打得遍地皆是，心头对老天爷的痛恨真无法形容。如果它是一个人，我保准会扑过去揪住他，狠命揍他一顿！我真恨这风雨冰雹，它竟这么无情地把自己辛劳的果实糟蹋成这个样子！我们正在恨得咬牙切齿的时候，带队的科长也带着一副怜惜的神情走了过来，轻声地安慰着我们："这是不可抗拒的天灾，不必难过了，把打落的葡萄都捡回去，分给大家吃吧！"

谁也没有心思去捡那些半熟半生的东西，还是科长弯下腰去把他附近一些被打落的葡萄拾起来，丢在放工具的筐子里。

我们几个却在扶起被打倒了的几根支架后，还想把它再整理好。虽然留在葡萄蔓上的小串葡萄已经是稀稀拉拉，但我们还希望能让它恢复原来它那繁盛的生命。

我过去认为中国农民是一家一户的小生产者，几乎大都是想"两亩地，一头牛，老婆孩子热炕头"。除了自己一家人好好地过活外，别的事是不愿管的。许多人以一辈子不见官、不上衙门为最快乐、光荣的事。什么力量会使他们去冒生命危险而搞什么革命斗争呢？

经过这株自己费尽心力培养的葡萄被风雨摧毁后，自己当时所产生的那种仇恨老天爷的心情，总算得到了一个还不完善的答案：凡是经过自己劳动创造出来的果实，一旦被别人夺走，便会不顾一切豁出性命来保护它，夺回它。

我那次产生痛恨老天爷的心情，只是自己培育的葡萄；如果我损失的是我赖以活命的粮食之类的东西，我是会加倍痛恨的。这就是一种反抗力量吧！

接着我所想到的是，如果我过去不是大地主家庭中的大少爷，而是一个靠种田过活的普通农民，当自己的收获物被地主夺走而影响到自己活不下去时，我肯定会不顾一切铤而走险和他们去拼命，那我当然就可以成为参加革命的农民，而不会当成今天这种战争罪犯了！

我想，这应该是参加农业劳动的一个重要收获！

娄福生善于取巧
阎锡山如是我闻

邱行湘在战犯管理所所有的战犯中，劳动态度是较突出的一个。而娄福生却是另一种典型。邱行湘靠拼命卖力而得到管理员们的称赞，娄福生则是靠他的“智慧”同样经常受到表扬。

既然是“思想改造与劳动锻炼相结合”，光凭嘴巴讲得如何好，墙报与思想总结写得如何好，这只是一个方面，劳动的表现也是很重要的一个方面。劳动要出力气，如果既不出力或不出大力而又能受到表扬，这就不是一般低能儿或不太聪明的人所能办得到的了。

娄福生的窍门是在形似出力而实不出力，甚至和武艺高手或柔道专家一样，借别人之力以取胜。这就得有几种功夫：一是脸皮要厚，可以取别人劳动成果为己有或分别人一半为己有；二是外表装得比任何人都卖劲，实则出力甚少，而喊得最响；三是有管理员在场是真卖力，遇到没有管理员在场就借机会少干或不干。没有这三个条件，就钻不到这种空子。而娄福生则三种均运用自如。所以，在一个相当长的时间内不易或不会被人拆穿（当然，最后还是被拆穿了）。空口无凭，试举数例以为证。

轻而易举得到表扬

我刚从重庆到北京，在战犯当中称得上年龄较轻、身体较壮的一个，为了让新的领导对我有一个好的印象，学习方面虽然自知不能比别人好，劳动方面自信还可以争得一点好表现，所以，许多用力气的地方总是抢着去干，而且尽力做好。娄福生可说是独具慧眼，一下就看出了我的心思。我们虽不同组，但在集体劳动时，他总爱找我和他搭配。第一次是在洗涤被套时，他发现我臂力大，揉搓得很快，便主动表示和我合作，我自然表示欢迎。

战犯们盖的被子是用一个白色的棉布套套在棉胎上，不分被里被面都可以盖。卸时也方便，一头把带子解开，就取下来了。装也容易，只要把棉胎向里面一塞，系上带子就行了，但洗起来却相当费劲。因为是两层，又两面都用过，战犯们一星期洗一次热水澡（冷水不限制，每天都可以洗），要两个月才洗一次被套，所以相当脏，两头都几乎是黑得和抹布差不多，要洗干净，并不容易。先用热水将碱化开，掺好适量冷水，将被套一个个浸泡半小时到一小时后，才开始用搓板搓洗。一床被套洗下来，力气小点的可以累到满身大汗，甚至腰酸臂痛的。

我和娄福生合作时，总是我用力搓洗干净后，他和我两人一起拧干，拧时他握一头，我便用力扭绞，他只是抓紧不放就行。等洗完用清水过两次再拧干，由他拿去交给验收的小组长。每次都是认为洗得干净，总要表扬他几句。有些人一次洗不干净再去洗的不少，因为实在不易洗得合要求。我第一次不知道，第二次他又主动找我合作时，我已发觉他是在搞“智力竞赛”。但我还是答应与他合作，而且口头约定“长期合作”。

阎锡山的“丑闻”

我为什么这么爱与他在一起，因为我发觉他原来是阎锡山的老部下，从排连长晋升到师长而被俘的。我对国民党许多上层领导人的情况多半知道一些，而对盘踞山西多年的阎老西的情况知道得太少，我仅仅知道他是山西的土皇帝，他修的铁路都比一般铁路要窄一些，怕别人把火车开到山西去。其他一些有关这位土皇帝的有趣传说，只断断续续地听过一点。当我一发现这位同学是阎的老部下，估计他知道的情况不少，由于不是同组，那就只好利用集体劳动时两人在一起聊天了。

第二次我和他合作洗涤被套时，在短短的休息时间内，他就趁别人不在时，满足了我一点点好奇心。

他告诉我，阎锡山这个人天生爱精打细算，遇事总要力求方便，处处都要省时、省事，更要省钱。阎的身体很健壮，男人身体好的总是有寡人好色之疾，阎也不例外。他连玩女人也要符合他精打细算的天性，便毫无顾忌地提出他一套“省”的乱伦谬论。他说女人“除了生我的娘老子和自己生的女娃子”不能玩之外，其他皆可随意玩玩，所以，他的堂姐妹及至侄女甚至儿媳妇，他都可以毫不在乎地和她们发生关系，因为这的确是“省时、省事、更省钱”了。

到农场去劳动，我认为娄福生再也钻不到空子了。这是要硬碰硬去干的，无巧可取。但是我这种想法却是片面的，娄还是有他的一套，不信，请看看吧！

有一天上午出工时，科长宣布：今天的劳动项目是帮助农场去杏树林采摘杏子。这一下，大家都禁不住轻轻地发出一阵欢笑声。因为这次参加收摘果子，不但可以当场饱吃一顿，而且还可以悄悄带点回来享受。

接着，科长又再三叮嘱：有些杏树相当高大，如果必须要爬上树去采摘，一定要注意安全，不能爬树的千万不要去冒险，宁可摘不干净，也不能发生工伤事故。

北京是没有梅子树的，北京人往往把青杏摘下来，制成果脯、杏干，或假称梅子制品。所以一般都是在杏子未完全成熟时就去采摘，这种杏子便带有酸甜味。

一进入杏树林，娄福生便跑过来向我表示：“老搭档再次合作。”我欣然同意。我们彼此都有想法，他利用我多用气力，我听他讲阎锡山的故事。开始，我们俩一同用长竹竿打了一阵，很不理想，我便决定上树去摘，他在下边捡。我从小爱爬树抓鸟捕蝉，练就了一套爬树的本领。上身不要贴在树干上，凭两手的臂力用脚踩在前面树干上，便慢慢向上移动，一两丈高的树很快就爬上去了。当然，在树上摘的效果比在下面快得多，一会儿他在下面就拾了满满一篮，送到集中的地方。他回来很高兴地告诉我，他是第二个送去的，比第一个装得多，受到了表扬。我听了笑了笑，只是感到此人“真聪明”！

阎锡山反蒋秘闻

等到两小时过去了，管理员大喊“休息”时，我把装在口袋里最大最成熟的一些杏掏出来，分一些给他，便坐在树下边吃边请他讲阎老西的事。

我脑子里一向认为阎只是占有山西，称王称霸。而娄却告诉我，此人野心很大，在北伐胜利后与冯玉祥联合起来反蒋，虽不能说他想统一中国，至少也是有要与蒋、冯成为“三分天下有其一”的如意打算。

他告诉我，阎当时拥有山西、河北、察哈尔、绥远四个省和北平、天津两个市。他是第三集团军总司令兼平津卫戍总司令，所以，他后来联合冯玉祥、李宗仁共同反蒋，发动“中原大战”。在逐鹿中原这场空前的大战中，他自封为“中华民国陆海空军总司令”，冯玉祥和李宗仁担任“副总司令”，双方都动员了几十万大军。在准备决战前，国民党元老吴稚晖由南京发给冯玉祥一个电报，劝冯不要反蒋轻易动干戈，具体内容他记不得，而冯亲自拟了一个复电给吴稚晖，有几句话他一直记得。他讲过之后，我虽然回去记在日记本上，但也只记了一个大概。冯大意是说：他接到吴的电报，不觉哑然失笑。并说：假如冯某不自度量，复先生一电，文曰：“革命六十年之老少年吴稚晖先生，不言党、不言革命，亦不言是非。苍髯老贼，皓首匹夫，变节为一人之走狗，如此行为，死有何面目见先总理于地下？这岂不太好看乎？”

当然，他十分惋惜，那次蒋、阎、冯一场大战，最后结局是蒋胜利了。他说那次阎是可以转败为胜的，但太不沉着。事隔多年后，从蒋军内部传出当时的情况分析，在阎、冯的部队将蒋军熊式辉部击溃后，蒋军极为震动。蒋亦认为此最后一着已失败，难再挽回垂危局势，正准备总退却时，恰好截获了石友三给张学良一份要倒阎的电报。蒋见电大喜，知道阎、冯军内部起变化，于是设法收买了石友三，加上津浦线的傅作义迟迟不进，给了蒋军一个反攻机会，由败而全胜。他认为这是阎爱耍两面派的后果，他一方面拉拢石友三，委任他为山东主席，同时又派傅存怀到山东去暗中拉帮会，准备和石友三捣乱。结果石知道了这个反复无常的人，便决心倒阎，使整个战场形势急剧变化。阎在失败后不得不逃往大连。

我正听得起劲，“开始工作”的喊声又起，这次我更卖劲，他拾得更多，送得更勤，当然又一次得到了表扬。

耍乖巧给人拆穿

等到有次我们要在杏树、桃树林修一条可通汽车、马车的小马路，以便日后运输果品方便些的时候，娄福生和一些南郭先生的正牌弟子、得意门生大都被管理我们的科长和管理员发觉了。

马路修成，铺好路面后要压严实，便向公路局借来一个大石磙。如果一齐用力拉，再大些也不费劲，可就有不少人效法南郭先生，只动嘴而不出气力。在拉上坡时，遇到石磙向下滚，有些人垫了棉背心的肩上都肿了起来。有几个没有垫东西只穿件单衣的，两肩到背上那一道道的绳子勒的痕迹，就像电影里化妆师在被鞭打的演员身上所描绘的鞭痕一样，有红有紫有青。而有些人则连汗都流得很少。

我留心看过娄福生，他在拉的时候只是不停地高喊："拉呀！用力拉呀！"也有人和他一样大声地哼着"伏尔加船夫曲"或者和四川拉纤的船工一样，唱着拉上水船的"号子"，真是好一派拉磙大合唱。而真正用力拉的人，连汗都来不及擦，哪还顾得上叫喊。

这一次，娄的花招被同他在一起拉磙的一位管理员发现了，曾当面批评他："叫得最起劲，拉得最不起劲，有时连绳子都没有拉直。"从那以后，他那一套投机取巧的办法便被戳穿了，再也没有受到过表扬。可是，我一有机会还是找他谈阎老西的故事。

土皇帝的唯我哲学

我从娄嘴里知道阎这个人是最大的一个"利己主义者"。他是日本留学生，与日本人一向有往来。中原大战失败后，由于得到日本人的支持又回到山西，在山西当了20多年的土皇帝。他有一套唯我哲学："在存在中求生存"和"一切为了存在"。所以，他在抗日战争中有一条独特的路线，即："抗日和日"（在抗战中观察形势，日败则抗日，日胜则降日）、"联共反共"（一方面和共产党讲团结抗日，另一方面强调他的独特性，随时准备反共）、"拥蒋拒蒋"（表面拥护，实际抗拒，怕蒋吃掉他的部队、地盘，所以抗战期间从不去重庆。抗战开始不久，日军向山西进犯时，蒋准备调派一部分中央军去山西援助，遭到了阎的拒绝，结果大同沦陷。为了推卸责任，而把他的部下六十一军军长李服膺枪决了）。这就是他一生奉行的“生存即真理，需要即合法”。所以，为了生存，为了需要，他是没有什么事做不出来的。

娄福生在和我谈到阎锡山时，他认为阎的部下对阎大都很忠实。他曾不无讽刺地告诉我，中央军许多将领在解放战争中被围困时，不少人向蒋介石表示：“与城共存亡。”他说，还没看到真正有什么将军与城共过存亡，而大半当了俘虏和投诚起义或放下武器了。而阎锡山留在太原“死守待援”的一批部下，却的确做到了“与城共亡”。我还笑他吹牛皮，他便简单讲了一下。太原被解放军围困之后，阎锡山曾一再电令要他们坚守，一定会派兵解围。代理他主持山西军政事务的代主席梁敦厚的复电是：“决心与城共存亡。”梁利用阎锡山的余威，把党政军的头头们集中在几个避弹室内，同时把太原城内漂亮女人捉去不少，最好的吃喝用等都储存许多，最好的厨师、歌女、演员等也叫去为他们安排吃喝玩乐。在炮火声中，他们尽情地疯狂般地享受着。到战事紧张时，便有梁敦厚和阎锡山的五妹阎慧卿等几十人同服毒死去。阎锡山闻讯，曾大肆宣扬，这些人最后“壮烈牺牲”，真正践行了他们“与城共存亡”的诺言了。

不过这种醉生梦死一样的牺牲，同时抓了那么多漂亮女人和他们一起去殉葬，连服侍他们的人一个也不放过，手段残暴，流传下来，也并不使人感到可敬。相反地，多少年后会有不少人还要咒骂他们，历史将会做出公正的评价的。

邱行湘以力服人
守洛阳未共存亡

做战俘连升三级

凡是在北京功德林战犯管理所改造过的战犯，没有一个不认识第一组组长邱行湘的。此人为黄埔六期毕业生，虽然过去只是官拜少将，担任的也只是青年军整编二〇六师师长兼洛阳警备司令，但在战犯管理所担任组长后，却够神气的了。他那组的组员，既有国民党军政人员被俘中地位最高的陆军上将、四川省政府主席兼保安司令王陵基，这是战犯中唯一的一位上将；还有曾统率过近百万大军在淮海战役中被俘的国民党名将，曾任过东北九省保安司令长官、徐州“剿总”副总司令杜聿明，以及在国民党中搞特务工作与军统头子戴笠齐名的康泽和中将军长陈林达、杨文璟等。许多人讥笑邱行湘说，新中国成立后他算是连升三级，官运亨通，比他在新中国成立前神气得多了！

提起这位将军，在战犯们当中，无论是他那个组或其他组的人，对于他可说有一半人点头称赞，有一半人摇头不满。用句文雅的词，即“毁誉参半”。而他自己呢，却一直是我行我素，从不为别人的毁誉改变过他的倔犟个性。

最不满他的自然是他那个组的一些人。康泽一看到他就生气，因为他的确有些做得太过分，使康泽感到很难堪。据说，有一次他把那个组的饭菜拿回去之后，因为太累，不想按照平日的做法将菜每人一份分好，而是要组员们自己去舀菜。康泽过去在国民党中是曾经很受“老头子”器重的，在担任“别动队”总队长时，不但掌握生杀大权，而且他的别动队驻到什么地方，当地的军政人员都是畏惧三分。抗日战争期间，决定向延安八路军总司令部派遣联络参谋，到延安进行特务活动时，“老头子”都是叫康泽推荐或选派得力人员去的，先后有徐佛观和郭仲容。为这件事，使得军统和军令部二厅的人都感到大出意外。无论按惯例和业务性质，都只能是由军统局选好人通过二厅派出去。但由于“老头子”亲自决定，谁也不敢吭声。

仅仅这一点，就可见康泽过去是如何炙手可热，深得“老头子”的信任了。而这位过去叱咤风云的人物，当了战犯后，却异乎常人，遇事斤斤计较，老想占点小便宜。当他听到组长叫各人自己去舀菜时，他便第一个拿着菜碗走到菜盆前，挑好的菜舀了一满碗。倒在床上休息的邱行湘一看就大发脾气，马上跳下床，从康泽手中将那碗菜接过去向菜盆一倒，接着叫大家把菜碗拿出来，再由他一碗一碗地分，自己则只分很少的一点。

上将不好当，宁愿挨一枪

据说康泽当时对他这一粗暴行动一下愣住了。但是看到他分菜时自己留得很少，最后还把自己很少的一点又分一些给康泽，使康泽弄得狼狈万分。从此以后，康泽由于感到受辱，嘴里就没有说过邱行湘半个好字。

王陵基是四川老牌军阀，他的资格相当老，连四川著名的军阀刘湘也是他在四川武备学堂当教官时的学生。虽然这位学生以后青云直上，当了他的上级，但对他仍很恭维，总是满口“王老师”，从不叫他的职务名称；他也总是以老眼光看新事物，和鲁迅笔下的九斤老太太一样，遇事摇头叹气说：“一代不如一代！”

由于这位上将的脾气特别躁，从不让人，又爱说话，说出来的十有二三是与当时的环境极不融洽，真像维吾尔族的小姑娘一样——辫子多，因而被人揪住的时候也多。他常常牢骚满腹地说：“上将不好当，宁愿挨一枪！”

邱行湘对这位老同学，既要认真好好照顾他的生活，又得在学习、思想等方面帮助他，因而使得他抵触的地方不少。所以王一提起邱行湘，直到特赦后和我谈起来，还是把头摇得像个货郎鼓一样，可见他对邱不满意到什么样的程度。

杜聿明却是十分称赞邱行湘的，他看邱行湘不是从他的缺点去看，而是认为这个人主要的优点是为人正直，不搞当面一套、背后一套的两面手法。在当时，这种作风是不太多的。许多老于世故的国民党大员们，大多是阴一面阳一面，遇事唯唯诺诺；而邱行湘却是斩钉截铁，一是一，二是二，杜聿明认为这是可取的地方，至于他对人态度生硬，是次要的问题。

我开始对邱行湘也没有好印象，主要是认为这个人刻薄。因为有一次大家批斗十二兵团司令黄维的时候，他那次的发言，我感到太过火一点。他做过黄维的部下，在陈诚集团中他比黄维差得太远了。而他那次在批斗黄维时，对黄维曾要学文天祥，讲什么气节时，他竟指着黄维大声质问：你要学文天祥，你连自己的名字都可以不要嘛！你连自己的老祖宗都可以不要嘛！还谈得上坚持什么气节不气节！

“悟我”换“培我”，黄维改名

说到这里，他喝了一大口茶之后，怕别人不懂他说这几句话的意思，便放大嗓门，大声斥责黄维：“你记不记得？你在 1938 年春天，由六十七师师长晋升为十八军军长时，去南京见‘老头子’，他送你一张照片，写上‘培我将军存念，蒋中正’几个字之后，你大喜若狂，明明‘老头子’是把你父亲给你取的别号‘悟我’写成了‘培我’，你便认为这是‘老头子’很明白地告诉你，他要培养你，你便引以为荣，并且从那以后把你父亲给你取的名字不用而改用培我。你为了要想升官发财，连父亲取的名字都可以不要，而去用别人改的名字。你的气节在哪里？”这一番话，我感到太刺激人了。在场的管理人员听了以后，当时虽没有说什么，可是第二天管理所的负责人就指出：黄维有思想问题，大家应耐心帮助他，相信他能够接受，也会慢慢改正；不过要好好帮助他，不要拿话去刺激他。我估计这是针对邱行湘的发言而说的。从那以后，我发现邱比较不那么爱刺激人了，但批评别人还是爱咬牙切齿，横眉怒目。

有一次，我们看电影《甲午风云》，这是一部描写中日“甲午海战”中国兵舰被日本吉野舰舰长指挥日本军舰击沉的壮烈故事。吉野那一副令人憎恨凶相毕露的镜头一出现，文强便有意指着吉野问大家："这个人像谁，这个人像谁？"不少人便不约而同地齐声答应："邱行湘，邱行湘！"所以，不满意他的人背后总是叫他做"吉野"。

无愧大力士，书法有一手

邱行湘是挑菜饭组的组长，每天带着我和王泽浚等去挑菜饭时，他总是爱显示他的力气大，处处想以力服人。开始我的确不如他。我们挑菜饭、开水是薄铁皮做的桶，每个桶本身就有十来斤，盛满东西后便是五十来斤，加上挑的扁担是硬木的，前后有四个铁钩，也有十来斤，所以，即使是挑两桶至少也在百斤以上。他却经常是前面挂两桶，后面一桶，有时甚至前后都是两桶。我最初挑两桶还有点吃力，以后锻炼到也能挑三桶了。可是他却总不让我挑三桶，我只在他有别的事去了，没有他在场时，才能挑三桶，否则他绝不让别人多挑，哪怕他一次挑四桶也不分给别人。从好的方面来说，是照顾别人，但也是显示只有他的力气大。

我开始从他的外貌、语言和动作看，总认为邱行湘是一个大老粗。有一次，战犯们听了张治中等在探监时说毛主席如何关怀我们的改造等之后，便决定写封信去表示感谢。信稿自然是由庞镜塘动笔，出人意料的，大家竟推举邱行湘和杨伯涛来抄写，并且最后还一致认为他写得比杨好。据了解他的人说，他的字是经过多年苦练出来的，在我们许多人当中是数一数二的。后来，我发现他不但小字写得非常端正，大字更苍劲有力。我问他才知道，他临摹龙门十二品时，下过不少功夫。真没有想到他还有这一手。

到秦城农场进行农业劳动锻炼期间，更是邱行湘大显身手的好机会，他专门拣重活干，拣重担挑。在栽种葡萄时，要到附近水沟去挑水浇灌，他一个上午挑50多担不休息。我挑20多担就感到腰酸腿痛，到最后去水沟用水桶从沟里把两桶水一下挑起来时，几次都站不起来，只好一桶一桶去舀，两手提起来再挑。他却满不在乎，一蹲下去，两桶水盛满之后，毫不费劲地一下就站起来，飞奔而去。论气力，我的确不如他。不但口服，心也服了。

有一次我们收工回来，将军们每人肩上扛着一把锄头，拖着疲乏的身子走向宿舍。在经过一座小桥时，发现中间桥墩歪了，但跳一下仍然可以过去，他却站住了，向跟在他后边的十多个队员高喊一声：“下去把桥修好！”听到他的叫喊，大家只好把裤脚卷起，走到桥下水沟中，由他指挥十多人分站在中间那块大石板两边。“用力抬起来！”他的话音刚落，十几双手便去把那千多斤重的石板吃力地抬高了一点点。他毫不犹豫一个人钻在石板下面，用肩头顶着那歪了的桥墩，想一下把桥墩扶正。但他的气力全部使出来，桥墩还是一动都不动，而抬石板的人，却再也抬不动而慢慢一点一点往下沉。眼看就要压到他头上时，正好有一辆吉普车经过，车上的司机和一位干部，马上把车停住，大叫一声：“不能放！”并飞一般地奔到桥下，三个人一齐用力才把桥墩扶正。抬石板的十几双手早就坚持不住了，就在桥墩刚刚扶正时，啪的一声落了下来，那位干部惊叫了一声：“好险！”

回来之后，大家都批评他“爱管闲事。”还有人说他这是“好大喜功”“爱出风头”。管理员知道后，只是说了一句：“以后遇到这种事，不能自作主张，这太冒险了！”

邱行湘在这次劳动锻炼中，的确是大显身手，不断得到了科长、管理员和护士长的表扬，他也越干越有劲。这不由我不产生怀疑，像他这样一位干劲十足、遇事总是事必躬亲、见困难先上的人，在国民党的高级指挥官中是不多见的人物，怎么最后也会当俘虏而没有与洛阳城共存亡？我带着这个好奇心，曾不止一次与他在工地休息、趁别的同学都靠在柿子树上打盹时，悄悄问过他几次，才得到一点片片断断的情况。

奉命守洛阳，“与城共存亡”

邱行湘在陈诚系统中，是一位有名的能征善战的骁将，一向被人称为“邱老虎”。1948 年春天，“老头子”亲自决定把他从九十四军第五师师长调任青年军二〇六师师长，并在南京接见他时又加封他为洛阳警备司令，当面向他指示：洛阳是兵家必争之地，且有易守难攻的好地形，务必尽全力以保住洛阳，才能稳定中原战场局势。他听了一再表示说：“除非天塌地陷，洛阳万无一失！”

经过这次接见，他飞返洛阳后，立即匆匆忙忙把警备司令部的牌子挂了出去，并大摆宴席，稳定人心。二〇六师有个随军京剧团，还在宴会上大演《贵妃醉酒》

的时候，前方告急的电文，也随着戏台上的锣鼓声一同传入到将军们的耳朵里。司令官仍故作镇静，只悄悄下令：加强洛阳城外的工事，扫清射界，拆除东北门沿城墙脚下的半边街，以便固守待援。为了构筑工事，洛阳城的名胜古迹甚至司马懿的坟墓也被挖得满身窟窿。

正在刘邓大军把平汉铁路南段斩断、洛阳形势越来越紧张时，驻在洛阳附近新安、陕州一带的裴昌会兵团反而向西撤走，洛阳成了一座孤城，仅仅靠一个整编的青年军二〇六师来防守，不用说，邱行湘感到没有把握，只抱定“不成功，便成仁”和“鞠躬尽瘁，死而后已”的决心，守一天算一天，连洛阳的老百姓也怀疑，这些学生娃娃兵能打仗吗？

由于城内粮食越来越少，军粮来源断绝，派兵去城外征粮，也已十室九空。1948年2月间过春节，许多老百姓在吃红苕，当时民间普遍流行一首歌谣：“生了儿子是老蒋的（拉去当兵），打下粮食是保长的（强征强购）！”

1948年3月初，解放军二野便集结洛阳以南襄禹地区，不但裴昌会兵团已撤走，孙元良兵团也龟缩到郑州不敢出来。这时，邱行湘最后的希望是胡琏兵团来支援他一下。为了能表明他当面向“老头子”许诺下来的“与城共存亡”的决心，他还直接向“老头子”请援，恳求将第五师由北平空运洛阳。盼到的回电是：“目前空运有困难。”他只好牙根一咬“死而后已”了！

3月9日，解放军二野主力部队越过临汝、登封直趋洛阳，拉开了洛阳攻防战的序幕。当天正午，陈赓的先头部队便强渡伊河逼向龙门，据守龙门的一个保安团闻风即向宜阳西逃。另一路解放军又由宜阳至洛阳间渡过洛河北进，开展对洛阳东西两方的包围攻击。这时，邱行湘便不顾一切，命令炮兵集中火力，以便斩断龙门至洛阳间解放军的进出通道。当他决心下达这一命令时，还曾闭上眼睛向天空默默祷告了一下，因为那个地区内有他一向最崇敬的关云长人头墓，当地人十分爱惜的“关帝冢”，这次都将被他这一命令而毁掉了！

等到3月10日拂晓，解放军已猛攻东车站，据守车站的一个工兵营全被歼灭。中午，西车站又被攻破，只好把残余的部队撤入城内。

11日，全线展开激战，别小看这些“娃娃兵”，居然顶住了解放军的进攻。他马上向“老头子”发了一个电报:“我军士气旺盛，迭挫凶锋，斩获甚众……”立即就得到“老头子”打气的回电:“以寡敌众，殊堪嘉奖，希激励三军，坚守阵地。配合外围兵团，聚歼来犯之敌。”蒋经国也发电向他祝贺。

正当邱行湘陶醉于这一暂时的喜悦时，当晚便发生全线激战，四面要求他增援。突然风雨交加，天昏地暗，战斗到半夜，解放军已有一部突入东门，占领瓮城。他除一再命令第一旅一定要把进入瓮城的敌军打出去，将这一突破口夺回来外，还亲自指挥步炮兵南北夹击，反复挣扎，结果均未能奏效。到 12 日清晨，这一突破口越撕越大，终于不可收拾。城内到处是枪声，许多屋顶上都响起机关枪声，一场激烈异常的巷战展开了。他命令部队逐屋争夺，并一连急电请求支援，他还在相信只要能坚守几天，解围部队一定会赶来，到那时里外夹击，不愁不把大批解放军歼灭于洛阳。那时他就功成名就，可以威震中原，和四平街战役一样，得到一次意外的大捷。一颗青天白日勋章便挂到他左边衣襟上了。

13 日中午，洛阳城内已混乱不堪，他的第一旅旅长赵云飞已被活捉，第二旅旅长盛钟岳丢下部队，化装藏到老百姓家中。至此，守军已被全歼，仅仅剩下邱行湘被困守在西北城墙角一个指挥所内。他这时还利用身边的电台向“老头子”发出最后一个电报:“虽战至一兵一卒，也坚守到底，以报党国。”但还没有等到嘉奖他的回电到来，他这个自恃弹药充足、士气旺盛、工事坚固的乌龟壳也被攻破了。

他这位忠实信徒、青年军中有名的师长，虽然还在背诵蒋经国的名言“就是打到喜马拉雅山，也要和共产党斗争到底”，但决心只能是决心，而事实却总归是事实。就在攻破地堡的第二天，他便被清查出来，在洛阳中学解放军的一个指挥所内，以国民党军的被俘将领的身份，受到解放军二野四兵团司令员，也是黄埔一期的老大哥陈赓的亲切接见了。

覃道善乱抓棉被当大衣

杀 威

国民党中央军第十军军长覃道善和我是第二组的同乡同学。我刚从重庆到北京，我们那位“好心”的组长便照顾我，把我睡的位置安排在这位全体战犯中的第二号大胖子身边。我一看就马上想到这位肥头大耳的胖同学，一定是在夜间打呼噜的。组长这种“照顾”和旧社会监狱中老犯人欺负新犯人几乎差不了多少。幸好房内没有便桶，解大小便可以自己上厕所去，否则，完全可以肯定，会把我安排在紧靠便桶的地方。不过这一“杀威棒”，也不逊于睡在便桶旁边了。

覃道善

在听到“休息”的叫喊之后，大家脱衣上床，不！是上大通铺。这位胖同学便用那带着几分歉意的口吻向我表示：他上床就打鼾，如果声音太大而影响到我睡觉时，请我把他推醒，他翻一个身，鼾声就会小一点。他的态度是诚恳的，一边说话，一边用衣袖去擦他厚厚的嘴唇边上流出的一串串口水。我一看就为他而难过，我想这位将军过去总不会节省到连手帕都不用，就把口水像小孩一样擦在袖子上吧！

睡到可以容十来个人的大通铺上，冬天是很暖和的，他的鼾声没有响起，我看已经有几位做好防御准备，用棉被将头蒙上了。睡这种通铺，都是一律脚朝墙壁、头朝外沿，否则掉一个头可以减少一点声震屋瓦的雷鸣声，那样不符合监狱的规定，所以只好硬着头皮去享受这种风雷交响曲了！

第一天夜晚，因心里有事不痛快，被这位同学的鼾声一再吵醒。我没有去推他，我想他睡得正好，何必为了自己去惊动别人，那和他惊醒我一样会感到不痛快的，二者必居其一，总得有个睡不好，那就不如让他睡好，自己少睡点。

第二天一叫“起床”，他看到我还在揉眼睛，又用抱歉的口吻问我：“没有睡好吧？怎么不把我推醒？”我却满不在乎地回答他：“不要紧，什么事习惯了就好了！”

我对这位胖同学很快就产生了好感，他人很忠厚，说起话来虽然略显得结巴，而且不断流口水，但非常诚实。

一开始和他交谈，他就问我：判了刑没有？这一下引起了我的好奇心，也很诧异，他为什么问这样一个问题？我便告诉他，我们在重庆集中时，公安局局长向我们讲话时，就明白地告诉过我们，对我们这些人是不审不判。所以我没有判刑。我还补充一句：如果要判刑，我可以判几十个死罪！其实这是一句形容语，他一听就连连摇头：“判死罪只判一个就够受的了！还能判那么多！”

经过交谈，我才知道他被判了“死刑”，是“缓期二年，以观后效”。不过他很高兴，说不但两年早过了，而且在集中到北京后，领导也明白地告诉他，只要好好改造是可以争取到免刑的，并说像他这样的，全体战犯中只有他和另外三个人，其余都没判过。

我一向好奇，便向他寻根问底，他也很坦白地告诉我，为什么他和另外三个人会被判刑的主要原因。

命　大

覃道善是陈诚军事集团中的骨干，从下级干部一直提升到第十军军长。据他说，他从小就命大福大，多次在战场上几乎死去，都能化险为夷。这次判了死刑又有这个转机，所以他相信他以后还会过上好日子。

我对他从小就“命大福大”有点怀疑，但一经他说出之后，我又相信了。

他是在湘西石门山区长大的，十来岁时，母亲叫他送点东西给外婆。一个小孩走山路，白天一般是没有多大危险，但那天他正走着，刚一拐弯，迎面看到了一只大老虎。这种华南虎，吃掉一个小孩是很平常的事。所以他一看到老虎出现在面前，便大叫一声哭了起来，同时把手中的小竹篮向前一扔，正好篮子里装的东西是用红纸包的。老虎听见一声大叫已有点惊慌，又看到扔出一团红色的东西，便掉头就跑。他愣了一下之后，也边哭边向家中跑。从那以后，全村子里的人都认为，白天出来找东西吃的必定是饿虎，小孩遇到饿虎而没被吃掉，肯定是这小孩命大福大，所以后来他长大果真当了将军。

既是命大福大之人为什么会被判死刑，差一点就被绑赴刑场？我非问个明白不可！

困　兽

原来在有名的“徐蚌会战”（解放军称为淮海战役）中，他所在的十二兵团从1948年11月23日开始与解放军接触，经过20多天激战，到12月10日以后，原来归十二兵团指挥的四个军只剩下十八军和十军了。而十军所属的一一四师因伤亡惨重，奉命将所守的村庄放弃，整顿了一下残存兵力，便在安徽蒙城、宿县之间的双堆集东侧的开阔地建立了一个野堡阵地，以掩护北面的兵团司令部。两天后，这个师的五十四团在解放军强大炮火猛轰和精锐部队突击下，全团被歼灭。该军所属七十五师，一个团长阵亡，另一个团长则放弃阵地，被宣判当场枪决了。这样士气才被迫略有振作，虽然被打得疲惫不堪，但还是与解放军逐屋争夺。最后在双堆集东南的尖谷堆制高点，他们使用了毒瓦斯弹，因解放军没有防毒面具，死伤相当多。但解放军的包围圈却越来越缩小，几万人的粮食全靠空投，弹药也要空投。有时降落伞坏了，投下的东西砸死砸伤不少人。最后空投的大米、面粉因没有燃料不能煮熟，便请求空投烧饼、馒头等熟食。一包东西投下来，饿慌了的士兵便去抢，怎么下令也制止不住。结果，空投变成了内部斗争。有时为了一袋食品，相互开枪打起来，死伤不少。士兵和下级军官天天在为吃饱肚皮而你争我夺，哪里还有什么心思去打仗，特别是他们看到那些高级指挥官照常有吃有喝，更加怨恨。有些士兵便把马杀了用白开水煮了吃，没有燃料便拆门窗，最后连棺材都挖出来劈了当柴烧。

解放军对被包围的部队一面用扩音器喊话，一面用门板等写上很大的“优待俘虏”等标语竖在前沿战地上。士兵和下级军官看了更不想再拼命，不少人暗地里去向包围的解放军要东西吃，要到之后又跑回自己的战壕来。特别是被俘的士兵和下级军官不少被释放回来，大谈解放军如何优待俘虏，这样更加使士气动摇。连许多高级指挥官，对邯郸共产党广播电台播出的洪亮声音，都存在既想听又怕听的矛盾心理。

被　俘

被围困的许多师长、军长，以及兵团司令都收到被俘释放的士兵和下级军官悄悄带回给他们的劝降信。有的是起义、投诚的熟人写的，有的是解放军政治部门印发的。这更使这些将领们相互之间增加了猜忌，互不信任。最后便下令不准被俘的人员通过前沿阵地回来，凡是硬要进来的便开枪射击。

当包围圈越缩越小，几次企图突围都没有成功，解放军的喊话筒便一再警告，不准破坏武器，破坏武器者被俘后要受到严厉处罚。所以黄维、胡琏再三命令，要在准备最后拼命突围时，一定要把带不动的重武器、弹药全部破坏，但下面执行都有顾虑，怕被俘后解放军要追查，因为都估计突不出去的成分占多半。能突出去的希望很少，所以在破坏武器时，都是敷衍了事，更有些人是有意保留下来准备能完整地保存至被俘后缴出立功，至少不会受罚。所以，到最后一次集中全力突围时，除了胡琏和几名将领冲了出去外，黄维、覃道善、十八军军长杨伯涛等十二兵团的军、师长，基本上都成了俘虏。

好　险

据说黄维在被俘后，从双堆集移解到浍河以北一个村庄小住时，有个解放军青年干部质问黄维：为什么不服从解放军命令老早投降？黄维大发脾气，冲着那个干部骂了一通。那个干部气愤地走了。还有几个战地随军记者要给他们照相，多次都没有能照好，因为都不愿让他们照。这几个记者也很恼火。这时，覃道善有点担心，害怕马上会引起严重后果，甚至有被杀害的可能。他睡上床，鼾也打不起来，因心里有事睡不着。结果几天过去了，也没有人找他们的麻烦，照样是四菜一汤的小灶饭。

到第二次起解，在徐州北面的韩庄车站，押送俘虏的车停下上水、上煤时，附近一个解放军的野战医院中大批伤残人员，一听说这一列车厢中有十二兵团被俘的高级将领，愤怒异常的伤残人员一下集中了两三百人，包围着车厢，大声鼓噪叫喊，要就地处决他们。覃道善吓得站都站不起来，押送的干部一再说服这些伤员，他们就是不走，火车也无法开走。最后经医院负责人和押送干部向这些人交代了政策，并答应把这些人押出来给他们看一下，条件是不准当面辱骂和投掷石块等，负伤的指战员们才勉强同意了。覃道善不敢出去，最后是由黄维、杨伯涛两人站在车厢门口，让这些人看了一下，火车才慢慢离开车站。押送他们的那位解放军干部，是黄埔四期毕业的，对黄维等黄埔同志态度很好，等到车开出韩庄，他才掏出手帕，把额上急出来的汗珠轻轻擦掉，并情不自禁地说了一声："好险！"

当然，覃道善又认为这是因为他命大福大的关系。

死　缓

淮海战役结束之后，追究战场上施放毒气的责任时，只有覃道善和几个人因负了下令放毒气和执行的责任，被判处了"死缓"。他当时并不知道，等到了北京战犯管理所之后，他才知道黄维和杨伯涛他们都没有判过刑，这时他有点难过。当负责人告诉他，只要好好接受改造，过去判过的刑可以改判，直到免刑，他才放心了，而且也很认真地争取学习和劳动，力求有良好的表现。

第一批特赦时，他就被宣布由"死缓"改为无期徒刑。第二批特赦时，又由无期改为有期徒刑十五年，即使不认真争取，他也能在两三年内刑满释放，所以他又一次认为这是他命大福大的关系。

在农场劳动中，他一直是拣重活、累活和脏活干的。虽然他身体的肥胖只比一号大胖子刘嘉树差十多公斤，但 80 多公斤的重量本身就够累赘的了。所以他挑抬的东西比他的体重虽然轻得多，还是比别人的汗流得多。许多人笑他：这只大船的载重量，任何时候都不会超过他本身的重量，这一点他是完全承认的。

出　浴

我们初到农场，正是秋高气爽、北京最好的时节。每次劳动回来，我们便在附近一条水沟内洗个澡。这水是从不远的山脚下龙泉流出来的，不但干净而且很清凉。有些不愿去的便在住房后面临时搭起来的芦席棚内去冲冲凉。但好景不长，转眼秋去冬来，到水沟去洗澡的人只剩下几个了。在芦席棚冲凉的也没有多少人，大都是到厨房要点热水，在房内擦一下就算了。

有一次，已经是到了冬至后数九寒天了，上午较冷没有出工而准备在家学文件，下午较暖和再出工。忽然听到管理员在院子里大声喊：“准备洗澡，到院子里集合！”许多人都赶忙把毛巾、肥皂和换洗衣服带上去集合，都估计可能农场有什么浴室，过去没有去过，今后又会恢复和在功德林一样，每星期洗一次热水澡了。

当大家都集合站好队，各队一清人数，少了一个覃道善。小队长以为他不去了，便向管理员报告，覃在房内休息，可能不去。管理员便叫大家出发，他走在前面。刚刚出了院子向农场办公室那条路上走去时，只见覃道善穿一套衬衣裤，拿条毛巾追了出来，他以为是在隔壁什么地方洗澡，因自己动作慢，便先把棉衣裤都脱掉可以省事一些。管理员回头一看，连忙说：穿单衣裤不行，得回去穿上棉衣裤，不然会冻出毛病来，因要走十来里路去小汤山温泉洗澡。大家一听要走十来里路去温泉洗澡，怕他回去穿衣耽误太久，便有几个人提出，我们带的换洗衣裤可以给他穿上，就不必再回去穿了。他自己也知道动作慢，回去穿怕久了大伙走了，他不能去，便急急忙忙把晌午晾在院中铁丝上的一床棉被取下来向身上一披就跟着走了。

从我们住地去小汤山温泉，如果走公路要绕远几里路，而从小路去就近多了。小路是从地里穿行，没有什么人走，所以他披上一条棉被也不会有人注意。在快要到小汤山镇时，管理员才回头告诉他，快到镇子了，这样披着棉被会惹得群众看新奇，得赶快把别人匀出的衣服穿上，这样总算没有出洋相。所以，后来每次去小汤山洗澡，大家都要取笑他几句：不要再把棉被当作过去的斗篷披在身上，让别人看笑话，也连累到我们被人当作怪物看待。其实当时小汤山镇的居民，要知道每次排队去洗澡的是这样一批人，可能全镇的男女老少会倾家出动来瞧这么多怪物的。

李以勛大叫没一点空气

笑 话

去小汤山洗温泉浴，除了覃道善闹过那次笑话外，还有一位也闹过一次笑话，后来一直被人讥笑很久，他便是广东同学李以劻。

在旧社会，听人讲国民党山东省主席韩复榘闹过的不少笑话中，有那么一条，说这位主席去某学校视察，闻到校室内气味很大，便郑重其事地吩咐那个学校的校长："快把窗子打开，放一点卫生进来！"我过去一直认为这是别人编的，不可能连"卫生"两字都弄不清楚。

在农场劳动中，有次我们乘公共汽车去小汤山温泉洗澡，要比走路远一点但快得多。60来人挤上两辆公共汽车后，因天冷，车窗都是关了的。车门一关，车子刚启动马达，开出不到半里，突然听到有人在喊："快把窗子打开，放一点空气进来，我快憋死了，车内没有一点空气了！"这句话立即引得全车的人都哈哈大笑："车内没有一点空气，我们还能活得了吗？"如果不是自己亲耳听见，我编也编不出这样一个和韩复榘闹出的笑话能如此异曲同工的笑话！

壮 举

李以劻虽然曾闹过"车内没有一点空气"的笑话，但不久却被人视为了不起的英雄人物了。因为他敢于生吃马蜂崽子。这在许多北方人看来，真是惊人之举，而且是不可想象的怪事。当他第一次在葡萄地里发现了一只马蜂窝的时候，别人都吓得躲开，他有本领很快将一群马蜂（也叫黄蜂）用废报纸点着。火一烧居然把许多马蜂的翅膀烧掉落了下来，其余的都吓跑了，他便很沉着地把马蜂窝摘下来，用右手轻轻地摇晃，左手把掉出的马蜂蛹接住。这时，许多北方同学和附近的农民都围过来看他表演这种少见的“壮举”。居然敢去摘马蜂窝！这可能是人们习惯了把别人不敢惹的恶霸故意去惹一下，叫作“敢捅马蜂窝”之故。当人们正聚精会神地看着他把马蜂蛹全部都摇出之后，便像小孩子吃花生米一样将一只一只还在蠕动的小东西拈起来向嘴里送，许多人都大吃一惊。有的人惊得叫了起来：“他怎么啦？”怀疑他可能是精神失常了吧！

前排左起：黄淑、黄维、林伟俦　　后排左起：文强、罗历戎、李以劻

这真是少见而多怪的关系吧！广东人吃龙虱、禾虫一类东西，是习以为常的事，而没有见过的人便大惊小怪。那天围着他看的人，不少人便问他：这些小马蜂是什么滋味？他一边吃一边连连点头：“好吃得很！”打从那次以后，便有不少人到处寻找马蜂窝送给他，看着他美餐一顿。从此，有些人对他便另眼相看，“另眼”

看到什么程度，估计有点像阿Q进了一趟城，再回到未庄时差不多吧！

李以劻是广东电白县人氏，也有点像覃道善一样，是一个命大福大的人。此人是少年得志，20多岁便当上了校级军官，在十九路军中当到了营长。“福建事变”，十九路军被中央军打垮之后，十九路军的将领大都逃往香港等地，少数投降到国民党做官去了。而被国民党俘虏的校级军官则挑选了一批送到中央军校高教班去受训，当时等于是赏穿黄马褂差不多的美事。李以劻由于命大福大，当了俘虏后反而有机会当了蒋介石的学生，并且能和国民党一期毕业的杜聿明同期同队，这是他完全没有想到的。由于他年轻，能从十九路军投向中央，这是时来运转的难得机会。高教班毕业后，他又考上了陆军大学，从此，便青云直上了。

监　军

1948年，他已当了“中华民国”总统府参军处高级参谋，以后又升任为总统府参军。淮海战役中，他被蒋特派为战地视察官，这差不多等于过去皇帝派出去的“监军”。主要是去视察战场纪律和徐州“剿总”指挥情况与部队战力、战果及士气，等等。

他虽然参与了举世闻名的淮海战役，踏遍了杜聿明所指挥的几个兵团的防地，由于和杜聿明是高教班的同学，所以杜对他的工作多方面支持。但到最后连杜聿明和黄维等都被活捉去了，他却能安然无恙地回到了南京，这不能不说他是命大福大了。

1949年1月20日，“蒋下李上”（蒋介石下野，李宗仁上台），他也离开了总统府而随同朱绍良去福州，改任第五军中将副军长兼五十师师长。福州解放时，朱绍良早已“脚底板抹油”——溜走了。他便收拾福州绥靖公署一些直属部队，加上自己率领的残部，在走投无路时，向解放军投诚。由于当时情况很乱，他投诚也没有什么经验，平生是破题儿第一遭。加上一些人反对他投诚，而投诚后的部队又有一小部分反水。他经过一段时期的优待，便被送到华东解放军官训练团去“受训”了。这个团的名称看起来似乎是训练解放军军官的，但其中是少了一个军字。这一字之差，性质就大不相同了。它只被称为“解放军官”而不称为“解放军军官”，就是专收容被俘的国民党军官，这是第三野与其他一、二、四野战军对待被俘国民党军官不同的地方。三野对被俘的国民党军官不但生活待遇好，每月和解放军士兵一样有五元零花钱，而且按时按季发给和解放军一个样的衣服、鞋袜、被褥及日用品等，只是帽上没有红五星。所以连名称也只有一字之差。据说当时四野最差，许多被俘的高级军政人员都长期受手铐脚镣之苦，四野司令员林彪虽是黄埔四期毕业的，但他从来没有接见过被俘的黄埔同学。如果说他是“做贼心虚”未免说得太早，他有野心当主席那是以后的发展，在争夺天下时，他之所以从不接见被俘的黄埔同学，据说他是为了表示与过去早已一刀两断，不拉旧关系，也不搞什么统战工作，其实是臭架子摆得太大的缘故。

二野的陈赓大将不但肯接见被俘的黄埔军校毕业的军官，还邀请他同期同学的在押战俘到监狱外边去吃饭，也没有人扣他什么“敌我不分”的大帽子。连周总理也和特赦的黄埔毕业学生讲师生关系嘛！

李以劻在解放军官训练团（以后从苏州迁到济南，改为解放军官管训处，也比叫“监狱”好听得多）一直是受到优待的。我曾问过他，为什么你这个投诚人员没有按政策作为投诚人员处理而和战俘在一起改造呢？

受 诬

他在回答我这一问题时，总是有点感到愤慨，主要是说福州绥靖公署一个警卫团长不赞成他去投诚，等到他投诚以后，那个团长又说他投诚是假，乘机想反抗是真，加上有几家报刊刊出他投诚的消息，又有的报刊说他是被俘的。特别使他不愉快的，是有一份画报上刊出被俘的国民党将领中也刊了他的照片。等到野战军改组为军区，许多档案不易查出来，所以他一直拖到特赦之后好久，才被查明是投诚的，才把他的特赦令收回，给他换了一张投诚将领的证明书。

由于长期使他不愉快，所以他神经上受到不少刺激。在战犯管理所中，真正犯过神经分裂症的只有他一个人。别的战犯也有的胡言乱语过，那是装疯卖傻，因为说话不当心犯了错误，怕人批斗，更怕被人检举，无限上纲上线，扣大帽子，不如先发制人，故意装成精神失常。因为神经不正常的人，说的错话或干过什么坏事，是可以不受法律处分或减轻处分的。遇到这种情况，往往是管理所的负责人在听完汇报，只几句话就能使这种假装神经病而企图逃避责任的人，一下子就神经正常了。

装　疯

几句什么话呢？这倒有记一记的必要。

每当有人发过牢骚，骂过人，而涉及对共产党不满或怀念过去的时候，一经别人指出这是原则性问题，就会有人出现精神失常。这也可能是按照中医的说法叫“痰迷心窍”导致精神失常或是叫“急火攻心”。总之，是一种因受刺激或恐惧而发生的现象，用战犯们扣帽子的说法，则叫作“有严重思想问题，企图装病过关”。

遇到了这种情况而出现有战犯精神失常时，管理所的负责人总是这样说：“某某有思想问题说出的那些话，即使是真的，也没有什么值得大惊小怪，没有一点那种思想，那才是怪事！”想装病的人一听，心里马上得到一种安慰，首先是不肯定是真的，因为有些人爱加油添醋，把一句不太关紧要的话说得很严重，这往往给说错了话的人增添了包袱，尤其是认为有这种坏思想并不怪，是旧社会来的嘛，过去反共反了那么多年，所以说没有才怪，那就是等于说，没有说出的人思想上不会一点都没有，只是自己不说而专门抓别人的辫子。所以听了之后，有些人便不想再假装精神失常而慢慢好了，作一次或几次思想检查就可以过关。

李以劻犯神经分裂症，与一般人说错话不同，他是憋了一肚子气。因有些人讽刺他，说他是冒充投诚人员想当官而不想接受思想改造等许多难听的话。他越想越气，后来发展到有点语无伦次，有时甚至白天见鬼，一会说床铺下面有什么人在叫他，一会又是门背后有人向他招手。管理所的领导和他谈过几次话，也不能和那些假装神经病的人一样，很快恢复正常。

传　染

经过一番了解和研究之后，管理所决定送他去北京市的复兴医院住院治疗。这是一所中型医院，设备相当好，原来叫公安医院，因为卫生部决定把所有部、委的医院都对外开放，附近居民都可以去就医，这样才以地为名改为复兴医院，因院部在复兴门外。

这所医院三楼有一部分是专门为犯人住院治病的房间，它与一般病房是分开的。有一个小门单独出入，门上挂了一块“传染病隔离病房”的黑底白字门帘，所以别的病人不会走进去。即使好奇走进去，门帘一掀，正对面就有一位便衣警卫马上制止进入。我那次因割痔疮，和李以勖、二十五军军长陈士章一同去住过那些病房，我一看到那块门帘布，立刻感到我们这些有思想病的人，比那些皮肤病人、霍乱病人更能使人害怕。这种隔离是完全必要的，但说我们这种病是属于传染病一类的，我就感到有点刺激了。我们自己时时刻刻都在想医治自己思想上的毛病，直率点说，就是反共反人民的思想，希望早日清除，哪还会想去传染给别人呢！我住过一星期医院后，曾把我这一思想向管理人员说出过，以后不知道是否把“传染病”三个字省掉，因我此后再没有去住过这家医院了。

晚　晴

李以勖经过一个多月的住院治疗，神经分裂症居然好了，管理所为了巩固他治疗的效果，出了一手令人钦佩的高招，让他当学习组组长，使他的脑子集中到学习方面去，同时也说明这是对他的一种信任的表示。这一招真灵，李以勖除了在战犯所当学习组长外，特赦后，在京特赦战犯去红星公社劳动锻炼一年，他还是当学习组长。

过了几年后，他才告诉我，他犯病有两个原因，一方面是受刺激，明明是投诚的，政府不承认，犯人更是冷言冷语刺激他，思想上想不通而抵触；另一方面是思家成病，他和他夫人邱文升感情很好，他到福州去不久，便把夫人和小孩送去香港，如果作为投诚人员早就可以和家人团聚，至少可以通信。当成战犯后，就与家人音信隔绝，所以愈想愈苦闷，两个原因一加起来，病就来了。

不过现在李以勖将军不但平反作为投诚将领，而且已当上全国政协委员了。更使他感到高兴的是家人团聚，他的夫人一直在守着他，而且两个孩子都很不错，目前他和夫人正在欢度幸福的晚年，再也不会犯病了。

章微寒愿当小木匠

军统上校

在战犯管理所中，大家叫章微寒的时候，既不叫他的代号〇〇四四，也不喊他的名字，而总是亲切地叫他一声“小木匠”，他也欣然答应。

是不是因他年龄小而叫他小木匠呢？不是！他的年龄比我还大好几岁，只是他身材矮小，不过矮得均匀，不像有些矮子，头和上身均正常而腿却生得短，他是全身皆短小，所以看上去有点像小孩。最有趣的是，他写的字也像小孩写的一样，据说这是什么“童贞体”。

章微寒是北京战犯管理所中仅有的一位上校级军衔的军统浙江省站站长。和他同时于1933年在浙江警官学校正科毕业、后又转入戴笠办的特训班受训的同学，在其他军事机关或部队工作的毛森等早已当上了将军；在警察部门工作的，也有不少是大城市的警察局长了。因他一直在军统中工作，所以晋级很慢，直到新中国成立前当了站长，还只是一个上校。但公安部门则一向把军统特务的级别总是提高一级来对待，所以他虽是上校，也还是和国民党的将军们一起作为战犯来改造。还有一说：他是在新中国成立后自首投诚的，虽犯了错误，还是对他有所照顾，所以把他选到北京来。

我和他私交一向很好，所以在北京重逢后，暗地里是无话不谈。他不防范我，我也信得过他。这种交情在改造过程中能长期保持，不因为想表现自己进步而把对方和自己谈的知心话揭露出来，是要有相当情义的。

我早就听说他在浙江解放后去自首报到了，毛人凤在昆明我家住的时候曾痛骂过他。我便问他为什么自首了还要送北京改造？他在回答我的时候，第一次言不由衷地说："这是不幸中之大幸，如不改造，保证当了右派！"我一听就知道这是冠冕堂皇的话，我不再追问，而是在他问到我的时候，我便毫无保留地把自己的情况和抵触情绪和盘托出。隔了一段时期，他便主动把他自首之后又坐牢的经过，一件一件详细告诉我了。

痴痴地等

原来他是担任军统浙江站的副站长，站长毛万里是毛人凤局长的胞弟。1948年，毛万里兼任了浙赣铁路警务处处长，就把站长让给了章微寒。解放军大举向东南进攻时，他估计杭州很难固守，便与毛万里商量，将浙江站迁出杭州，在浙赣铁路沿线的浙江境内选择一适当地点作为站部。毛万里一再安慰他，一旦时局有变化，他的那一节警务处长专用车厢，随时会附加在任何一列开往南昌的火车上来迎接他和全站内勤人员及电台等。老站长的话他信以为真，便等呀等，直到杭州快被包围，老站长专用的那个车厢还没有来接他。正在焦急万分时，杭州解放了。忠厚老实的章微寒并不埋怨老站长失信，反而原谅他，认为是浙赣铁路中段被截断，所以顾不得来接他了。

决定投诚

当杭州军管会公安部门号召国民党留下未逃的党、政、军、特人员去自首报到时，他认为既已无路可走，只有这唯一生路了，但毕竟不了解共产党对特务的政策，还不敢亲自去尝试，便叫一个部下去试试看。自首报到后居然还能受到表扬，并允许安排工作，当时就让回家，这样他才大胆去试一试。

一位军统的省站站长去自首报到，当然，立刻引起了很大的注意，负责人接见他时，对他慰勉了一番，他也就交代了一些东西。这更加得到了重视。据说为了怕不知道他已自首的干部找他麻烦，特地让他穿上解放军的军服，为公安部门工作。他除找到一些原浙江站的人员和过去在军统中工作过的人，带到公安部门去自首登记外，还对几个不愿去自首而愿回台湾去的尽最大气力掩护他们平安离开了杭州。其中除极少一两人逃到了台湾，其余则被沿途军警民兵查出抓了回来。一经供出是得到他的包庇而逃出去的，公安部门的负责人还没有揭穿他，只在和他谈话时，暗示他今后应忠于自己现在的工作，不能再徇私情去做不利于人民的事。他当时并没有警惕，也不知道许多人已被抓回来了。

重情重义

逃到台湾的虽只是少数人，他们回去要被怀疑，并受到多方面盘查，基本上是一致说，由于章微寒很念旧情，帮助他们逃出的。这就给了台湾方面一个极大的重视，认为章肯定是“身在杭州，心在台湾”，机不可失，应当多方面去利用这一大好关系，重建浙江的潜伏工作。因此，一批又一批过去认识章的人，便纷纷奔向杭州而来。

这些人在偷渡时，有的一登岸便被民兵捉去，有的在混到大陆不久也被逮捕了。他们供认出的情况，都是去杭州找章微寒，公安部门便不能不引起对他的特别注意了。

最后有两个没有被查出，混到杭州找到了他。他只是劝这两人赶快回去，表明他的处境，既不能掩护他们，更无意再为军统去冒生命危险了。这两个是奉命而来，不能因章的几句话就回去，便自己去活动，结果一个被发觉而遭到逮捕，另一个便找章请求暂避一下，好找机会逃走。由于那个被捕的供出了章与他们的关系，公安部门便去章家搜查，把那个漏网的抓住了。这样，章微寒也就被“捉将宫里去”交代问题了。

接受改造

由于他没有具体反共活动，仅仅是重旧情包庇过特务而不去检举，所以需要改造一下他的立场观点，不再“敌我不分”。战犯管理所一成立，他也就被选到北京了。

北京战犯管理所在集中学习和外出到东北等地参观回来不久后，便宣布今后虽以学习为主，同时也要适当进行力所能及的劳动锻炼，除原有的挑饭菜组外，再要增加几个组，可以自由选择和自己研究成立些什么组合宜。杜聿明便提出成立一个缝纫组，为同学们缝补衣服，曾代理过山东省主席、后任第二绥靖区中将副司令的牟中珩提出成立理发组，这当然更需要。王泽浚和章微寒两人一合计，成立一个木工组，修理床铺桌椅，接着有人提出成立洗涤组、种菜组、补鞋组等，都一一得到管理所的批准。

愿当木匠

我带着好奇心问过章微寒，为什么要学木工。他说，年轻时听人说过古代有个叫鲁班的木匠本领很大，什么东西都会做，后来形容没有本领的人在有本领的人面前去逞能，被人讥讽为“班门弄斧”。所以他很羡慕鲁班，也想当一名木匠。

在北京学木匠可不像南方，北京的木匠很少用斧头劈木材，特别是劈大木材，而是用一种叫锛的工具。锛和斧是一个样的东西，只是锛的柄是装在正面，和斧装在侧面不同，像锄头一样，使用时，是用脚踩住木材，像使用锄头锄地一样猛力锄下，这样一大块木片就能一下锄了起来。如不当心，就会把踩在木材上的脚劈开，这比使用斧子危险很多，但也省力得多。

当他和王泽浚一同初试这种锛子的时候，管理员当中有一位会使用这种工具的，便把着手慢慢地教他们。我看了都有点替他们担心，怕一失手把两只脚锛掉一块，变成终身残疾。

但很快他们就掌握了使用这种工具的方法，居然得心应手。有一天，章微寒叫我试试这家伙，我怕锛了脚不合算，便连忙摇头说：“我胆子太小，不敢‘章门弄锛’！”

当我们去农场进行农业劳动锻炼时，章微寒还是兼做木工活，什么床铺桌椅坏了，都是由他修理。有一天，他得意地告诉我：“这木匠活儿我已能独立操作了，以后出去做什么床儿、桌儿、椅儿时，除了斧儿、锯儿等外，还能使用锛儿呢！”（杭州人什么东西后面都加一个儿字，如碗儿、筷儿、盆儿、碟儿……）

由于共产党的改造政策中有一条：要把过去不劳而食的剥削者改造成为“自食其力”的劳动者，所以，每个人都希望能学到一门手艺，出去后能“自食其力”。

章微寒和许多人一样，万万没有想到，他特赦后送回杭州，会当上浙江省政协委员，不需靠做木匠来维持生活。

岳烛远宁做补鞋工

岳烛远黄埔出身

岳烛远在军统中也可算是一位老资格了。他是河南人，与戴笠是黄埔六期的同期同学，不过他是学步科，戴是学骑科。

据说岳在黄埔时，也赶过时髦跟随共产党闹过革命，不知后来为什么就不革了，并且还当了专门捕杀共产党的军统骨干。

在抗战前我就认识岳烛远。他在“西安事变”的时候已当上了陕西省站书记。事变中化装逃出西安，后来受到戴笠的重用。原因是他任陕西省站书记时，站长是马志超。这位黄埔一期的老大哥，时运不济，1933 年还在戴笠主办的杭州特训班当一名教育副官。戴笠一向对他手下的十来位一期的“学长”是非常重视的。这有两个原因：一是可抬高自己的身价，自己虽是六期的，却有一期同学来帮他工作，这是很少有的，也是值得骄傲的事；二是这些人的社会关系很多，特别是在黄埔学生中有不少人对他们都相当尊重，再饭桶草包，凭他们的学历也就能为戴笠办不少的事。所以，有些失意的一、二、三期黄埔同学，戴笠都是一律收下，尽力安排工作。这位马老大哥虽然有些儿才疏学不深，但招牌还是响当当的。他甘居一名小小教育副官，目的自然是想通过戴笠推荐一下。不久，戴笠便利用他是陕西华阴县人氏的关系委派他为特务处（军统前身）陕西省站站长，这位老大哥干特务工作毕竟有点外行，便派岳烛远去当他的书记负实际责任。

为了打开陕西省站的工作，戴笠便在“校长”面前力保马兼任陕西省会警察局局长（实即西安警察局长），因为一提出是一期毕业的，自然一保就准。

马局长到差后，因一身兼二职，怕一方顾不到出乱子，便决定“合二为一”。陕西省站连无线电台全搬到警察局内，这样就可以兼顾两方面的工作了。

他这一决定，立即遭到书记岳烛远的反对，认为陕西省站是秘密工作指挥部，不能放在公开的特务衙门里，马坚决要“合”。当然，下级得服从上级，岳只好勉强同意。其实岳有自己的打算，巴不得马不来过问站里的事，他可以自由支配一切，比遇事请示强得多。

西安事变

马志超执意要把这个秘密特务机关搬到警察局内，他认为是万无一失的好主意，无论谁去劝说他，他都表示：“一切都操在我们手中，用不着顾虑这、顾虑那，工作方便就行了。”

天下事，往往会出人意料的。“西安事变”发生时，西北军竟会大批出动，武装包围警察局，大叫要活捉局长马志超！幸好那时马不在局内，也不在自己的家中，而是去赴女友之约。他从温柔乡中得悉事变，仓皇逃出了西安。杨虎城的部下早对这位局长大人恨之入骨，所以，他们在没有抓到马的时候，把马的照片放大挂在城门口，以便核对出城的人。我当时在上海，便听到谣传，马志超被钉死在城门，其实钉在那里的是他的照片。

岳烛远在事变发生时，也是化装逃跑了，没有被活捉，但设在警察局内的无线电台被抄去，所以“西安事变”发生后，戴笠在南京急得跳脚大骂：陕西省站为什么没有电报来？蒋夫人更是不住地询问究竟是发生了什么事，蒋的生死下落如何？戴笠都答不上来。这个以搞特务为生的机关连一点消息都得不到，这实在是太丢人了。

所以“西安事变”后，马志超受罚，岳烛远受奖，戴笠认为他有先见之明，而且从那以后，公开机关和秘密单位一定要分开，就是因为那一次惨痛教训。

由于戴笠的重视，岳烛远不久便当上了河南省站站长，后来又带过武装特务部队，任过别动军纵队指挥等要职。

退身无路

新中国成立前，岳烛远因毛人凤奉了“老头子”的命令，对过去凡是从共产党那边过来的，除少数认为非去不可的外，其余一律不准去台湾，原因很简单，怕这些人“走回头路”。留在大陆给共产党制造麻烦比带到台湾去给自己添麻烦合算得多。岳烛远这位忠心耿耿为军统干了十多年的反共工作骨干分子，也被拒于台湾的海港之外。

多年来，岳由于胆小，也可能是机会不多，所以到香港或国外当“白华”的条件不够，台湾既不让去，就硬着头皮留下来再看。

岳烛远知道回河南最容易一下被清出来，共产党的宽大政策他还不相信，到上海准备搭船逃台，但拖家带眷哪能弄到船票，何况已被告知不让去，而军统正在搞“还乡运动”，能回去打游击的打游击，不能游和击的便潜伏下来，等候时机继续搞反共活动，立功可受大奖，国民党卷土重来，可以官升三级，补发欠薪……这些空头支票当时是随便开的，可惜开出后愿领受的实在少得可怜，连岳烛远这样忠勇之士也嗤之以鼻，而决心自谋出路。

归园避祸

凡是与共产党人打过交道的，都认为共产党一向是尊重工人、农民的。岳烛远在失望之际，灵机一动：他娘的！不让老子去台湾，老子也得活下去！于是与老婆一合计，俺们不再求官而解甲归田当农民，便决定在上海近郊租一块地来种小菜。岳烛远毕竟是当过陕西省站书记的，知道解放区也就是陕、甘、宁边区，对地主、富农也是要争一争，斗一斗的，他的另一高招是叫老婆出面去租地，他呢，成为受雇的长工。穷到无立锥之地而去当雇农，比贫农还要贫，这该万无一失了。

要种好小菜，不是看一两本什么种菜的小书就可有收获，没有经验，连菜苗都分不清，只好再雇一名当地有经验的农民来帮忙。这两位“长工”在女主人面前，表面上是一样的“一切行动听指挥”，而背地里，夫妻毕竟还是夫妻，何况刚刚在如狼似虎的年华，彼此都还需要那个那个。而那位长工有时没有发觉，有时也会略有所感，以为女主人是位风流人物，便趁机找她开开玩笑。他的确有点像阿Q摸小尼姑的光头时的想法："和尚动得，我动不得！"

开始，这位女主人毕竟是做贼心虚，对这位真长工不便一下抓破脸皮，只在必要时来一下子冷若冰霜。他却误认为"偷汉子的女人不笑，生野蛋的鸡婆不叫。"又仿效鲁迅笔底下阿Q对吴妈搞过的一套。这回却不是赵太爷抓起竹竿来打，而是"吴妈"孝敬他一个耳光。他仍认为只因时机不成熟，一场"小事"便到此结束，就像没有发生过什么一个样，又照常工作、生活下去。

身份败露

但这位长工老是心有不甘，便处处暗中窥视，终于发现"蒋阿哥"（岳烛远为了表示永远是忠于自己的"校长"，所以改名换姓为蒋忠）和老板娘的关系并不寻常，完全不像是一般女人偷人养汉，而是和普通人家夫妇一样，便向有关方面反映。一经分开盘查，两人平日对好口径的话偏偏不问，专问没有准备、也没有想到的一些问题，这样就露出破绽了。据说为了慎重起见，还动员几个在上海自首的军统人员去指认过，最后被人认出来才被捕获的。

这位军统将级大特务被捕之后，使许多方面都大肆忙碌了一阵，都认为这是破获了军统在华东区一个潜伏组织的总指挥部，捕到了这个地区的最高负责人了。因为与此同时，四川也抓到一个军统的将级大特务，当时任兵工署稽查处少将处长、兼任重庆解放前的重庆破坏总指挥部副总指挥廖宗泽。这人是黄埔五期毕业生，主持重庆许多兵工厂的警卫工作，临解放前又主持破坏兵工厂。像他这样一个军统老骨干，为什么也没有逃往台湾？主要原因是和岳烛远一样，过去参加过共产党闹过"红色革命"又转而闹"白色革命"的，所以被拒绝去台。按照毛人凤的说法，这些过去加入过共产党的人，应该不害怕共产党，留下有什么关系！

廖宗泽是四川人，早年在共产党的地位相当高，据说在"革命低潮"时便脱离了，投到戴笠门下，照例是先干训练工作，曾在杭州特训班当过队长。经过考验，认为不是奉派打入的，逐步得到了信任，爬到了将级，是流过不少大汗的，但到了最后关头，却被丢了下来。他也和别人一样，爱惜自己的生命比蚂蚁要强得多，既走不了，也不敢在新中国成立后去自首报到，更害怕见到当年的老上级刘伯承元帅，因他曾追随过刘，也向刘表示过，要革命到底，结果走到相反的方面，这是难为情得很的事，所以牙齿一咬："格老子，凭自己的气力吃饭去！"

将军推车

说来也够可怜，当了这么多年的将军，一些爱劳动的好习惯早就丢尽了，从事脑力劳动吧！谁会要呢？最后把心一横："推鸡公车去！"这种小车由于只是一个小车轮，推起来还得懂一点门道，否则会因用力不适当而倒了下去，扶起来就不容易了，多用在交通不便的山区小路上运输货物，新中国成立初期全靠这种运输工具。廖宗泽没有去黄埔之前，在家乡推过这种车，所以他开始以为驾轻就熟，结果闹出不少笑话，才算能以此为生。每天天一亮就去找货物，装上去，推到目的地，便在"鸡鸣早看天"的小客店过夜。他还满以为能靠此长期隐瞒下去，并尽量避免去城内，专在乡村小镇上东奔西跑。最后却被他一个东逃西躲的部下发现了，便向有关方面检举立功，自己就因功而受奖，可以堂堂正正回家去安居乐业了。

廖宗泽这个将级大特务被捕获后，开始也认为他是军统西南地区的潜伏特务的总指挥，经过多方调查，特别是我在云南留下的一些档案、日记、工作记事等证实，军统在新中国成立前向各地布置潜伏，最多以组为单位，一般甚至是一两个人为一组，多也不会到十个人，因怕株连，全部被破获。许多潜伏特务既是电台报务员，又是情报搜集员，被称为全能情报员。根本在组以上没有设组织，不但没有几个省设立一个区，连省也没有设什么领导机构，都是少量的人各自直接与台湾联系。

剩余价值

经过相当长一段时间的调查研究，才弄清了廖宗泽和岳烛远这两员军统大将，根本不是什么地区的潜伏总指挥，而是被军统丢下不让去台湾的"剩余价值"。这样才将两人分别送到西南和华东的战犯管理机关，1956 年，才集中到北京来的。

战犯所决定成立许多劳动锻炼的小组时，岳烛远便下决心学习修理鞋子。他提出成立修鞋组，我问他为什么要搞这样既脏又烦的工作，他深有体会地说：鞋是人人要穿的东西，不能破一点就不要，便得有补鞋的人，别的事我干不了。补补破鞋，除了脏一点外，还是比较省心的。他认为理发要站着干，挑菜饭更吃力，学缝纫要操心，因衣裤穿在身上，弄得不合适，会看出毛病，补鞋首先是能坐在小椅子上，鞋是穿在脚上，补得差一点不起眼，所以，他决定干这门活。

他选中的这一工作，几年中一直受到管理所领导的表扬和同学们对他的好感。首先是这门活最脏，谁都不会把又脏又臭的破鞋先洗干净再去补，总是一脱下来就交给他。有一天，他身体不舒服，我代替他一下，满以为此活轻松，等我把工具一搬出去，同学们劳动后连泥带土的臭鞋子便送来好几双。先得用粉笔画上什么地方破了该修补，还得检查能不能修补。有些将军为了争取当勤俭节约的标兵，不领或少领新鞋，一直穿到“前面长出生姜，后面生下鸭蛋”，还要请修一修补一补，完全不替补鞋的人着想。

我一看那么一大堆臭气熏天的破烂东西，心里老不舒服，开始便挑轻松点的先试做一下。缝补鞋面要穿针引线，穿不上线，得用嘴把麻线的头头咬得细细的才能穿过针眼，这太不卫生，便专门找出打前后掌的钉几双，加上慢腾腾磨洋工，一个下午还不容易对付过去。没想到钉掌也有学问，一开始还算顺利，钉好了几双鞋底上的小窟窿的地方，自己还很得意，认为是得心应手了。谁知有一只鞋的底那么硬，几次换地方，钉子就是钉不上去，最后换一处自信能钉的地方，便猛一锤下去，钉子倒是钉进一半，而左手的食指和大拇指也挨了一锤，十指连心，痛得真差点叫了出来，一看大拇指甲上出现一小块紫色伤痕。本来出了工伤事故照例就可休息了，自己又想争面子，得表扬，解放军轻伤都不下火线嘛！只好带伤继续干，可偏偏没有被人发现我这股子拼命干的劲头，真有点感到委屈和遗憾！

快收工了，还不能提前收拾工具，还得更加卖力、争取好评，便顺手拿起一只鞋底只有一个小洞的钉上一小块。正要准备收摊，一位“惹不起”匆匆跑来，一看我已钉好他一只鞋，便去翻出另一只来。这一下把我吓了一跳，他那只左脚穿的鞋虽只一个小洞，但右脚踩铁锹的鞋，中间已断裂了。我看非半小时钉不好，便说明天再修吧！“明天我出工穿什么？”“换一双穿呗！”“我只这一双，今天一定得修补好！”虽然我告诉他，快下工休息了，马上就吃饭了，没有时间了，他却横竖不依，还给我扣上一大堆帽子，什么“完全没有建立一丁点儿为人民服务思想啦！一切只为个人打算啦”！总之，凡是能批评我的话，他全用上了。我更窝了一肚子的火，真是出力不讨好，没得到一句表扬反挨了这一堆批评。越想越气，正待发作，挑饭组的小组长邱行湘喊我准备挑饭。我真如释重负，马上答应一声，丢下这个摊子便去挑饭菜，临走只告诉岳烛远一声，我有事请他收摊。没想到他带病起床收拾工具时，“惹不起”又找到他补那只鞋，他居然答应了。等我把菜饭挑回分好再去看时，他还在认真仔细给“惹不起”修补那只破鞋。这时，我打心眼里感到对他这种工作态度十分钦佩，而自己那种见困难就退的思想，今天才补上这一个检讨。算是“为时未晚”吧！

陈长捷难捷

沙场终饮恨

许多人一提到陈长捷，总认为他只是山西部队中的一员猛将。正如他的名字一样，打内战是常胜将军。当然，在抗日战争中，他也打过几次小胜仗，长期以来，人们都认为他带兵打仗是有一套的，主要是他敢拼敢打，而且在紧急关头，也真的能“身先士卒”。这也许是常常能打胜仗的一个主要原因吧！

陈长捷

但在他一生中的最后一仗——防守天津市的时候，正当他在地堡指挥所中用电话指挥部下作垂死的挣扎时，解放军的指战员已用手枪和冲锋枪对着他的背部了。等他发布完“坚持到底”的命令，放下电话筒，转过身去，正要吩咐跟随他身边的参谋人员查看地图时，才发觉他已被解放军包围，连准备抽出身上的手枪自杀的这几秒钟时间都没有了，他才吃惊地举起手来，带着不服气的神情被押解走出地堡。

如果我不是和他在北京战犯管理所一起改造过，我始终认为这人只不过是一个骁勇的大老粗，所以，我第一次去看和他同组的徐远举，徐给我介绍“这位是陈长捷”时，我当时就愣了一下，心想，怎么陈长捷是这样一个瘦削得像书生一样的人，而不是我想象中的高大个子。

细读《资本论》

过不几天，在徐远举和我谈了这位晋军将领的许多情况后，我立刻改变了对他的看法。他不是行伍出身的，而是保定军校第六期毕业的第一名高才生。他不仅外表显得有点温文尔雅，而且看文件也有很高深的理解能力。当时在战犯中自费去买《资本论》的还没有几个，有些人是装门面，但他倒真是很认真地读，而且在许多地方都写下他读后的批语和心得，这就大出我的意料了。我开始还有点半信半疑，认为徐远举这个人片面性很强，说什么人好就能说得无一缺点，说某人不好就能说得一无是处。徐看我不相信的样子，便急急忙忙去拿出经过陈长捷批注后的《资本论》给我看，我才深信不疑。

因为对陈长捷的看法有改变，除了曾和他闲聊过很多次外，还从和他在天津顽抗到底的天津市警察局长、军统老同事李汉元那里得到一些有关他的情况。

怒瞪傅作义

李汉元告诉我，这位晋军将领个性非常倔犟，新中国成立前不用说，他要怎样就怎样，而且在当了战犯以后还要那样。李汉元曾悄悄告诉我，傅作义和许多原国民党高级军政人员来战犯管理所与老朋友老同事见面时，许多人见到这些人都很客气，只有陈长捷见到傅作义时竟是那样满脸怒容，一句话都不讲，弄成很尴尬的局面。幸好别的人忙着和傅作义交谈，才把这一紧张场面打破。

“为什么会这样？”我终于从陈长捷本人和别人嘴里得出答案。

陈长捷原来在甘肃任国民党联勤总部第八补给区司令。这是一个自己不求人而只有别人去求他的肥职，掌握该地区军队一切装备物品的补给，是不用打仗的工作。傅作义受命成立“华北剿总”时，因为其嫡系精锐部队三十五军在易县涞水被解放军击溃之后，才知道解放军野战部队的威力，决定把部队集结于平绥与北宁铁路沿线地区，将张家口、北平、天津作为三个基点，以及沿这两条铁路的主要城市，预行工事设施，以为依据，实行所谓“灵活机动，集中优势”的“依城决战”的方略。因傅作义和他过去是晋军的老同事，傅熟知他是有名的骁将，遂向蒋介石提出要调陈担任天津警备司令，以加强天津的防守力量，当然一提就准。1948 年秋天，济南和东北完全解放后，傅军在华北就更为孤立暴露。当时傅所指挥的军队约 50 万，原来是排成一线，如不集结便有被分段吃掉的可能。这样天津成为鼎足而立的重点，傅认为陈是常胜将军，希望他能把这一进可以战、退有路可逃的海口城市牢牢守住。因国民党的渤海舰队正在长山列岛筹建基地，可以支援塘沽，保持海口。

受命蒋介石

当东北解放军准备入关时，他和傅作义都感到非常疑虑，傅曾打算把他的总司令部从北平移到天津去，并派其总务处长去天津，选定天津图书馆作为总部，准备安装起各项通信设备，还把张家口的一所小兵工厂和一些经济组织，连同傅部的军政人员家属 3000 多人都送到天津安顿。

蒋介石把天津交给傅作义统辖，在解放军入关前他没有过问过。辽沈战役开始，蒋去沈阳、葫芦岛时，两次经过天津，看到天津附近“高碉林立”目标显露，认为对手已是有炮兵、战车等而能攻坚的解放军，并不能发挥过去对只有小米加步枪的解放军那种作用，而是过时了。陈长捷报告说，那些是过去构筑的工事已不准备使用，但故意保留，可以起到迷惑敌人的作用。新的城防工事是很隐蔽的低碉堡群，200 米以外就看不清楚，并绕有大而深的壕沟，布有铁丝网、地雷和三线纵深的设堡阵地，随时还在加强加固。蒋听了连连点头，不断“啊、啊”表示满意之后，立时再三叮嘱：工事设计和运用要自己掌握，特别要注重军机秘密。他痛骂王耀武失守济南败坏鲁局，以及孙连仲的失败，都是内部主管参谋的部门有共产党在内而没有察觉、完全泄露了军机所致。同时他还说明，他亲临东北、华北时，都是面授机宜，调度部队，并不通过国防部第三厅，至多派侍从参谋临时传达，都为了要做到极端慎重，保守机密。

孤军守天津

陈长捷认为他防守天津，失败在于兵力太少，他的工事是修筑得相当坚固的，到后来很多坚固的工事都没有兵去把守了。因傅作义把许多精锐部队都从天津抽走，只剩下广东部队由林伟俦统率的六十二军和刘云瀚统率的八十五军以及九十二军一个不完整的师队。

靠这几万人要守住天津这样大的一个城市、抵御成倍的解放军已经是不容易了，而最麻烦的是得不到老百姓的支持。为了修筑工事，扫清射界，强拆去大量民房，使数以万计的人无家可归。特别是林伟俦那个军所属的一个团长，在防守天津附近宜兴埠时，陈长捷因为另外两个外围据点被解放军摧毁，要这个团将该据点放弃，以免因孤立而被“吃掉”，陈要他撤出时将工事破坏，谁知那个团长把破坏工事误认为将那个村庄也破坏，便下令纵火焚村。一时大火冲天，上千家房屋均付一炬，等到发觉，想抢救也来不及。因而天津人民对国民党防守部队痛恨异常，巴不得解放军早点打进来。

服从被出卖

陈长捷是自命为“以服从为天职”的标准军人，由于傅作义一再命令他“坚持就有办法”，他一直没有考虑过投降问题。虽然他和天津市市长杜建时与几个军、师长都曾接到解放军在缩小了包围圈，准备攻下天津之前一天给他们送来的“和平放下武器”的通知。他在召集这些人开会时，大家都是各怀鬼胎，以目相视，谁都不愿先发言。他便先拿出这一通知，却不敢有什么表示，因害怕特务在监视，随时都有生命危险。所以没有一个人敢说应该放下武器，最后还是吞吞吐吐地作了一个含糊的决定，答复解放军：只表示“为了天津免于糜烂，要解放军派负责人来商谈，但放下武器有为难之处”。这等于是拒绝放下武器和谈判。陈长捷则依然表示“坚守就有办法”。最后走上了被活捉这条道路。

到农场劳动时，我才当面问他，为什么傅作义来看他，他的态度那么冷淡？他好久不做声，只仰天长叹一声。我可非弄清不可，第二次又问，他才气愤地说：“他自己在进行和平谈判，却叫我坚守不投降，结果他成了起义将领，我成了战犯！已经造成了这样两个迥然不同的后果，我上了这样一个大当，还有什么好说的呢！”

在农场劳动，陈长捷是属于二三流的劳动力。他编在第三组，而杜聿明更次一点编入第四组。一、二两组是强壮些的，一般较重的活都由这两组担任。三、四两组担任较轻的活儿，往往是在一起工作。有一次，他和杜聿明两人抬一筐粪肥向地里走时，旁边看的一些同学都在暗暗发笑。因为杜聿明不但是深度近视眼，而且左腿比右腿短一厘米，走起路来，总有点一瘸一拐，两个人都是那样瘦，又都是文质彬彬的。所以，许多人发笑是因为这两人都是能征善战的名将，今天凑在一起抬粪筐，不认识他们的，谁会相信这一对书生一样的人，是当年指挥过那么多精锐部队的将军呢？

当他们看到大家在笑着议论他俩时，便放下粪筐和大家坐在一起。我说：“你们两人合作，可以叫做宝一对！”

讪笑杜聿明

陈长捷一听很不服气，便揭杜聿明的老底，说他比杜聿明要胜一筹，气力也比杜聿明大，而且不会连踩死了老鼠都不知道。这一下引起大家哄堂大笑！因为杜聿明的确闹过这样的一次笑话。在一次学习时，杜聿明一走进学习室去，大家都感到有点奇怪，怎么今天这位同学走起路来和平日不一样，不一瘸一拐了，而是与别人一样端端正正地走，因为他是有名的“东北二瘸”之一。他当东北九省保安司令长官时，与东北行营主任熊式辉上将都有一条腿短一厘米。熊是在上海任警备司令调升江西省主席时，乘坐的飞机刚一起飞，便撞在龙华飞机场附近江面一条大帆船的桅杆上，虽然没有摔死，但腿断了一条，医好后，便短了一厘米。不过和杜聿明相反是右腿比左腿短。他们俩在东北，一个是负责军事的，一个是负责行政的。这两个东北大头头在一起开会时，一个向左拐，一个向右拐，曾使得许多见到这罕见的场面的人，背地里不知笑过多少次。

那时当面是没人敢说的，杜当了战犯后，没有人去取笑他，不过看到他走路突然端正了姿势，有点惊奇。杜发现别人注意他，也似乎感到今天走路比平日不同，便坐了下来，用手提起左脚棉鞋去摸，好像有什么东西正向鞋尖滑下去。他忙摘下近视眼镜，凑近棉鞋一看，自言自语说一声："一条绳子！"可是当他把这条"绳子"往外一拉，竟是一只踩死了的小老鼠被他提着尾巴从鞋内拉了出来。这一下弄得全组的人连文件也读不下去，而是捧腹大笑了一场。从此，这一笑话在战犯管理所中就传开去了。

不愧真儒将

陈长捷的劳动能力的确要比杜聿明强一些，而我最佩服的，是他在休息的时候，既不打桥牌，也不下棋，而是手不释卷专心致志看书。后来我对他的看法和当初完全相反了，我认为他是一位文武双全的真正儒将。

胡临聪不聪

想家要挨批，思想要改造

国民党四十一军军长胡临聪是川军部队将领，我和他原来同是北京战犯管理所挑饭菜组的成员，后来他又当了我的学习组长。我们相处的几年中，对于他为人正派我很有好感，因为他当学习组长时，与有些学习组长不同。有那么几个学习组长，在学习时，总是鼓励别人“把坏思想抛出来”！这样既显得组长领导有方，又可以抓住这些“抛出来的坏思想”进行一系列的帮助、批评和自我检讨。这样，一次学习后，写起“小组学习情况汇报”来，他们也不愁没有东西写。所以，许多有识之士，真正有重要的思想问题，宁肯写成报告送给管理所负责人去解决，也不愿在小组发言时暴露。老实说，彼此的水平都相差无几，半斤对八两，都是一个样。暴露出来除了得到一大堆不着边际的废话外，什么也不能解决。

胡临聪

我是深有体会，也可以说是上过当的。有一次，我思念在香港的母亲、妻子与亲人，想托在京的一位民主人士转封信去，又怕别人不转或领导上不同意，所以，便以退为进，自作聪明，借暴露思想为名而达到托人转信的目的。没想到这一思想刚一暴露，几位“左”字号同学便袖子一卷，精神马上振作起来。他们轮番侃侃而谈，我洗耳恭听了几个半天的学习时间。结论只要几句话就可以概括得完，但他们却费了那么大的气力，真有点“槽内无事猪拱猪”。我装模作样地“认真”记录下这几位“热情”“善意”的金玉良言之后，悄悄一看，连我自己都忍不住要笑出来，好在我极力忍了下来，不然又得帮助我几个半天。

长达20多个小时帮助我的发言，翻来覆去他老是说：“现在是应当集中全部精力和时间来加速思想改造的时候，居然还去想家，这是什么态度？还有脸好意思说得出来，不想想你过去是怎样弄得多少人家妻离子散的……”好像弄得多少人家妻离子散与他们带兵打仗的毫无关系似的。我有脸还敢说出来，这比他们在梦中大叫自己的老婆孩子总要坦白一点吧！

一个学习单元结束，应谈的文件都没有谈几句，而为我这个“坏思想”却费去百分之九十几的时间。我接受这么多帮助之后，思想上仍旧是擀面杖吹火——一窍不通。

小组长花了两个半天劳动时间，才把这一单元学习情况写完送了上去。有一位好心的同学还在替我担心，怕领导要批评我，说我这就是不安心学习改造的具体表现。我只是笑了一笑。当然，也感谢他对我的关心。

大约是这一份“学习汇报”送上去三四天之后，正是进行另一单元学习时，我们那位不怕麻烦的小组长一开始就问我：“上次暴露出来的那个阻碍改造的思想经过大帮助之后，是不是真正解决了？如果没有彻底解决，还可以继续谈谈。这就是‘理论联系实际’的解决问题的最好办法，不要害怕，暴露出坏思想，就是一种求进步的好表现……”我立即表示了对大家的热情帮助万分感谢，思想问题完全解决了，再也不会想它，更不会妨碍我的学习改造。

照例要大家点头表示通过，也满意于我的态度。我却暗地里感到实在太可笑了，我才不再上当，再去求什么“进步的好表现”呢！

领导识做人，通信没问题

正当小组长又在问别人还有什么思想要暴露时，管理员走到学习室门口，轻轻地叫一声：“○○六三，到办公室去谈话。”

这里要补充说明一下，我的代号前面为什么有○○呢？这是北京战犯管理所成立后，除原在北京监狱的战犯是从一号开始编代号的仍保持原有的代号外，凡是1956年从外地选调到北京战犯管理所来的，便是从○○一号起，我是选调来的第63个，所以给我加上○○。这还表示有临时调来，随同北京战犯所大规模去东北等地参观时暂编的代号，因参观后，有不少仍被送回山东、四川等战犯改造所。我虽留在北京没有回四川去，但编的代号仍然表示与原来的有差别。

当管理员叫我去办公室谈话时，几位“帮助”过我的同学十分得意，认为我保准得挨管理所的领导一顿狠狠的批评，说不定还……有几个则替我担心，怕我会吃亏。我自己呢？哑巴吃汤圆——心里有数。这种事谁会没有？当了犯人不想家的，除非是无家可想的人。

一走进管理所的办公室，一位领导坐在一张大办公桌旁边，在他的前面放了一个信封和两张信纸。我进去像小学生见到教师一样，先行个礼，立正听候批评。这位领导略一起身，可能是表示对我向他敬礼的回答吧！“坐下！”他指指靠墙的一张靠椅。我刚坐好，他便说：“听说你想和在香港的家属通信，这是可以的，二○一（杜聿明的代号）和美国的家属都有书信往来了。你如果想先问问北京的老朋友，就写封信去问候吧！以后这一类事，可以随时向我们反映，不必作为思想问题在学习会上谈，那样浪费学习时间。”说完，他把桌上的信封、信纸递给了我，我连忙站起身来，向他表示了谢意便退了出来。我刚一转身，就听到那位领导告诉叫我去的那个管理员，要他告诉我那组学习组长，以后不要再花时间扯这类小事了。

我高高兴兴地把信纸、信封握在手中，心中真有说不出的喜悦，当然，主要是可能有希望和家人取得联系，再则也是对那些批评我的人一个讽刺。不过我快走到小组学习室时，还是把信纸等折好放进口袋，若无其事地走回去，为了使那几位幸灾乐祸的“同学”得到满足，我还故意装出一副像挨过批的小学生一样，低着头，慢慢走到我的座位，谁也不看一眼，并不停地用手拨弄衣服上边用布条编成的纽扣。这时全组都紧张了几秒钟，谁也看不出我内心里是多么愉快！

胡临聪当学习组长有一个最可取的地方。他在主持学习时，不要小组的人轮流担任记录。别的小组大多是小组长只当掌握会场的“主席”，记录是同学轮流或专人担任。这有什么好处呢？因为万一反映问题发生纠纷，由记录负责，另外是组长可以清闲一点，好集中精力专门抓别人的“小辫子”。

悔恨落了水，胡临聪不聪

没有在战犯管理所学习改造的人，很难想象这些国民党的党、政、军、特高级领导人，被俘当了战犯后变得这么自私、这么胆小，有些甚至可以说会那样脸厚心黑！为了希望自己能讨得领导上的好感，什么损人利己的事都做得出来。谁会想到共产党对这些人的改造，正是要他们改变这种作风，变得老老实实，不再搞过去那一套，而且处处是从大的方面去衡量一个人，不是从小的事情上或一件两件事情上来对每个人作结论。所以，我一想起当时许多情况，到今天还觉得可笑。如果按照某些“左”得出奇的伪装进步的人的意见，许多人连共产党都没有杀掉的，而在他们手下却是绝不让活下来的。不过善有善报，恶有恶报，这些最最最“进步”的“同学”，往往没有能争取到提前特赦！

胡临聪每当发现同学在发言中涉及思想问题时，他总要重复问一句：“你是这样说的吗？”或让人再说一次，他一定要等他记好，才让别人继续发言。有时，别人说话快了，无意中暴露出不健康的思想，这人并不希望正式暴露出来，他却会提醒一下：他是不是要暴露什么思想问题？如果对方承认说急了说错了，他从不“顺藤摸瓜”，一定要追出一个什么坏思想才善罢甘休。

我和胡临聪相处一年左右之后，发觉这人还没有存心去整过人，所以愿意和他摆一摆“龙门阵”（四川人聊闲天）。有一次，我称赞他“人如其名”，相当聪明。他一听连忙否认，并说：“我名聪实不聪，我要聪明，就不会落到今天这样了！”这是一句由衷之言，不是有相当交情、彼此信得过的人是不敢这样说的。因为后面这句话，包含了多少对于当了战犯的悔恨和不满，要扣帽子，真是可以扣上一大堆。

不过他说完之后，又立刻察觉到这句话的分量，马上补充一句："我不懂的地方太多，有机会我可以慢慢告诉你一些。"我一听大喜，因我虽无蒲松龄之生花妙笔，可以听到人讲的故事而写成一部《聊斋志异》，但却能满足我这个年轻时当过"包打听"（上海人称侦探为包打听）的人爱搜奇探异的欲望。从此，一有空，我就爱找他聊聊。

冬天中午休息时，我们挤在墙根下晒太阳取暖，他把两手抄在袖子里，冷风吹来，他就像小孩一样，鼻涕从鼻孔往外流，直到集合在他鼻尖下面快要落下来时，他手也不伸出来，只是两手一抬，像拉胡琴一样，鼻涕就全擦在他的衣袖上面了。虽然这动作太不文明，但并不影响我听他讲往事的兴趣。当了战犯嘛，就顾不得许多了。

薛子正忠言，胡临聪逆耳

他向我谈过他不少的不聪明的往事，由于篇幅有限，这里我只写出两件比较有点历史意义的事情。

他认为，决定他下半生命运的头一件事是发生在抗日战争胜利之后，他任四川部队孙震率领的第二十集团军参谋长时期。当时部队驻防在老河口，不久，刘峙成立了豫鄂"剿总"，老河口划为第五绥靖区，孙震兼绥靖区司令，他也兼任了第五绥靖区司令部参谋长。

当时由李先念率领的新四军第五师和在伏牛山、桐柏山等地区的共产党武装部队被国民党二十几个师四面包围，当时正由美国出面，成立了军事调处执行部。为调停国共两军的冲突，老河口方面也派来了军事调处执行小组。共产党的代表薛子正，也是四川人，一到老河口，就由孙震指派他与三人小组联系。他说薛子正一去就和他讲同乡关系，他当时并不愿认这位同乡，而是处处阻碍这位同乡的工作。最使他后悔的是薛子正多次向他谈到，国共两党应当好好合作建设中国，医好战后创伤，让人民能安居乐业。他当时对这些话完全听不进去，并一个劲地讽刺薛子正。如说国共合作建设抗战八年后的中国时，他问薛子正："你们拿出西北高原的黄土，只能种出小米，种不出机器钢铁。"薛子正除大笑之外，便向他很耐心地解释两党合作的重要性和必要性，他听都听不进去。他当时认为最得意的是，薛子正说，建设祖国需要大量人才，共产党在这方面能做出重大贡献时，他便反问一句：“靠你们小学毕业，都可以招收进去的抗日军政大学毕业生，能制造出火车、轮船、汽车等吗？”薛子正对他这种恶意攻击并不生气，总是耐心说服他，他哪里高兴听。

说到这里，他便长叹一声，我要聪明点，能交上这样的老乡做朋友，我怎会走上最后这种绝路。当他看到报纸上薛子正已当上了中央统战部副部长时，更悔恨没有听他的话，如果不打那场内战，又何至于当战犯呢！

聪明临阵逃，不聪当俘虏

不过他认为，那时他是相信三个月可以消灭共产党的，所以，当时绝不会考虑到什么国共应继续合作建国的问题。当日不聪明还情有可原，而最不聪明的是淮海战役中他任川军十六兵团司令孙元良部的军长时，没有兵团司令孙元良聪明，老早就准备好一套半新不旧的便衣和鞋帽，到“牺牲已到最后关头”时，就三十六计“走为上计”了！

可是他却忠心耿耿，还认为养兵千日，用在一朝。当黄维的十二兵团在双堆集被围困时，十六兵团奉命去策应突围，以徐州西南15公里之孤山集作为第一攻击目标，经过两天两夜的激战，总算把孤山集和白虎山攻占下来，他又指挥四十一军一二二师乘势去占领孤山集东南之纱帽山。这么一点小胜，孙元良和杜聿明都打电话向他祝贺，两人都很高兴地告诉他，国防部新闻局发言人张师六现陪同美国记者数人，并特别指明其中有麦克阿瑟元帅派来考察战况的一名高级军官，伪装记者，一同要到前线视察、观战。孙、杜两人对这些人都非常重视，认为与今后能否获得美援有关，命他特别努力，督励部队格外奋勇攻击。

为了占领纱帽山，他下令一二二师要不惜一切牺牲，务求攻占，除令军部直属野炮营，及临时拨归指挥之七十七军野炮营以强大炮火协同步兵作战外，他还亲临前线指挥，发射的炮弹近2000发，小小纱帽山已差不多被夷成平地，总算在美国记者们一片“顶好”声中，攻下了这一弹丸之地。

他原来以为只要占领了纱帽山，就可进出曹村车站了，便命令一二四、一二二两师继续向南进攻。只要拿下芦村砦和圆山，曹村车站就不成问题稳可攻下。

美国记者们刚走，一群男女立法委员又从南京乘专机赶来四十一军军部所在地的白虎山指挥所观战。当然，他更加感到高兴，满以为从此便能逐步转败为胜了！

没有料到这两批观战的人一走，士气也随之而去，可能是因为外国通讯社和中央通讯社发出的战场捷报已被许多报纸刊登出来，不但眼看到手的曹村车站没有能攻下，而且连原来攻占的几个据点也被解放军又夺了回去。

他始终不忘的是1948年11月29日那天下午，兵团司令孙元良突然到前线集合四十一、四十七两军的军、师长召开紧急会议，宣布："剿总"已奉命放弃徐州退守淮河南岸之线。所有各兵团定即日经萧县、永城地区向淮河南岸撤退。十六兵团担任掩护大军主力撤退。

这一几十万大军的伟大撤退"壮举"，他滔滔谈过几次，这里就不多说，只提一件令人发笑的事。在撤退途中，四十一军奉令派一个团去接替第二兵团王屏南补充旅的阵地，谁知王没有等到派去的部队接防就被解放军消灭掉了。去接防的部队也不弄清情况，就毫无戒备地进入村庄，被守候在那里的解放军突然袭击，因猝不及防，一个团很快就被全部消灭了。真是送上门去让人缴械，当了一次义务武器输送队。

1949年1月10日，第十六兵团全部与第十三兵团李弥部同在萧县西南大小陈庄、赵家楼、僖山一带被解放军围歼，当时两个兵团司令孙元良、李弥都化装潜逃。胡临聪和四十七军军长汪匣锋及副军长、参谋长等均被活捉。当然，胡临聪永远不会忘记这一天。

但他在谈到这一天被俘的时候，往往久久不语，这是在后悔没有能像何基沣、张克侠等战场起义，也没有像孙元良、李弥一样临阵脱逃，结果当了俘虏。我曾开玩笑地和他说过："如果你也和他们一样聪明的话，那我们就不可能成为要好的朋友了。"

李帆群爱耍笔杆
李佩青爱充进步

大将军笔杆子下低头

在北京战犯改造所中，一提起李帆群，许多人都有一种不知怎样去形容他的表情。“李帆群这个人怎样？”“和你的看法差不多！”这是用什么态度来回答呢？这些老于世故的人，都是懂得使用模棱两可的外交辞令的，因为大家都心中有数。此君虽可区别于四位鼎鼎大名的“惹不起”，他是不会和人大吵大闹，甚至动拳挥脚的，但他的笔尖儿却可以和《西厢记》中的张生一样，能横扫这些带领过比千军万马还多得多的将军们。只要他在墙报上贴出一张质问某某号“同学”的小字报，这就会使许多人感到头痛。因为这不同于争争吵吵，使用舌剑唇枪就行，而要同样用文字来答复，这就非同小可了！

战犯中百分之八十以上是长期耍枪杆子的，你如和他们拍桌子、瞪眼睛，他们都会毫不示弱，但耍起笔杆子来，除少数如宋希濂、徐远举、文强等屈指可数的“文武双全”外，大都是一拿笔就昏昏然。所以，谁要在墙报上质问他一下，这比骂他几声“反革命”和“顽固堡垒”还不好受。吵一吵，谁是谁非不易弄清，多一句少一句也吃不了大亏，而一旦上了墙报，看到的人便多，甚至是全都知道，这还不要紧，墙报还得收回去，送到管理员那里去存档。这是关系到前途的重大问题，谁不害怕呢。

李帆群下笔特别快，一顿饭工夫，一篇质问某某的墙报保准能写好。这当然和他的出身与过去的职业有很大关系。他是国民党主办的中央政治学校新闻系毕业的高才生，毕业后分配工作时，许多学生都愿去大城市工作，他却愿去刚刚赶走了盛世才的新疆。谁都知道，过去盛世才统治新疆时，杀人如麻，即使是中央派去的人，也都提心吊胆，不知道什么时候他一不顺眼，便马上人头落地或永久失踪。盛世才被赶走之后，国民党可以掌握到新疆的军政大权，许多单位都出现了“真空”，得有人去填补。李帆群便自告奋勇愿远去边疆，当然得到了上级的表扬，马上任命他为《新疆日报》的主编。这个刚从新闻系毕业的学生，连外勤记者、内勤编辑都没有当过的年轻人，走马上任就成了省报的主编，所以一向是很骄傲的。而更使他得意的是：新疆解放前，国民党省党部几个头头一看大势不好，赶紧选择了三十六计中的最后一计——走为上计。大头走得了，中小头头走不了的，便想过几天官瘾，自己封起官来，只要发一个电报，保险可以照准。李帆群既出身于国民党的中央政治学校，又是省报的负责人，便被封为代理新疆省党部书记长。这在他一生中，是再没有比这更走运了。可是好景不长，新疆很快和平解放，他也就成了阶下囚，被送进了劳动改造队（简称劳改队）。

书记长管理所内抬头

不知道古人中哪一位预言家说过一句很有哲理的名言（恕我读书太少，真是不知出自何人之口）：“天有不测风云，人有旦夕祸福。”李帆群挥汗流泪劳改了几年，居然又时来运转，1956年，把他从新疆劳改队选调到了北京战犯管理所，这一下比他代理省党部书记长更加走运，更引起了上下的劳改人员的羡慕。因为集中到北京来加速改造，这差不多等于过去中了举人选送太学来学习。因为谁都知道，集中到北京来的，武官是军长一级，文官是省主席一级，特务是将官级。他一个省党部代理书记长也被挑选上了。这不但引起许多人的羡慕，更引起不少人的嫉妒。甚至有人发牢骚说怪话，说共产党人太不了解情况，把国民党党部的书记长也误为像共产党书记一样，是掌握大权的主要负责人，这样糊里糊涂把李帆群当作重要人物而挑选到北京了。

共产党和国民党打交道几十年，打仗也打了20多年，不少老一辈共产党员在北伐战争期间也就是第一次国共合作期间，连我也可以数得出来一大批当过国民党中央委员的，跨党的中下级干部就数不胜数了，难道会连这一点都弄不清楚吗？当然，在“文化大革命”中，有些所谓造反派头头的确是弄不清楚的，他们看到我写的材料中，没有在国民党前面加一个“匪”字，便严厉质问我，为什么不加上匪字？我理直气壮地说：“如果加上匪字，那不连现在一些当过国民党中央委员的大首长也骂了吗？”我的话音刚落，一记耳光朝我脸上狠狠抽过来，幸亏我从小习武，一下闪开，对方一掌打到墙上，摔了一个趔趄，几乎倒下去。我连忙说，“这是第一次国共合作，文件上都有的”，并且很快找出文件来。他们才如同读《天方夜谭》一样，第一次听到这种怪事似的，在不承认自己太无常识而又死要面子时，只好骂上一句：“过去的都过去了，不准你再提这些！”阿弥陀佛！我总算化险为夷，以后宁可加上一个匪字，也不愿自找麻烦，要骂匪的话，谁都骂上了！

共产党既能弄清国民党内的什么书记、书记长一类的人，只是和行政机关的秘书长、军队中的参谋长一样，不是主要负责人，只是一个幕僚长，完全不同于共产党组织中的第一把手书记那样，为什么会把李帆群和河南省党部代理书记长李佩青也当成重要人物集中到北京呢？我也是直到特赦之后，才弄清楚的。

高级党官打败仗走人

1956年，毛主席下令，集中被俘的国民党高级党、政、军、特战犯进行加速改造，主管部门在执行这一项命令时，便从全国许多监狱、劳改单位去挑选。据说被俘的战犯中，够这一条件的最多的是军长一级的将军。行政官员和特务也能凑出一批，唯独党官太少，只请出一位是专门负责党务工作的国民党中央执行委员兼山东省党部主任委员的庞镜塘。另外几位中央委员都是以军职为主，如杜聿明、宋希濂、王耀武等都是带兵打仗不是专搞党务的。说来也实在令人有点气愤，因为抗战胜利后，许多带兵的将军们都不希望再打仗，以为可以好好享受一下接收胜利果实的清福了。他们都很清楚，打仗不但要打死人，而且战场上的生活也远不像大城市的生活一样舒适。但国民党从总裁到许多党官，却坚持要实行一党专政，不能让共产党分去一部分天下，所以非要消灭不可。等到战争一开始，叫得最厉害、喊打喊得最起劲的是国民党的党官们，看到战争失利，跑得最快、跑得最远的也是这些党官。所以被俘的多是“以服从命令为天职”的傻头傻脑的将军们。虽然国民党的中央委员和中央执行委员、中央监察委员那么多，但被俘的却只有一位书呆子庞镜塘。他是听了山东省主席兼第二绥靖区司令王耀武和副司令李仙洲的话，没有和他的夫人一同跑到台湾。这两位将军曾拍着自己的胸膛向他保证过：“俺们有十几万装备精良的部队，还怕打不过只有步枪迫击炮的共产党军队？想当年日本军队装备比俺们好得多，还有飞机，俺们也熬过来没有当俘虏。你放心好了！”结果这位书呆子和这些将军们一同成了高级战俘后，他也不愿埋怨别人，只自己宽慰自己：“此党国之灾，非人力可挽回也！”

小党官改造凑够人头

既奉命要集中党、政、军、特战犯，（党）只有一个庞镜塘，未免太不够味儿，便只好降格以求，总算找出了两个省党部的代理书记长，也可以勉勉强强对付得过去了。这两位由劳改犯超级提升成为战犯，也许与先人埋葬的地方风水有关吧！李帆群相当聪明，只是喜在心里，而李佩青却喜形外露。他在国民党政府中，最高的职务是七品芝麻官，当过一届小小县长，河南快解放时，当了几天省党部代理书记长，猛一下把他从劳改农场集中到北京，和过去他只能从报纸上看到的这许多大官在一起，立刻有点飘飘然。虽然在学习时他谈不出什么高深的理论，但他却有一手绝招，敢于暴露思想，从吃肉到想吃鱼，吃到鱼又想吃鸡，领到新棉衣还希望能发一件新大衣等所谓见不得人的丑恶思想。每次不论学什么，谈什么，他都能顺嘴溜出一大串来，别人也乐得少讲话。稍许聪明点的人都懂得“言多必失”，一个不留心“失”了一句，够检讨的，所以，谁都不愿阻止他发言，半天学习时间都让他一个人占去，谁也不会有意见。

李佩青充进步过了头

当然，他在许多人中虽然过去职卑位低，但总比一些种田锄地的人要高明一丁点。李佩青知道要嘴巴摇笔杆自无法和这些人比高下，但他却天生气力大，这就能去其所短而发挥其所长。因为集中的这些大官们，绝大多数只是长期接受思想改造而没有经过劳动改造，所以，对力气活不但是门外汉，有些简直连一桶水都提不动。这样，他就有表现自己的机会了，除了争取劳动外，还自动请求负责背杨光裕的工作。杨光裕为什么要人背？这就不得不简单交代一下。这位仁兄是黄埔一期毕业的老大哥，可能是为人忠厚，在中央军中南征北战多年，最高和最后也还只当了第三军中将副军长。1948 年，河北石家庄附近有名的清风店战役中，他和军长罗历戎同被活捉。他脑子一下转不过弯来，认为将军当了俘虏，没能做到“不成功便成仁”的誓言，便在被俘不久，决心自杀，自己放火烧自己。结果棉被烧着后把他两腿烧成重伤，还没来得及烧到上身，被看守发觉而将火扑灭。他双腿经包扎后，他又暗中把药弄掉，用冷水去淋伤口，希望感染成破伤风而死去。最后由于两腿溃烂，医生为抢救而将他两条下腿切去。在医护人员精心照料下，他被感动得哭了几场，终于决定活下去，不再给政府添麻烦。所以，他这位无脚将军在集中后，除学习可以躺在床上外，其他活动都得由人背着。他怕给别人添麻烦，不去看电影，李佩青就坚决要背他去，这样一来，李佩青便有争取的机会了。

老天不负苦心人，等到去进行半天劳动学习时，杨光裕被留在功德林，李佩青去秦城农场，并被选为劳动副队长。这一下他可得意万分，立刻摆出一副“首长”架势。每天分配工作时，他那一副长官姿态，虽然令人发笑，但老天特别照顾他，给了他一双近视眼，管理所几次给战犯配眼镜，他都一再谢绝，表示绝不乱花国家一分钱，宁可视力差点，也要在这些方面表现出与众不同的“进步思想”，别人无论怎样对他那种发号施令的得意形态感到好笑而对他做鬼脸，他却看不见而照样神气活现。有一次，实在使人受不了，有人跟他顶了起来，他满以为有理而去向管理员哭诉。管理员一问，立刻指出他这种态度不对，连政府工作人员也从来不采用这种方法对待这些人。他一听更伤心起来，他说过去这些人对他都能拍桌大骂，今天严格一点他们都接受不了，这不是想翻天！管理员们一经研究，决定把他这个副队长免掉，让他当队员。为了此事，他伤心失意地哭了几场。如果不是我亲见亲闻，你能想到一位省党部代理书记长会这样吗？

李帆群批长官撞崩头

李帆群比他高明的地方要多一些，他是专挑那些能武不能文的来批一下，这也是从几次教训后使他变得聪明的。刚一集中，他看到不但是杜聿明、王陵基这许多大人物，连他过去最为熟悉的一位顶头大上司宋希濂也居然成了他的“同学”，这就不是一般的大事了。据他自己后来告诉我，宋希濂在新疆任警备总司令时，每次去机场迎送，他都排不上队，只能站在记者群中。有一次，宋和他握了一次手，他在报上最显著的地方刊了出来，引为最光荣的事。今天既成了“同学”，他就有权来批这位昔日无法接近的大人物了。不记得是一件什么事，他还没有完全弄清楚时，便写了一张质问宋希濂的小字墙报。他完全不知道这位将军是湖南骡子脾气，谁要惹了他，他一定要以牙还牙，以眼还眼，绝不妥协，也不轻易让步。他一张小字报引来了宋的三张反质问，最后他只好认错，向宋表示没弄清楚乱提意见，做了检讨才收场。所以，他有了这回教训，便学了一句有经验的老话：“黑夜摸柿子，要拣软的吃（欺）!”

我一到北京，因为年龄和他差不多，两人一见虽不能“如故”，但从年龄这一点上还有共同之处。因为许多人比我们都大，他开始也向我试探，估计可能是想欺欺“新同学”表现表现自己。他问我在重庆学习得怎样？看来是一句关心话，但我早就听到快嘴徐远举告诉过我：“注意此人！”我便用严肃坚定的口吻回答他，我在重庆学毛主席著作时，有16个字，我不但学到了手，而且能应用得很好。他一听感到有点既惊异又怀疑，还有点感到我太狂妄吧！因为许多人在谈到学习《毛选》时，总得很谦虚表示，学了不会用，或者说学用不能结合，我居然说学了不但能用而且用得很好，这简直是很少人敢这么说的，他真有点不相信自己的耳朵。但一看到我那样一本正经，又不能不奇怪，便也很谨慎地问我：“是哪16个字？”我便一字一句毫不含糊地背诵：“人不犯我，我不犯人，人若犯我，我必犯人！”背完之后，我右手一使劲，比鸡蛋还大的肌肉隆隆鼓了起来。这意味着什么？他也十分清楚。所以我和他之间，从没有打过笔墨官司，当然他那文质彬彬的瘦削身材，更不敢和我动手动脚了。所以，几年之间，我和他始终保持了淡如清水的君子之交。使他感到遗憾的是，他耍了那么些年的笔杆，揭发了那么多人的“问题”，结果却比我迟出来三年。

卖力不讨好丧气生垂头

另一位代理书记长李佩青比他更加不如，李佩青自免掉了他认为也是个官儿样的副队长后，便极力想争取重新走马上任“官复原职”，在劳动中特别卖力。尤其是有管理人员在场，他几乎和诸葛孔明差不多，大有“鞠躬尽瘁，死而后已”的决心。别人休息他不休息，别人挑五六十斤，他非挑百斤以上不可。许多调皮鬼知道他这种心情，又欺他是近视眼，往往故意和他开玩笑。有一次在挖树坑时，他正在一人深的坑内埋头用力把挖出的泥土向上甩的时候，两个寻他开心的故意轻声而又让他能听到：“怎么？今天局长和处长都来看我们劳动了！”他一听这话，便两手挥动铁铲不停地甩土。他刚想停下来喘口气，这两人又悄悄地说一声：“怎么专朝我们这边走来？”这一句话不打紧，他连汗都不擦一下，干得更加起劲。人毕竟不是机器，一会儿他便汗如雨下，面孔发白倒在坑内。等别人把管理员找来时，同他一道劳动的刚把他费很大气力抬了上来。他一听到管理员说快送他回去休息，找护士长给他检查一下，他马上又跳回坑内，连连说：“我要向解放军学习，轻伤不下火线。”管理员也懂得他这种装模作样的心情，便意味深长地说：“要你们来参加体力劳动，不是把你们当成一个劳动力来使用，一定要完成多少劳动定额，主要是希望通过体力劳动来改造你们过去轻视劳动人民的思想。”他还是没有体会这句话的含义，仍不肯休息，管理员只好使出最后一招：“要你回去休息就得回去休息，不听从就是严重的错误行为！”这句话的确有效，他马上爬上来，垂头丧气地走回去。吃饭时，他悄悄问我：“局长处长什么时候走的？”当我告诉他：“根本没有来！”一听这话，他像鼓足了气的皮球，被人戳了一个洞一样，马上就瘪下去了。

当然，他得到的结果是比李帆群更迟了一年多才得到特赦。

○○五三枉读马列
胡屏翰宁关七年

马列经典读不通，胡言乱语

○○五三者，桂系军队中之某军长也，此人爱与人纠缠，故姑隐其名。

在战犯改造所的图书室借书登记本上，○○五三同学所借的马列主义著作，可以说是最多最全的一个，我连翻都不敢去翻的那又厚又大的《资本论》他居然借过三次之多。这样一位专心致志钻研马列主义的人，在理论方面虽够不上战犯中的"权威"，至少可称得上是一位马列主义的忠实信徒吧！出人意料的，他竟在这个问题上被一批再批。说来也有点好笑，他钻研多年的结果，得出了一个那样荒谬的结论，也可以说是他的学习心得吧！

不论在学习发言上，甚至在写的墙报上，他一再说：人类社会的发展，是和月球绕地球、地球绕太阳一样，循环不停，从原始社会到奴隶社会，转入封建社会后，再进入资本主义社会，又再升到社会主义社会，进入共产主义社会，当然，也和地球绕太阳一样还得继续前进，便又回到了原始公社一样的社会，即没有阶级和国界，社会财富十分丰富，比各取所需更方便，基本上消灭了财产的所有权，并且又恢复到母系社会，儿女只知有母，不知有父了。

他的这种谬论刚一出笼，还有些人一下没有弄清楚。因为他长篇大论地发言时，不少人在闭目养神而渐渐如老僧入定，根本没听清楚，所以在他发言完毕后，照例点点头，这是表示听到了，没有意见，当然也就等于同意了。

当他的发言记录被管理员退了回来，并且要小组长和小组的同学研究一下他的发言有什么错误时，小组长一看，才在大腿上一拍："大事不好！"立刻就有人接着问一声："何事惊慌？"

当小组长的人，可能比组员们要高明几分，原因是他看过之后，才感到〇〇五三在发言时，他自己也没有认真听，担任记录的那位同学也没有水平，小组长更没有仔细看过一遍，照样签上一个代号便送上去了。管理员是对每一份发言记录都要认真看，有时还要搞一些送到处和局以至到部一级去看，所以他发现〇〇五三的发言有很严重的问题，才交回小组。尽管他交回时的态度和平时差不多，但善于察言观色的小组长一听就知道不是一个小错误，因为管理员先问他："这个记录你看过没有？""看过！""〇〇五三发言后，有没有人提意见？""没有！""你为什么也不提意见呢？"……天晓得！他也和平日一样在打瞌睡或胡思乱想，哪里能听出什么错不错。因为按照一般情况来说，在学习发言中，如果谈文件和报纸杂志，大都是"照本宣科"，或重复一下文件精神，都是老生常谈，听不听都一样，出不了毛病，只有在生活检讨会上或思想检查会上，那才要一字不漏地听清楚，小组长还得亲自作重点笔记。他怎么也没有料到〇〇五三居然有那么大的胆子，在学习文件发言时走了题，而出大毛病呢？

当小组宣布，整个上午的学习时间研究〇〇五三的发言时，的确使他们大吃一惊，原来这位仁兄借谈社会发展规律，诬蔑共产主义社会最后便成为"共产共妻"了。〇〇五三当然不承认这一结论，可是记录上黑纸白字写得清清楚楚，"……基本上消灭了财产所有权，并且又恢复到母系社会，儿女只知有母，不知有父"。还不是在骂共产主义最后还是走到"共产共妻"！

小组批完大组批，草草收场

像这种原则性的错误，立即由小组批判升级到大组批判（每一小组推派一两人参加），最后便提高到全所批判。〇〇五三不但不承认他的错误，而且敢于写成墙报，公开贴在“新生园地”上面，用以反驳大伙对他的批评，以牙还牙，便又展开一场“墙报战”，每个人都被小组长动员写批评他的墙报。在我当时的日记本上，我发现我只写了两首“西江月”的打油词想吓唬吓唬他一下，有一小段的词是这样：“警告〇〇五三，这回不比往常，不获全胜不收场，后果务须想想！……”没有料到此君胆量和我一样大，这样几句话岂能吓倒他，不过我也是在信口开河，因为不但没有获全胜就草草收场，后果也没有什么。他还是照样和我们一道吃饭学习，既没有按照有几位高喊大叫给他关进单人房，更没有按照他们的请求给他钉上镣铐。处长亲自在大会上做出的结论，也只是叫他好好想想自己的错误，虚心听取“同学”帮助。什么时候认识到错误时，可以在小组学习会上或在墙报上表达出来，不要背包袱，照常生活等。

大会虽这样宣告结束，但许多人思想上却波动了一下，很多人不理解，为什么〇〇五三看了那么多的经典著作反而出了这么严重的毛病？管理员便抓住这一苗头要我们好好研究一下。毕竟这些战犯还不是被有些人描写得那么愚蠢，一经讨论，马上得出结论来，认为〇〇五三不过是青出于蓝而没有能够胜于蓝的一种表现。

许多人都清清楚楚地记得，国民党许多“反共理论家”，不是专门去莫斯科中山大学学习了几年回来，才著书立说进行反共宣传吗？

这个秘密一戳穿，大家就见怪不怪，并联系到别的一些借口根据什么书什么报而乱说，对共产党进行指桑骂槐的攻击不都是同一根源，同一手法吗？

管理所对这些“无师自通”的人，口头上都给予了表扬，说这就是理论联系实际的好例子。虽然只联系了这么一次，在那种场合下，也会使一些人有点飘飘然。

第三种类型的人为数虽不多，却也是很值得谈谈。我特意选出一位军统局的老同事，局本部军事情报处少将副处长胡屏翰作为代表。这也是想借此说明一个问题，因为过去我们不止一次听到“老头”和“老板”亲自告诉我们，说军统特务一旦落入共产党之手，不是杀头，而是会千刀万剐。信不信由你。我在战犯管理所，却见到了将军一级的军统大特务有 20 多人，如张严佛、鲍志鸿、郑锡麟、沈觐康、刘崇朴、曾晴初、周养浩、徐远举、廖宗泽、邢森洲、文强、董益三、岳烛远、黄康永、郭旭、黄逸公、马策、王乐波、李汉元、程浚、魏文海……加上我这个小老弟，不但没有被剐掉，而且身上也没伤疤。不过有些顺应发展规律，没有等到毕业，便已“作古”了。这个文绉绉的名词，是我刚刚翻词典时发现的，注明：“《书》婉辞，去世。”这比直书其寿终正寝还要文雅一些；第一次被我用上了。因为今年我收到海外亲友几十份贺年片中，有位老朋友在贺卡上写有几句话，其中有“……每读《百姓》必先阅大作‘战犯所见闻’，没想到昔日耍刀玩枪之士，今成舞文弄墨之人……”长者的勉励，使我既感且愧，所以，不能不多翻翻书本了，使写出的东西文雅一点。

态度坚决，胡屏翰宁关七年

闲话已多说了，还是书归正传吧！胡屏翰于陆军大学第十三期毕业后，可能由于高不成低不就，他一直无事可做。正遇上戴笠想多找一些学军事的人才来主管军统的军事情报，以免让那些没有喊过“立正、稍息”的文人在处理军事情报时连军语也不懂，闹出笑话，所以，要军事情报处副处长杜逵（号亚坪，云南人氏）找几位进来，他便把他在陆大十三期的同学鲍志鸿、胡屏翰等拉了几位进军统。抗战期间是“军事第一”，军统局又属于军事部门，军事情报就也显得很重要了。胡在军统任副处长两年多一点，便抗战胜利，军事变得不重要了，胡屏翰就被调为设计委员会委员。不久，又时来运转，被担任军事调处执行部负责国民党方面工作的、继戴笠而任军统局局长的郑介民看中，调他任军调部什么地区的小组长。这个小组可不小，组长的下面还有一位美国派来的副组长和中共派来的副组长。不论是国民党军队统治的区域还是共产党治理的地方，他们都能进出，除有吉普车代步外，所到之处均受欢迎。但好景不长，国共和谈破裂，军调部撤销，他因为在这一段期间“表现甚佳”，所以没有待业，又转到陆军总司令部去当了少将副署长。当然，像他这样一位不大的官，在全部崩溃而逃往台湾之时，是轮不到他的飞机票的，所以解放后，他硬着头皮去西南的军政大学报了到，进行一下学习。在填写履历表时，他只轻描淡写地附上一笔抗战末期在军统局任过一段时期的副处长，有人问他：“参加过军统组织没有？”“没有！”他答道。

当到军统局局本部主管情报的副主管不参加军统组织，这是很难使人相信的。为了这个问题，他从军政大学被送到公安部门的监狱。在对他的讯问中，他始终不承认参加军统。就在这样一个问题上，这位江西老表表现得十分坚决，无论怎样告诉他，承认了没有什么，不承认反而麻烦，但他却坚持他在军统工作几年，不能算是军统分子。最有趣的是，他告诉我，审讯他的工作人员曾对他说过，像他这种情况，只要好好交代清楚自己的历史，很快便可以处理，并一再说明，不会关他十年八年，要他不要恐惧。他一听便很高兴，认为不会关押他十年八年，那顶多七年就解决了，所以他便希望等到七年便释放出去。问他什么他都不肯讲，专门等关满七年，结果成为一个典型。

像这一类型的人，在战犯中有几种不同形式的表现，一是以低级冒充高级，如明明是上校，却硬说自己是中将或少将，而有些则是中将或少将却说是中校、上校。另一种是隐瞒或缩小自己过去所干过的一切，而有些又故意夸大自己干过的一切。这些形形色色的情况，这里就不一一列举了。

同为战犯，李白应叹改造难

思想改造之难，有位熟读唐诗的同学有次仰天长叹之后，忽然高吟：“改造之难，难于上青天！”有人问：“这是谁的诗？”“怎么？你连李老同学的诗都忘记了？”这几句说得我都糊涂起来，但忽然一下想起李白在他的《蜀道难》那首诗中写道：“蜀道之难，难于上青天！”我便指出他乱扯一气。他很不服，马上同我争论起来：“你读书不会联系实际，我们打败仗当了战犯在一起改造不是互称同学吗？”我说：“对！我们称同学，你怎么把我国的有名诗仙也大胆叫起同学来？”他哈哈一笑：“你去翻翻唐代历史，公元757年，李白在安史之乱后，本想隐居在江西庐山，却被永王李璘邀到他的幕府，当一名大约是什么顾问一类的清官，后来李璘违背他兄弟肃宗的命令东巡，准备夺取天下，被肃宗击败，李白和李璘一样成了战犯。如果退到今天，他也许会和我们在一起改造，不会长流夜郎，走到巫山才遇赦回来。从他打仗被俘虏这一点来说，与我辈差不多，所以称他为李老同学，已经是客气了。在同学之上再加一个老字，便是因为已隔了一千多年的关系……”他这番谬论，虽然引起许多同学发笑，但他还是一本正经地说：“如果李白和我们一样接受思想改造，可以肯定：他再提起笔来，一定会写‘噫吁，改造之难，难于上青天！’他绝不会写《蜀道难》这首诗了。因为今天去四川，天上有飞机，地上有火车、汽车，水上有轮船，还有什么难可言呢？”

虽然这位同学是在开玩笑，但却可以作为本篇文章的一个结尾，思想改造是有些和李白当年去四川一样的困难，改造的历程是需要通过许多的艰辛道路，才能到达如花似锦的天府之国成都平原的。

交代思想问题
戴笠私情未忘

帽子扣下比石头还重

共产党改造罪犯的政策是“劳动锻炼与思想改造相结合”。目的是要化消极因素为积极因素，使犯罪的人能认罪服法，成为自食其力的劳动者。

在执行这一政策时，是原则不变，但对具体的人采用具体办法，也就是说运用时有灵活性、伸缩性，不是一成不变死板板的。所以，对有些人是以劳动为主，有些人是以学习为主，对待高级犯人——战争罪犯就更灵活了。因为这些人过去不少是参与制定国民党内外政策的人，要不就是独当一面或是统率重兵，都是上层统治者。他们在国民党“攘外必先安内”这一基本国策下，都能自己根据具体情况和需要，可以自己制定一些临时性的法规。甚至一句话也成了一个地区或多少万人必须执行的法令。在大发雷霆时，桌子一拍，就人头落地。对于这样一些人，单靠劳动一下，能够改造好他们的思想吗？

唯物主义者不同于唯心主义者的主要方面是实事求是，具体情况具体对待，所以，我们这些人多年来一直是以学习为主，即从思想上进行改造。当然，也得要劳动劳动，起码不会像我小时候那样。我在吃饭时掉了满地饭粒，父亲质问我：“这样糟蹋粮食，你知道这些东西是怎样来的吗？”回答得那么肯定：“谁不知道，这是厨房里的王二挑来的！”

在秦城农场去劳动时，除农忙偶尔全天劳动外，基本上维持半天劳动半天学习。不过我们当中有那么几位，他们的言论至今仿佛仍在我耳边打扰着我。他们一开口，总是说：“看你这样拖拖拉拉地干，将来释放你，让你去自食其力的时候，你怎么能活得下去，难道还有脸向政府伸手要救济费吗？”

我每听到这样的话，总忍不住要暗自发笑，并且还忍不住要在背后议论他们几句。有一次，不知怎么让他们听到了，便质问我：“你说我们比共产党还左，我们受得了吗？这不仅仅是打击我们，而是污蔑共产党还不如我们！”好大的帽子，这比西藏过去一些奴隶主挖奴隶的眼睛时使用的石头帽子还重得多。那种石头帽子扣在头上，只把眼睛挤出来好把眼球摘掉，而他们这种帽子好像要让我连舌头也压出来，以便让他们割掉才甘心。

当然，我并不太傻，也懂得“急流勇退”这门巧计，马上来个自我批评，比他们准备加在我头上的罪名还要重，把什么我想要造反，想要借此来诬蔑共产党，达到推翻共产党的目的等都搬了出来，即使是说我有一点“大帽子底下开小差”之嫌，但我总承认了自己有严重思想问题，借题发挥这样一顶他们认为恰如其分的帽子，也可以鸣金收兵了。

养尊处优惯了，要劳动改造

我虽不是一个“睚眦之怨必报”的人，但也不是什么忠厚长者，而是一个爱说俏皮刻薄话的人。这几个过去批过我的同学，他们几乎都有那么一种相同的认识，释放出去，靠自己自食其力，没有战犯管理所舒适；在那里既不要出房饭钱，连水电费也免收，到时还发衣服帽鞋及日用品，每天只需用嘴巴批这个斗那个一下，就混过一天，所以，他们几位都是在里面安度了20多年的清闲生活，于1975年因全部战犯都一起特赦，他们才跟着走出来。当然，这样的“假左真右”分子，是不会让他们留在北京而被送回原籍去安置。我每年出去参观视察或避暑等，遇到其中的两三位时，我总向他们表示一下谢意，如果没有他们那样认真帮助我，可能我出来还会犯原则性错误，所以，我照例在我住的宾馆请他们吃一顿饭，以示酬谢！可能这几位仁兄已变得比我忠厚一点，他们还很谦虚一番表示未能早日争取出来。我只好真心实意安慰他们几句："君不见京戏一开场，总是跑龙套的先出来，主角最后才亮相，从整场戏来说，唱压轴戏的也都是名角。"他们点点头，不知道是表示什么？因为我非他们，不能知道他们究竟是怎么个想法。不过也不外是感到后悔没有老老实实去改造，或者自我安慰一下："老子虽然迟出来十多年，但总算是看到大家都出来了，没有让一个落后分子留下来，这难道不是老子们帮助别人的功劳？"果真如此，那自然应高翘大拇指，连喊："佩服！佩服！"

我说劳动锻炼比思想改造要容易，这是自己亲身体会出来的，绝对不是关上书房门吐着烟圈圈，冥思苦想，编造一套。

这些国民党的方面大员，或国民党的重要骨干，并不像五六十年代一些电影描绘的那样，国民党的将军和大官都是饭桶草包（当然不是没有那样的典型人物，但不都是那样），共产党的侦察人员，随便化装什么"长官"，就可以问什么答什么，要什么给什么，一点也不怀疑，直到被活捉才恍然大悟："上当了！"我们每次看到这样的电影后，常常彼此悄悄问一声："你是不是这样被活捉的？"可能是死要面子的关系，我还没有听到哪一位"同学"承认和电影中所描写的一模一样。相反，只常听到说："如果真是那样，胜利者也没有什么值得骄傲！"或者说："今天我还不会是那样草包，十年前我会是那样愚蠢吗？"还有些人说得更露骨："如果真是那样轻易打垮了国民党，成百万的烈士要大叫冤枉，他们怎么会死在不会吃人的纸老虎口中呢！"

从劳动中很清楚地看得出，这些过去四体不勤、五谷不分、养尊处优惯了的人，要是放下了过去的臭架子，学一门就会一门。谁会相信曾经统率近百万大军的杜聿明，不但能剪裁缝制衣服，而且是嫁接果木修剪葡萄的能手；代理过山东省主席的第二绥靖区中将副司令牟中珩能成为手艺高超的理发员；二十五军军长陈士章、洛阳警备司令邱行湘等能成为干农活的内行和多面手？

当然，在不太长的时间内，这些人学什么会什么，主要是从思想上解决了一个问题：人活下来，不只是为了自己，还得做一些对人类、对社会、对国家有益的事，否则，奴隶主的皮鞭下，是抽打不出这种出自内心的觉悟和干劲的！说是奇迹也可，说是一种必然的规律也未尝不可，真理总是真理嘛！懂得了做人的道理的人，谁又不愿去多做一点为子孙后代所称赞、而不会被人咒骂的事呢！

十个指头都不会一样齐，个别想不通的人还是有，特别是年龄较大、一向有抵触情绪的人，往往会产生：没有几年好活了，再争取还不是一名战犯！有这种思想的几个人，他们都得到耐心的帮助和教育。我的日记中，曾记下杜聿明帮助有这样思想的一位“同学”时，说过这样的几句话：“人没有不犯错误的，只要错而能改，总会得到人们的原谅，对于我们来说，战犯只是一个过渡的名词，今后肯定还有一段时间让我们自己把自己的历史写好，都还没有到盖棺论定的时候，应当分秒必争才不负此生嘛！”所以，在劳动锻炼中，虽有些人拣轻避重，但多数是争挑重担，却没有发现一个公开表示不接受劳动锻炼的。

我们正式从事体力劳动的锻炼远没有思想改造的时间长，更没有思想改造时那么困难、曲折和复杂。劳动不劳动，可以看得出来，思想是看不见的。不过也不是完全看不出，思想表现于每个人的言行上，一句话，甚至一点头、一摇头，都能表达出一个人的思想立场来，在某种情况下，比劳动更加容易看得出来。不过要仔细观察和正确地分析、研究才能弄清楚。

为了能起抛砖引玉的带头作用，我先来解剖自己一下，再举出几个典型人物，这样也比较公平合理，至少可以避免指责我只会丑化别人而专门美化自己之嫌吧！

思想改造困难而复杂

我在11年改造过程中，有不少思想问题，有的已解决了，有的解决得不彻底，有的直到今天还没有完全解决。为了不愿占太多篇幅，我只举出三件较为重要一点的谈谈。

第一，我对认罪问题有过不少抵触。那还是在重庆学习时，几个和我同在军统局的老同事指出，我在军统中曾长期从事逮捕、绑架、暗杀等工作，而且还培植出大量从事这类工作的学生，他们认为死在我手中的共产党员和民主人士、爱国青年等是数不胜数的。一开始，我不承认我干这些事是什么罪行。因为那些人在国民党统治区从事反国民党的工作，我当然要抓要杀，因为我如果到共产党统治区去从事反共产党的工作，他们也一样要抓我杀我，这是各为其主。说有罪双方都有罪；无罪双方都无罪。如果国民党不打败仗，我不但是无罪而是有功。至于在我手中杀掉过多少人，我自己是有数的，虽然记不清姓名，大致上有多少我是记得的，说数不胜数，我认为太夸张了。我当时特别强调，我长期是奉命而行，只有在云南快解放时，由于情况很乱，我来不及请示，也不容许我迟疑，我才自己决定杀过一些人。当然，这种思想一亮出来，批和斗是不会少的。我是怎样解决的呢？这就说来话长，不是几千字可以说清，但也可以长话短说。我最后是由自己作出了比较正确的认识，既说出又写出，结论是对别人的帮助诚恳接受，并且口服心服。管理所的领导也认为可以了。

第二，我不承认什么阶级斗争，我只是承认我过去所作所为是为了国民党和自己的利益。有一次，在一些好心的“同学”帮助我时，他们让我敞开思想，谈我是怎样为了自己利益的典型事例，我举出了1949年9月9日晚上，我在云南省昆明市主持的一次大逮捕来作说明。

那次我预计要逮捕400多人，都是政治上有问题的。一开始，我叫昆明警察局看守所所长腾出十多间大房间准备关人，指挥由刑警大队队员、保安警察和宪兵混合组成的20个小组，按名单去搜捕。不一会儿，看守所所长来向我报告，说十多间房间已经满了，睡下去连身都不能翻，我桌子一拍：“我抓他们是来坐牢的，坐牢就是坐着，谁叫你让他们睡大觉的？”所长低着头走了，一会儿又来报告：“坐也坐不下了！”“站！”我只回答他一个字。不一会儿，他又来报告：“站也站不下了，不能再抓，没地方可以关了！”我略一考虑便叫他把所有的强盗、小偷、流氓、扒手等刑事犯全部释放，腾出房间来关政治犯。他站着不走，嗫嚅地说：“要是那样做，整个昆明的社会不是乱成一团糟？”我猛地站了起来，大声呵斥他：“快照我的命令去办，释放刑事犯只是乱了社会，乱不了国家！强盗抢不了你也抢不到我，政治犯是要我们的政权，要我们的命的！不执行马上枪决你！”

我像说故事一样刚说出来，站在一旁听我讲的管理员立即指出：“你不承认有阶级，也不承认有阶级斗争，这就是最生动最具体的一场阶级斗争，是资产阶级和无产阶级争夺政权的激烈斗争，你可以好好想想……”我听了好像明白又好像不太明白。散会时，却来了一个节外生枝的小插曲。

事实证明自己非无产阶级

由于平日管理人员在我们学习中有争论时，一般不马上下结论，因为一作结论，许多人即使不服气也不便（说不敢更确切些）再去批斗那些他们认为的“顽固分子”，又少了一次他们表现自己的大好机会。他们对我不承认什么阶级和阶级斗争，原来准备至少六七个半天，经管理员这样一说，让我好好想想，就可以收场了。偏偏我这头还保留不少牛脾气的湖南骡子，常常不信邪，不懂就不懂，不通就不通。正当他们感到有点遗憾，没能按照预定计划斗我一星期，太便宜了，我却在提起小板凳准备回到寝室去休息时，冒出一句：“今天我也变成无产阶级了！”“放屁！你配做无产阶级！”“你还胆敢诬蔑、侮辱无产阶级，你这地地道道不折不扣的大资产阶级……”还有几位正在准备好舌剑唇枪向我猛攻狂袭时，我把手一摆，抢先大声叫了起来：“今天我洋房、汽车、黄金，甚至一家老小都没有了，只剩下光棍一个，筷子一双，还不算是无产阶级吗？”

自然，这更是严重的思想问题了，这就得加上一倍的时间来批斗我了。说也奇怪，这回是管理员把我叫到他的办公室去和我谈了一个多钟头。他当场宣布，这是一个认识问题，由他帮助我。他和我谈的主要方面是说明两个阶级的不同点，从出身、人生观等谈到在国内革命和世界革命中的立场、观点许多方面的不同表现、代表什么人的利益等。这里就不详谈了。

我虽然没有对这一问题作过书面及口头的检讨，承认我冒充无产阶级，但从多年的事实的确使我认识到了，我称不上是无产阶级。

1960 年，我得到特赦后，报上曾经称我为“爱国人士”。1949 年，我被人用枪口顶在我腰上而在起义通电上签了名的档案，卢汉把它压在云南 30 年。后来因管理档案发现而承认我的起义，1980 年，遂把我改为“起义将领”，家属也成为革命干部家属。这几年我又成为“知名人士”，由于我不参加任何民主党派又成为“无党派民主人士”了。有了这么多的光荣称呼，却还不能称无产阶级，我又有点犯老毛病了，可能由于我不仅工资高稿费收入多，国外亲友常有馈赠，我家早已全部电器化和有不少存款了。既然资产阶级的帽子早摘掉，那么，我今天究竟算什么呢？我想了很久，便自己给自己加上一个我认为恰如其分的帽子，既不属于剥削别人的资产阶级，又还不是大公无私的无产阶级，那就算是“有产阶级”吧！

冒死救戴笠成今日罪证

我的第三个思想问题，是对多年培植过我的军统特务头子戴笠的私情未能忘怀。虽然他过去带着我干了许多反共反人民的工作，我认识到那是不易得到人民原谅的罪行，但他对我曾经是那么照顾，私人间的感情总是无法能一刀两断的。每到他摔死的那天，我常常提醒在一起改造的军统老同事：“今天是 3 月 17 日。”下文不用说，谁都知道我是在怀念戴笠。绝大多数的人总是劝我“不要谈这些”，怕我犯错误。但也有那么一个，比我们进步几寸的，便在小组的生活检讨会上对我提出严厉的批评，并揭我的老底，说戴笠的飞机失踪后蒋介石决定要派一名将级人员持他的手令到解放区去营救戴笠，别人不肯去，只有我愿前往。因为估计飞机一定迫降在解放区，所以毫无消息，如果降落在国民党统治区，绝不会联络中断。要去解放区是很危险的，还要从高空跳伞下去就更危险了。抗战胜利后，大特务都发了不少接收财，我也不例外抢到了大城市的洋房、汽车，可以享享胜利后的快乐日子，但出于私情，我不管家人的拦阻，决定要去。后因情报不灵，从事情报等特务工作的头头摔死在首都南京附近三天才被发现，我才没有去冒险。但这也足以构成批斗我的最好材料，何况我还在提醒别人不要忘记他是 3 月 17 日摔死的。

这件事当时十分出乎我的意料，我是做好了一切最坏的思想准备的，结果，竟是由管理所的负责人指出：只要不是承认戴笠过去反共反人民是对的，而去称赞他的这些，相反还能批判这些东西，只是在私情上怀念，这不是什么严重错误，共产党允许子女对反革命父母在思想上划清界限后，私人间还是可以往来。这在当时，还是第一次很出人意料地处理这样的严重思想问题，使许多人都感到奇怪。不过叫我以后至少不能再去提醒别人“今天是 3 月 17 日”。自己怎么想，放在自己心里，不要去影响别人。这点我当然可以做到。

一个军统大特务在和共产党打交道时，毫无疑问，是要经过考验的。同样，我也是要注意共产党人说过的话是否能兑现，在对待戴笠这个问题上，我不但在我特赦时的思想总结上把它如实地写了上去，而且在我写的回忆录《我这三十年》上面，都详细地写了 1964 年 3 月间去南京等地参观时，我专门去灵谷寺看了戴笠的坟墓。除吴稚晖写的墓碑不存在外，墓还是完好未动，因为是我亲自主持修建的。当时就怕人恨他而毁坏，所以是用水泥砂石搅拌在墓穴，使棺木与整个墓穴凝结成为几公尺厚的一大块。我仔细看了一遍，完全没有动过。我在这一段文章中特意表达了我对他“难以忘怀”的私情。我女儿在给我整理时，竟大吃一惊！她笑我有点老糊涂了，怎么把这些只能放在心里的话也写上去？她正准备把这一大段涂去时，我坚决不同意。她有点担心了：“送去审查能通过吗？”“试试看”，我蛮有信心地回答。

说坟被挖是闭门造车

当送审稿退回时，我急忙翻开这段一看，全文一个字都未删去，这反而使我感动得用手按在原稿上，久久说不出话来。因为前几年我看到香港一本刊物上有一位老同事写了一段与我完全不同的情况，他说：南京刚一解放，南京人民就把戴笠这杀人魔王的坟挖开，对他进行鞭尸泄恨……这种闭门造车的写法，真是漏洞百出。南京刚一解放，人民要做的事可以说是千头万绪，即使把这种事当成头等大事，也不是一下能挖开的。共产党都宽恕了的一个死了的老上司，何必要在笔尖下来鞭挞一下已烧焦了的尸体呢？我估计这位老同事可能在戴笠下葬那天，他和某一位县太爷一样，一听人禀报抚台大人的夫人死了，便马上吩咐“备轿”，连午饭也来不及吃就要去吊孝。刚上轿，又听人禀报：不是抚台大人的夫人死了，而是抚台大人死了。县太爷便立即下轿吃饭，自然还照样来三杯。可能是戴笠下葬时，这位老同事因吃饭喝酒未赶上飞机而没去，未能亲眼看到那坟修得那么结实，绝不是人民（当然是指老百姓）不用炸药而能挖得开的。也有可能，贵人多忘，挖坟掘墓在南京确实有过那么一次，那是抗日胜利后，不是新中国成立后。时间是 1946 年 1 月 21 日深夜，国民党七十四军的五十一师工兵营，在军长邱维达和陆军总司令部工兵指挥官马崇六等的指挥下，奉命将埋在南京明孝陵附近梅花山的汪精卫的坟墓用150千克TNT炸药炸开，也没有鞭尸，只是用火连棺木一起烧掉，执行的人只在汪精卫穿的马褂口袋内搜出一张三寸多长的白纸，上写“魂兮归来”，下款署名陈璧君。可惜当时他们把这一张由日本招魂归来的纸条撕掉了，如果保留它几百年，不是可以和拿破仑写给约瑟芬的情书、贝多芬的手稿，以及彼得大帝擤过鼻涕的手帕一样拿到英国、美国的拍卖行去高价出售，不是可以给后人留下一笔不小的遗产吗？

王凌云爱谈往事

举止非文官，貌不似将军

我从重庆战犯改造所转到北京的第三天或第四天，发现挑饭的几个同学当中有一位穿得与别人不同。别人最多衣裤上有两三个补过的地方，而他的衣裤上却有五六处之多，还有一两处是大补丁上又加上小补丁，不用问，一看就能知道这是一位“节约标兵”。

我从他的举动便肯定他不是一位文官。除了他那一身气力与粗犷、豪放的动作和言语外，几位大文官我差不多都认识或见过了，而这一位，细看那一副眉浓眼不大的面孔，又似曾相识，但一时却想不起来。我不愿用不尊敬他的话来形容他，但总有一点“望之不似将军”的感觉。

我怀着一种好奇又急于想知道此君是谁的心情，悄悄问了一下军统老同事郭旭。他是一位非常忠厚的财神爷（他在军统一向主管经费），北京监狱中的老资格。1950 年，我和他在昆明监狱分手后，他便被送到北京，他的代号是一〇七，可见其年资之老，连杜聿明都远不如他（杜编为二〇一）。1956 年，我和许多调到北京的都属〇〇多少，这可能是区别于那些老同学的最明显标志。

当我从郭旭口中打听到此人是王凌云时，便立刻想起，我还与他有过两面之缘呢。

闻、李被暗杀，军统未知情

我第一次见到他，是 1946 年 7 月间，是在曾经轰动全国的民主人士李公朴和著名诗人闻一多在昆明被人暗杀后。那次我随同刚刚走马上任的警察总署署长唐纵一道去侦破这一案件。开始，连蒋老先生也弄不清，气急败坏地从庐山打电话到南京，责问军统头子毛人凤，为什么干出这种引起全国人民指责的蠢事？

这件暗杀案的确不是长于搞这一手的军统特务干的。大总统还没有选出来，宪法也没有颁布，谁这么没头没脑干出这一打草惊蛇的笨拙勾当？连毛人凤也猜不透。为及早弄清真相，以应付一下全国哗然的舆论，只好派出负责全国治安的头头、警察总署署长唐纵亲自出马。这总不能不说是对此案的特别重视，可以让人民少安毋躁，定有平息民愤的交代了。

唐纵是老军统头子。戴笠多年处心积虑筹划的掌握全国警察大权的单位因戴笠摔死而落到他头上之后，真是“喜从天降”。不料刚一上任，连总署的人事安排还未就绪，就碰上了这一棘手的大案，大有“祸自地来”的苦恼。他在南京与毛人凤一商议，决定先飞重庆，那时我正在重庆处理军统和中美合作所的财产、武器等。接到毛的电话，便把唐纵接到戴笠在重庆的一处豪华别墅。他便选好在重庆准备去南京还没走成的原军统人事处长、后任军委会邮航检查处长的李肖白，以及在军统中负责过行动工作（专搞逮捕、绑架、暗杀等）的郑修元、许建业和我四人随同他去昆明。这位老谋深算的特才（特务中之干才也）诚不愧为军统的领导，他一下飞机，关照我办的第一件事，是叫我立即去军统在重庆的看守所中，挑选两名违犯过军统纪律的犯人带到昆明，让他们出面顶替暗杀李、闻的杀手。不问其罪行大小，只要在公审中承认自己是凶手，并且吞吞吐吐地暗示出和中共有关，但又不能承认是共产党。这样不但可使全国人民皆知不是国民党干的，而且意味着是共产党所指使，更可避免中共方面要求参加审讯和反驳。所以，挑选的人要很适合条件，而一经“使用”过之后，等到执行死刑时，便可将其他判有死罪的犯人顶替。这两人就可以派往东北或西北地区担任较好的工作。

隐瞒真相，王凌云不敢赴宴

我按照这一指示去看守所挑选，只有一个担任过军统局局本部文书科司书的王某合适。他很胆小，怕一旦承认下来宣判死刑后立即执行，来不及换他。他在军统的时间虽不长，听到过不少军统常常使用“走马换将”之类的手法，但更会使用“弃卒保车”。他担心被利用后一下把他“弃”了，枪毙了也无法喊冤。我当即向他保证，绝不会当场执行，一定能有时间换他。可是他还有点担心，直到我愿先写一个证明他是军统人员的纸条让他带在身边，最后关头拿出来，以防万一外，我还自行做主给他加了五两黄金作为奖金，他才答应下来。

第二天一大早，我去陪唐纵吃早点，并把只挑选到一个合适的人告诉他。他叮嘱我务必再挑一个才像那么一回事，他说这叫一箭而三雕：既应付了“老头子”，又平了民愤，还可以中伤一下中共。

我们的早点刚吃完，南京的长途电话来了，毛人凤告诉唐纵：军统云南省站已查出了暗杀李、闻的凶手，要唐马上去昆明。唐一听十分高兴，当然不用再带假凶手去了。

当天下午，重庆航空检查所把飞昆明的班机上的客人拉下五个，让我们五人飞到了昆明。军统云南站长王巍等唐到了住的地方，刚一坐下，就把暗杀李、闻的情况，详细向唐做了汇报。谁也没有想到，此事竟是云南省警备总司令霍揆彰派人干出来的。凶手由主持此案的情报处长王子民率领，一行 30 余人（连同凶手们的家属）由霍交与第二军军长兼滇西警备司令王凌云，安置到大理后山无为寺内，用好酒好菜招待着。

霍与唐是湖南酃县小同乡，向有往来，唐便亲自去找霍商谈。霍一口否认他知道此事，反过来请唐代为破案。谈了两天毫无结果，云南省警务处长李毓桢向唐报告，王凌云已由大理到昆明，可不可找王从侧面试探试探，唐便和李毓桢出面请王吃饭。请帖送出后，很快，王凌云便到李家找李。我和郑修元、许建业都住在李家，只有李肖白陪唐住在附近上海大营造厂老板陆根泉家中。由于李不在家，我便接待了王。王表示因第二天一早又有事要回大理，唐、李请吃午饭他无法赴约。很显然，这是霍揆彰怕他嘴不稳，在这些特务头头们面前喝醉了吐出真言，把他撵回去了。

死囚顶真凶，主犯升官去

第二次我和他见面，是 1949 年。他新任河南第一路挺进军总司令后，在重庆见毛人凤，请毛派人和派电台到他总司令部去。恰好我也去找毛，毛留我和王一道吃饭，这样由一次见面而变成再次见面了。

王为人很有点江湖朋友味儿，他一听说我也送到北京来了，便到我的房内找我。一见面，彼此几乎都是同样地问一声："你怎么变成了这个样子？"过去我们见面都是那么神气十足，今天都成了劳动者一样，当然应当都有此感觉。不知是他先问我，还是我先告诉他，这都不必去考证了，总之，两人第一次谈话就是李、闻案的处理经过。由于军统向"老先生"如实报告了霍揆彰是此案主谋，霍被找到庐山挨了一顿痛骂，并撤去云南警备总司令职务，虽未查办，但限他交出凶手。他只好抛出开枪打死李、闻凶手各一，即总部特务营连长汤时亮、李文山。经各方会审直认不讳后，宣判死刑。执行时，他们竟如此无师自通，临时也是从军法处监狱中拉出两个别的案件判了死刑的犯人，用酒灌醉之后，绑赴刑场，沿途戒备森严，枪决后立即掩埋。而判死刑后还活下来的汤、李两犯，直到全国解放才被搜捕出来。当然，他们是没有资格坐飞机逃往台湾或去海外当寓公，只有硬着头皮再直认不讳一次了。

山大王当官，官匪分不清

霍揆彰为什么无故要派人打死李、闻，主要是军人性子太急，他想兼云南省主席，想讨好讨好"老先生"，因他常常听到"老先生"骂这些民主人士帮共产党而不帮他，所以霍便投其所好。不料为时太早，正如 1947 年他在长沙新建的别墅嵩庄招待我吃便饭时说的："如果现在杀这些捣乱的人，那就不是犯错误而是立功劳了。"虽然为时过早一点，但功劳簿上并没有漏掉他。他刚把新居建好，还没享受几个月，掌握湘北军政大权的第十六绥靖区司令官的显赫官职，不又落到他的头上了吗？

我第一次在昆明见到王凌云时，一听他是第二军军长，便以为他一定是中央嫡系重要骨干，从这个军的番号来看，谁也不会想到是“杂牌子”。第二次毛人凤请他吃饭，他刚一走，毛就对我说：这位“山大王”对我们工作很有帮助。我这才知道他是搞过打家劫舍的寨主。所以在战犯所中，我对此人便有另一种兴趣。我没有当过“山大王”，却很想知道干这一行当的内幕。

有一天，我和他一同去挑早上的洗脸热水，这只用两个人就行，但要早点去，等管理员开铁门领我们去厨房，所以我们总是早十分钟去等。那天管理员来得比较晚，我们两人便可畅谈一下。王这人确很豪爽，一开口就自己承认是当土匪出身，我连忙说：是干“劫富济贫”的工作，在“替天行道”。他笑一笑：“是劫富拉贫！替自己升官发财！”我开始有点误会，以为是“劫富拉平”，经他解释才明白，他劫富人、拉穷人入伙，等有了人和枪，经政府一收编，就成了官。

他说在河南先当土匪后当官，是正当的出路，许多新中国成立前有名的军人如刘镇华、张治公、樊钟秀、孙殿英等许多人，都是先当土匪后招安的。如1926年的豫陕甘剿匪总司令刘镇华统辖的几万人，都是从土匪中编过来，又担任上剿匪的任务，连他们自己也弄不清，究竟是官还是匪。当时老百姓叫这些队伍为“官匪”是最恰当的，因为他们既有官名而又暗中干匪的事。

王凌云原名王仙举，河南伊阳常渠乡蟒庄村人，1929年，在伊阳县城防大队长王建昭部当队长，后来王被别的土匪打死，他就当上大队长，并将占领伊阳的土匪赶跑。当时的河南省主席万选才委任他为临汝、伊阳、平等、自由四县的剿匪司令，1930年，编入张钫统率的国民革命军第二十路军，不久，又编入国民革命军三十二军宋天才部，任第三师师长。1931年，张钫率领他们这些军师长去汉口见了蒋介石总司令，每个师长都得到500块银圆的“赏号”。

王凌云有次问我：过去与土匪打过交道没有？我告诉他，抗战开始不久，我20多岁时，任常德警备司令部稽查处长，司令唐生明是有名的花花公子，很信任我。由于轰炸重庆的日本飞机经常从常德等地经过，有时把在重庆没有扔干净的炸弹顺便向常德丢上一两颗，有时也派一两架飞机小炸一下常德等沿洞庭湖的县城，几乎天天放空袭警报，司令官便带着如花似玉的夫人——标准美人徐来住在离城十多里的黄土坡，后来连司令部也搬到那里去了，城内只留下稽查处担任治安工作。一年多后，警备司令部撤销，把稽查处改为常德军警稽查处，仍由我任处长。这两年多时间中，一直是我在负责维持城区治安。我原来想把我在上海警备司令部侦察大队的一套办法搬到常德，有一个老资格的组长告诉我：湘西土匪不但多，而且敢于攻打中小县城，最好不要得罪他们，来一个“官匪协定”为最上策。我开始很不以为然，由于少年气盛，加上有军统作后台，不肯听他的，直到商会会长等地方绅士们也一再劝我，应当与土匪们有一个默契，保持井水不犯河水，可保常德平安无事。既有这么多人说，我不能不调查研究一下，这才知道在湘西的大股匪除陈渠珍外，还有两股人数上万的瞿伯阶和彭叫驴子，经常在附近活动。

王凌云一听我说出“彭叫驴子”感到十分惊异，他忙问我：“怎么你们那里的土匪没有黑话而直呼其头儿为叫驴子？”我问他：“你们那里的黑话把驴子叫什么？”他说：“我们自己把当土匪叫‘拉杆子’，马叫作‘虱子’，驴叫‘鬼子’，狗叫‘皮子’，老百姓叫‘林子’，如听到狗叫，便喊‘皮子炸了！’老百姓追上来，叫‘林子发了！’”

被劫女学生，愿当压寨夫人

我告诉他：湖南人把玩弄女人的男人称为爱叫的驴子，不是尊称。这头叫驴子的部下还给我添过一次麻烦，但也很够朋友。原来我和土匪们有一协定，虽未形之于文字，却是一言为定。他们保证不到常德城内来“做生意”（抢劫和绑架肉票），但是到常德采购物品或向逃兵逃官购买枪弹等我不能抓。他们也不在常德郊外活动，这样本可相安无事，不料那头叫驴子的部下蹂躏了农村拖大辫子的小姑娘和梳“巴巴头”的年轻农妇还不满足，而看中了城内穿白衣黑短裙的女学生。那时许多从江、浙、皖、赣等省向大后方迁逃的学校、学生常通过陆路经湘西去贵州、四川，彭叫驴子的部下便带人埋伏在公路上，把满装女学生的两辆大车上的女学生全部劫走。

发生劫案的地点虽不在常德县的范围内，由于这些学生的家长告到湖南省的保安司令部，当时常德警备司令部已撤销，我是常德军警稽查处长，本来可以不管，但由于我兼了湖南第二区保安司令部的侦察组组长，第二区是管湘西地区的，所以，省保安司令部命令我一定要把这些被劫走的女学生营救回来，我只好派我手下那个与土匪们有往来的组长去设法。

三天后，他向我汇报，彭叫驴子的部下说不使我为难，同意把女学生送出来，条件是每100发七九步枪子弹换一个。那时我正从桃源附近的小河中，没收到一些渔民捞到的一批子弹，那是军政部的一只木船翻在河中，他们只把一些贵重器材捞到后便走了，渔民们打鱼时捞出有几千发子弹，被我派人没收了。我带的缉查员和士兵都是短枪，所以用不上，我便满口答应下来。

谁料把子弹送去换人时，除了有30多个女学生愿意回来外，还有12个居然甘心当压寨夫人不愿回来，这就大出我的所料。

据去的人回来告诉我，彭叫驴子的部下抢到那些女学生后，大摆筵席庆贺，那个头目自己先挑了一名体育老师和两名篮球健将，他手下的九名队长每人挑一位，其余则交给慰劳所，让别的土匪去享受。那个慰劳所原有40多个农村妇女，都是彭叫驴子的部下玩过后感到不满意然后送到这里的。那12个当了压寨夫人的学生，每人都写一封信交去的人带回给她们的家长，表示不回去而愿过那种强盗生活。我便叫去的人除按协定100发子弹换回一人外，多余2000多发，全部送给彭叫驴子的部下，希望他们不要再给我添麻烦。彭叫驴子的部下非常高兴，便叫人带一件礼物给我，以示礼尚往来。

宁当土匪头，不愿当军长

这件礼物虽不是稀世之珍，但可以称得上是罕见之物，说出来也够骇人的。这是用人皮蒙的一副马鞍，脚蹬是银制的。据说一张人皮还不够呢。它的缰绳是从人的大拇指一直拉到大脚趾才够制成这条缰绳。在笼头套上，镶有满满的大拇指甲，看来令人毛骨悚然，连我这个过去长期干过绑架、暗杀的人也感到有点儿惊异。据说使用这种人皮马鞍在土匪中是坐第一把交椅的，才够资格，我既不想当山大王，也不能公然骑着有这种鞍子的马在大街上去，所以试也没有试过一次。后来给我母亲知道了，这位天天吃斋念佛的老太太大发脾气，令我立即把它深埋到地下，还叫我烧香烧纸。这些被土匪杀掉还剥皮的人总算最后享受了一次香火和祭奠。

王凌云认为，两省土匪有许多不同之处，他说在河南先当土匪后当官虽一样，但却分为流窜与割据一方两大类型。他是属于流窜一类的，即“南边收了南边去，北边收了北边游，南北两边皆不收，黄河两岸度春秋”。他们是哪里丰收了就窜到哪里去享受。除了解决吃穿住等外，看上哪家的姑娘、媳妇漂亮时，派人去通知一声，准备去过夜，谁要违抗不从，一般是去抢光但不杀光，有时是砍去这家人的家长手脚，以示警告，所以，被害者大都是宁可受侮辱也不敢违抗。也许是说得太高兴了，不知怎的，他竟脱口而出：“我认为过去当土匪头子，比我后来当军长师长还要舒服得多！”

他的这句话刚一出口，连我还没有来得及表示时，他马上意识到，此时此地说这种话，该当何罪！所以他立刻改口说：“我过去当流匪是危害过不少老百姓的，现在……”我连忙把手一摆：“今天不是开思想检讨会，甭来这一套！”

后来他还是和我谈过一些占地为王的土匪情况，那比当流寇要安定一些，但也要费神费事得多，没有当流寇简单痛快。

他举出河南有名的内乡土皇帝别廷芳为例。别在内乡、镇平、邓县、淅川等县割据称霸多年，敢与国民党河南省主席公然“对抗”，实际上是在省政府的包庇下，官员暗中分享别廷芳从老百姓身上剥削来的大量财物，这样假手于人，以免自己直接出面。所以，别廷芳能在那个地区当土皇帝20多年，到抗日战争发生时，南阳行政督察专员朱玖莹还保举他担任了河南省第六区自卫军司令。实际上他还是那个地区的土皇帝，不过加了一个更好听的官名。

是官又是匪，奸杀兼抢霸

王凌云对这个土皇帝多少有点羡慕，也有点嫉妒。他说别廷芳挖空心思想保持住自己控制的地区，他对外也搞宣传，叫什么“皖西自治”，实则是由他为所欲为。后来他统治的地方扩大到皖属13个县，鱼肉人民，任意宰杀，没有人过问。

开封的一家报纸《大同报》曾刊载过，别廷芳对他管制下的老百姓揭发过他的罪行的，仅七峪一带被他满门杀绝的有 73 家之多。王凌云还能背诵出当地老百姓暗中流传的一首民歌：“别廷芳搞的皖西自治，全凭奸杀抢霸四个字，哪家百姓不遭抢，哪个美女不受奸，啥时能除别廷芳，凉水当饭心也甘。”我当时匆匆记下来，还有几句没能记上，不过也由此可见其凶狠残暴了。

我问王凌云，知不知道后来别廷芳是怎么死的呢？他说谣传很多，因为他离开了河南，没有弄清楚。我倒给他补充了一下，因我听到军统局在河南工作过的老同事告诉过我：抗战开始后，卫立煌任第一战区司令长官时，派其旧部鲍庚接替朱玖莹为南阳行政专员。他走马上任第一件事，是把前任扣押起来，说朱玖莹勾结别廷芳，搜刮老百姓，要严行查办。这个胆小如鼠又爱财如命的人，吓得魂飞天外，为了免死，只好把别廷芳送他的钱分一部分给了鲍庚，才被释放出来到洛阳向卫立煌报到。卫的几个部下又把他囚禁在一间小房子里，恐吓他，说司令长官要枪毙他！朱又只好再拿出一笔钱来，总算买回一条老命。

电灯泡不亮，未把开关带来

鲍庚收拾了朱玖莹，又准备收拾别廷芳。他先把别的侄儿南阳民团司令别光汉叫去告诉他，现在抗战期间，军事第一，军队要集中使用，南阳民团司令部所有部队立即交出来，司令部也撤销，还叫他告诉别廷芳，把他统率的民团也集中听候点编，连兵工厂也要一起交出来。别光汉回到内乡，把这一情况向别廷芳一说，别当场气得吐血。他本想立刻和卫立煌闹翻脸，又估计打不过卫立煌一战区几十万大军。他知道卫立煌不像刘峙一样同意和他分赃，不敢轻举妄动。后来卫叫他去洛阳，召见他时又训了他几句，回来后他更是气上加气，1940 年初，便这样气死了。当时外间谣传是卫立煌请他吃饭时下了毒药毒死的，其实卫立煌根本没有请他吃过饭，而且他回内乡两个多月才死去，当时卫还没有那种可拖延到两个月才发作的慢性毒药。

王凌云听我讲完后十分高兴，说他一直弄不清别廷芳死去的原因，经我一说，才明白了。我看到他听这些往事津津有味，还希望他多告诉我一点河南土匪的事情，我又讲了一个湘西土匪闹过的笑话给他听。

这是一件真的事情。有次彭叫驴子和瞿伯阶两股土匪合力打下湘西大县沅陵后，他们看到夜间电灯那么亮，虽然不能在电灯泡上吸燃香烟，但看东西非常清楚。那时沅陵没有工厂，白天没有人用电，只有黄昏后居民才用电灯照明，所以白天停电，一到夜晚灯就亮了。后来国民党派兵团攻沅陵，他们撤走之前，不少土匪把电灯剪下带走。一回到他们的山寨，立刻把电灯悬挂起来。可是一到夜间，电灯没有一盏发亮，他们百思不得其解。还是彭叫驴子见多识广，他进城玩过妓女，看见人开关过电灯。他便宣布：这次太匆忙，走时只把电灯带出来，没有开的东西，灯怎么会发亮呢！大家这才恍然大悟，说下次打进城时，千万不要忘记把和电灯装在一起的开关也带出来。

山大王无兵，王凌云被俘

我爱说笑话，而且说得别人笑自己能不笑，正当王凌云和在旁边的几位同学笑过一阵之后，我还希望听听王凌云讲河南土匪时，却接到庞镜塘递给我一张小纸条，我回到寝室悄悄打开一看，上面写了这样几句话："不管一个人说得多好，你要记住：当他说得太多的时候，终究会说出蠢话来。"他是抄了大仲马说过的一句名言来提醒我。是的，我说的话太多，而在那种场合中，说得太多就会说出一些犯错误受批评挨斗的话。我当时十分感激这位"同学"对我的照顾，所以我看完之后，恭恭敬敬地交还给他。这是表示我诚心诚意领受他的好意，并且把他这种按原则来说也属于温情主义、仅次于落后思想的东西，原物奉还，使他不用担心我去揭发他。他接过之后也只点点头，把火炉门打开，往里一送。犯人和犯人之间，这是一种深厚交情的表现，它与一般人要不同得多，不身历其间，是不容易理解到的。

王凌云是怎样被活捉的？他在第四批特赦之后，在北京见到我时才详细告诉我，那时已无任何顾忌，真是能畅所欲言了。

1949年初，他的部队被打垮之后，他并不甘心于自己的失败，估计还可以和当年楚霸王一样，尚能在河南征集到一批子弟兵跟他一道打江山，与共产党争夺河南。所以，他被委任为河南第一路挺进军总司令，“老先生”召见他时，当面告诉他，能收复河南省，则河南省军政大权都归他，收复一个区、一个县，只要立得下足跟，也给他一个省的名义，他满有信心地接受了这一艰难的任务。但毕竟由于时代变了，人心也变了，愿意跟随山大王当喽啰的实在少得可怜，所以他带的那一小撮人马，虽有逐鹿中原的雄心壮志，可是一挺进河南境内，很快便全军覆没，他也当了俘虏。

卢浚泉喜操瓦刀

滇军总司令，彝族奴隶主

我和卢浚泉，虽然说不上“他乡遇故知”，但也可以说是“狱中遇熟人”，多少比生人要谈得来一些。

卢浚泉

卢浚泉原来是担任云南部队九十三军军长，我在昆明时和他在几次宴会上见过面。我当时的印象是，这个人言行谨慎，态度还算诚恳，所以在几次交往中，还算是谈得来的。

我到北京战犯管理所后，彼此见面都是同样地问一声“怎么你也在此”这句话，可以说是战犯们初次见面必然要问的，这中间包含了无限关怀、无限辛酸，也带有很庆幸都还能活着的味儿。总之，这虽是一句很普通的话，但也成为一句很普遍的话，不当战犯，在一般正常生活中意外相逢，即使也可能用上这一句话，但语气、心情等绝不会是这样。

我过去只知道，1947 年秋，云南省主席卢汉为了表示对蒋介石的忠诚，而把这支云南部队交由孙渡、卢浚泉等亲信率领，去东北与共产党争夺东北地盘。不久，由于东北战局紧张，卢汉怕孙渡统率不好，把自己这一份家业送掉，便请求蒋介石把孙渡调任热河省主席，滇军第六兵团司令由卢浚泉升任，并将这支部队调往热河。

当时范汉杰任东北“剿总”副总司令兼锦州指挥所主任，第六兵团驻防锦州。孙渡任热河主席他不反对，但不能把第六兵团也带到热河去。为此两人都一再向蒋请求，结果是第六兵团暂时不动，等东北战局安定下来再说。范汉杰为了想长期留下第六兵团，又发表卢任锦州警备司令，这样整个兵团也就跟着留下来了。

卢汉为什么不信任孙渡而愿把自己的本钱交给卢浚泉呢？原来卢浚泉是卢汉的幺叔。他们是云南彝族中三大家族纳吉家，属于彝族上层统治者——黑彝（占有土地、奴隶和武装的奴隶主）。卢浚泉的父亲卢元达，在清末花钱捐了个游击，但壮年时死去。他的妻子却很能干，不但善于治家管理“娃子”（白彝），还能骑马打枪。奴隶们对这位“卢大人”的夫人十分敬畏，而她对小儿子卢浚泉也特别疼爱，所以，卢浚泉所受到的教育比他哥哥姐姐都要多，在云南部队中是官运亨通，仅次于唐继尧的妹夫孙渡。

新中国成立前，云南的两个著名的统治者龙云和卢汉，许多人说他们是同父异母，或同母异父。卢浚泉告诉我这是以讹传讹。龙云是卢汉的大舅父纳吉瓦梯的第四个儿子，原名龙登云，后来去掉中间那个登字，叫龙云，比卢汉大 11 岁。他们都是住在金江北岸松萝村，只是表兄弟关系。不过后来卢汉又娶了龙云的表妹龙泽清为妻，这样一来，就更亲上加亲了。

卢浚泉是他母亲亲自交给龙云和卢汉的。所以，他们两人对卢浚泉都特别照顾，凡是遇到有危险的事绝不让他去，而有好处的事总是少不了他。所以，他在滇军中虽无赫赫战功，却能一帆风顺，最后能成为统率滇军的兵团司令，原因就是如此。

按照卢汉对卢浚泉的一贯看法是，守成有余而创业则不足，所以，卢汉辛辛苦苦创建的家业总是放心交给他。我和他同在一起学习改造几年中，虽只很短一段时间同过组，但两人间的交往还确实没有断过。

我对卢浚泉最感兴趣的事，是爱听他讲彝族人的生活等。因为他是奴隶主，虽然长期过着汉族上层社会人士的生活，但他自幼便熟悉彝族人的情况，所以，即或随便聊聊，也可以使我增长不少知识。

被抓卖为奴，汉人当娃子

过去我只知道彝人常常抓汉人去当娃子。他说抓娃子的事并不多，而且只有接近汉人居住的彝人才经常去抓，一般大奴隶主成百上千的娃子并不是抓来而是本族中世世代代保留下来的。这一点，他再三向我解释，但我并不感兴趣，而专门追问他抓娃子的情况。

他告诉我，有那么一小撮强悍的彝人（汉族人称之为夷蛮子）不从事农业生产，有些还是小奴隶主，手下有几个或十多个奴隶。他们往往埋伏在一些偏僻的小路上，遇到单身汉人，只要不是老头老太太，而是有劳动力的男人或女人（有时也抓十来岁的小孩去培养成奴隶），便一拥而上，一面堵住嘴巴不让叫喊，一面蒙住眼睛，连拉带推，边拖边打抓到山林里去。这些人并不让抓来的汉人当娃子，而是当成牲口或货物一样卖到深山彝寨去当奴隶，身体强壮的可以卖几十或上百两银子。这些地方不使用钞票，还是用银元宝和碎银子。有些娃子被一卖再卖，卖到深山老林，就一辈子没有逃跑出来的希望了。

身体差一点的或女的，价格较低。抗战期间，有些大学生被抓去，反而不像当苦力的值钱，他们要的是劳动力而不要文化。

我非常同情那些被抓去的人，我多次问他，抓去后有没有逃回来或赎回来的？他说极少数有冒生命危险逃回来的，个别也有赎回来的。逃跑的娃子十有八九被抓回去或被摔死或被猛兽吃掉。因为彝寨都离城镇很远，不用说逃，就是放走也不易找到归路。何况奴隶主一到晚上就把娃子关进木柜中。木柜是从上面掀起来才能进出。奴隶主就睡在柜子上面，想要爬出来非把奴隶主掀下来不可。当然也有疏忽的时候，如每逢彝族什么节日，奴隶主及管家等都喝得酩酊大醉时，娃子也能趁机逃跑的。不过得做好很多准备工作，否则第二天又会被追回来。被追回的娃子不一定会被杀掉或打死，只和人们对自己的牲畜逃走一样，找回后打骂一下就算了，因为这毕竟是自己的财产。

关于娃子被赎回的事虽然不多，但他却说了一段很有趣的赎回两个美国空军飞行员的经过。

美军从天降，被奉天菩萨

那是抗日战争期间，从云南飞越驼峰的美军飞机，有一次出了故障，驾驶人员便弃机跳伞，有两个飘降在彝族深山区。彝人一看天上飘来两位黄头发、绿眼睛、身材魁梧的怪人，以为是什么天菩萨下降了，便举香火跪拜相迎。由于言语不通，两位美军叽里咕噜说了半天，他们一句也听不懂，这更增加了神秘感。后来“天菩萨”只好以手代口，先指指嘴巴作举手持杯状，他们这一下看懂了，知道要水喝；接着指指肚皮，这样他们就把水和水果虔诚奉上。等到开饭时，又把酒肉等供在他们面前，这两位便大吃大喝起来。这时，几个黑彝（奴隶主）毕竟要聪明些，他们忽然想起听老人说过，神仙是不食人间烟火食物的，怎么这两位天菩萨却和凡人一样，不但吃这些，而且也和凡人一样要拉屎撒尿。但毕竟是从天上来的，还得供养。有一位最聪明的黑彝，决定进一步试探一下，便让抓来的几个女娃子侍奉两位天菩萨，考验考验他们。因为女娃子的劳动力不如男娃子，而且不敢逃跑，所以比较放心。

黑彝对抓来的女娃子，不管怎样年轻美貌，一般不愿拿来当妻室，因为怕生下小孩来不好处理，让小孩长大当娃子，又不忍心，这是自己的骨肉，让当黑彝，别的奴隶主会反对，不是纯血统。所以，许多妇女被捉去没有成为压寨夫人，主要是怕生混血儿不好处理，而白彝强奸女娃子则是常有的，但也不敢收为正式老婆。所以一般女娃子便和汉族男娃子混在一起生活，生下的孩子便是奴隶，这等于养一群牲口一样。

当这两名美国空军飞行员看到奴隶主派这么多女人来招待他们，便一再表示感谢。可惜语言不通，他们便学汉人双手合十作起揖来。奴隶主一看到这一种礼节和庙里的菩萨一样，就更加相信这是天上下来的神仙了。

派去照顾这两人的女娃子是汉人，她们都见过外国人，也看到过飞机，听人说过从飞机上可以跳降落伞这种玩意，但不愿去戳穿，因为她们对奴隶主一向仇恨，现在要她们去招待外国人，可以不去劳动，都十分高兴。

开始，这两个美国空军飞行员对这几个女娃子看不上眼，因为她们既不擦口红胭脂，甚至头发也是乱蓬蓬的，再加上她们穿得破破烂烂，这比起他们搂着逛大街的“吉普女郎”真是相差十万八千里（抗日战争期间，专门有那么一些爱赚美钞和吃洋货的年轻女人，不少是大学生，她们大都能说英语，在和美军勾搭时，美军爱把她们载在吉普车上招摇过市，所以被人称为“吉普女郎”）。不过人和许多动物不同，不一定为了繁殖后代而发情，往往在酒足饭饱之后，总是喜爱有那么一点“余兴”，才能满足。这两位惊魂甫定，饱暖之余，自不免也有“灾星未退，色心又起”之感。这些女娃子不用浓妆淡抹，毕竟都是雌性，而且具有一种女人的天然美和健康美。特别使这两个美国空军飞行员无法克制的是，她们每夜睡在火塘边的草垫子上的时候，都是在熊熊的火光下，毫不在意地把衣裤脱下当枕头和披在身上当被子盖。她们的面孔虽被太阳晒得黑黑的，但与他们在印度等处“喝咖啡”时玩弄当地肤色棕黑的女人大不相同，因为那些女人脸孔和身子一个颜色，而这些女娃子身上却很白净，加上火光之下，更显得白里透红。他们一看，便以为这是在有意识地引诱他们。其实这是因为奴隶主对奴隶不给衣服穿的缘故。她们毕竟还不是牲口，懂得害羞。白天出外劳动不能光着身子，所以晚上都得把衣裤脱下来，免得在草席上摩擦破了，同时还可以当被子盖。奴隶主自己也穿得不好，大山里没有地方可以买到布，自己手工织很慢。奴隶们吃还不太成问题，因不吃饱不能干活，而穿就是最困难的事了。有些奴隶被抓时穿什么，便一直穿到被折磨死去还没有更换过衣裤，所以不能不十分小心爱护这些破破烂烂的东西。这两位美军飞行员还误认为这等于在等待他们去享受什么。

菩萨享风流，受惩操苦工

刚开始，他们试图接近她们，尽管她们毫无拒绝的表示，有时对于他们手没遮拦还报以一个迷人的媚笑，但从她们从不洗涤的身上和头发上发出那种难闻的气味，使他们感到有点倒胃口，性趣（不是兴趣）毫无，总算平安无事过了几天。

招待这两位“天菩萨”的地方，是一座独立小屋，平日是作奴隶主招待别的奴隶主的地方，等于汉人的客室一样。在铺满草席的房中央，有一个火坑。夜晚山上冷，所以要烧火取暖，他们和她们都是围着这个火坑边沿睡觉，只要滚几滚，就可以滚在一起。

中国有句老话，也用到了这两位美国空军飞行员身上了：“……入鲍鱼之肆，久而不闻其臭。”大约过了不到一星期，每晚面对这许多裸体女人，他们当然不是中国的柳下惠，便由白天动手动脚而发展到夜间去揭破衣破裤了。

正当他们过着中国皇帝式的夜生活，拥有三宫六院和刘阿斗一样“乐不思美”的时候，被那个管理女娃子的“母夜叉”去向奴隶主告了密。这个女人也是被抓去的女娃子，因为生得太不平整的脸孔，使男人一看就有点害怕。不过据说她也和一个比她短半截的男人结了婚，还生下一个和她一样高的男孩。她因上山挖猪草被抓去当娃子有十多年，得到奴隶主的信任而当了一名女管事，这十来个女娃子都归她管。开始，她看到这两个身强力壮的外国佬和女娃子们轮流做爱，以为也可以轮到她。不料这两个人看到她那面孔和干瘦而无曲线的身子实在没有一点可爱的地方，所以她几次学毛遂自荐，也没有能分得一杯羹，便在一气之下，于半夜这两个人都左拥右抱之际去找奴隶主。奴隶主一听，立即找他手下的头人、管事们商量、研究。这两个“天菩萨”居然发生这种情况，究竟他们是什么怪物，应如何对付？据说有一半人都认为这是两个瘟神，应当马上杀掉，也有人认为这是两个“琵琶鬼”的化身，只能用火烧掉才不会使全山寨的人遭灾。十多个人商量了半夜都没有结果。

大家对怎样对付那两个“天菩萨”，意见都不一致，最后还是那个奴隶主毕竟见多识广，他不但曾去过汉人居住的城市，而且还听过《西游记》天蓬元帅因调戏嫦娥被贬下凡成为猪八戒。他思索很久之后，便宣布：这两个“天菩萨”肯定是“风流神仙”，在天上乱搞男女关系，可能因为胆子越来越大，玩弄过一些玉女之类还不满足而去调戏什么观音和织女等女菩萨，被揭发告到玉皇大帝那里。在玉皇大帝一怒之下，把他们贬到人间来吃苦受难，所以，他们只能从天上降下来而不能再升上天去。经他这么一说，大家便恍然大悟。特别是他们认为现在还敢乱来，如不按玉帝的旨意让他们吃点苦头，继续寻欢作乐，老天爷会处罚他们的。

怎样来处罚这两个“风流菩萨”呢？奴隶主认为唯一的方法是把他们当奴隶使用，取消对他们的一切优待和供奉，叫他们去做苦工。奴隶主对被抓去的汉人，第一道制造成奴隶的程序是给两只脚改造一下。汉人是穿惯鞋袜的，奴隶主怎么会给奴隶发鞋袜，不穿衣裤可以劳动，然而不穿鞋袜走山路，不但大小石块受不了，还有荆棘、毒草等沿路皆是，劳动力再强，脚不能走有什么用呢？所以对娃子的脚首先得改造成不怕刺、不怕石子砂粒、不怕烫，什么地方都能走，奴隶主有一套简单而又有特效的高招。这两个美国空军飞行员第二天一早起来，由于夜间太过多一点，当他们看到太阳升起，不是红彤彤而是黄蒙蒙时，便预感到有点儿不祥之兆。首先是所有的女娃子连衣裤都没有穿好就被一起叫走，丰盛的早点也不送来。进来的是几个身强力壮的白彝，他们把这两位“风流菩萨”带到一个竹棚内，让他们坐在一条长条凳上，先用绳子把他俩上身捆在凳上，并把两脚分开捆在木头上。他俩以为要被杀掉。因为两把小尖刀在两个白彝手中紧紧握着，吓得他俩大喊大叫，这有什么用呢？

捆好之后，两个握刀的人便坐在小椅上，抚摸了一下那双穿惯皮鞋的嫩脚，就熟练地在他俩的脚底板上用刀尖划了起来。他们是那样有分寸地在脚底上划成半寸见方的斜格，当血还在向外流的时候，一大把捣碎好的草药放在一片蕉叶上往脚底上一一贴，再用绳子捆好。几天之后，这两位美国空军飞行员脚底板上便结了一层网状厚疤。这比穿什么皮鞋都方便，什么地方都敢走，并可免去穿脱鞋袜的麻烦。

由于他俩身体特别壮，便专门担任伐木和运木的工作，不干便得挨打。所以他们也只好每天去干。由于脚上套着铁链，跑是跑不动的，只希望能有机会遇上懂外国话的人，能使人知道他们的下落，一定能营救出去的。

天下事往往是无巧不成书。有一天，这两个外国娃子正在搬运木头，被另一个奴隶主手下一个“羊排长”发现（“羊排长”是被抓去当奴隶的汉人里劳动力不强、专门替奴隶主放羊的娃子，一般只能牧放 30 多只羊，和一排兵的数目差不多，所以习惯称呼这类娃子为"羊排长")。他过去是一位中学教师,被抓去后便当上了"羊排长"。当他发现这两个傻大个的背后还有一块白布,上面隐约可见的"来华助战洋人,军民一体保护",知道是两位盟军士兵,便和他们用英语交谈。这两个一听到对方用英语问他们时,真是如同见了亲人一样,高兴和难过的眼泪夺眶而出,便一五一十告诉这位教师,并请他设法送个信到美军驻华总部,一定给予最优厚的报酬。这位"羊排长"一听,知道是发财的机会来了,便做好准备,不惜冒生命危险要逃出去报信。终于在一个彝族什么节日的夜晚,他趁奴隶主一家和他的管家们喝醉了的时候,偷偷逃了出来,一经报告美军当局,立刻就有人请卢浚泉等彝族中的头面人物派人去联系。结果是以每个2000银圆、10支卡宾枪和1000发子弹作交换品,把这两个被认为犯了天规的"风流菩萨"赎了回来。当然,那个"羊排长"也因祸得福,领到几万元美金的奖赏。

阵前弹药缺,临败称兄弟

我还想多问一点彝族人的生活习惯和恋爱结婚等,卢浚泉不愿再谈。我曾用钦佩彝族人的话去讨好过他。我说抗日战争中有名的台儿庄大捷打死那么多日军,云南部队中的彝旅官兵和云南官兵起了很大作用,这一点是许多人都知道的,当年六十军的英勇善战,已经载入抗战史册了。他也同意我这番话,不过一谈他在锦州战役被活捉时,总长长叹上一口气。我问他为什么这样难过?他说:彝人最重信诺,答应了的事,真是粉身碎骨也在所不惜。不像汉人,老是开空头支票,什么"来生效犬马之劳"呀!"结草衔环"呀!谁知道来生谁变人谁变犬马,即使是神童也记不起他前生受过什么人的恩德,不幸成了犬马,谁还能记得前生有过什么恩怨。这不是骗人的鬼话嘛!

我想问他的事他不愿再谈,而我没有问他的事,他却坦白地告诉过我。他说第六兵团在锦州战役中被歼灭,他被活捉,除了解放军在战略战术上比国民党高明这一主要原因外,还有不少其他原因。而最使他不满的是中央军对地方部队歧视,既要使用地方部队又不相信这些地方部队将领,如范汉杰要他兼锦州警备司令,却派他的亲信王育生来当参谋长,还派另一亲信杨兆铭任督察处长,这不是把我这个司令架得空空的吗！锦州被围时，中央嫡系部队得到飞机空投支援，云南部队却得到极少。

他最为气恼的另一件事是锦州兵站不给他的部队补充弹药和粮秣，反过来，围攻锦州的解放军却有一个炮兵纵队，辖有两个炮兵师，有加农炮、臼炮、野炮，而且弹药充足。锦州炮兵指挥黄永安也以没有炮弹为借口，不肯支援他的部队作战，最后是集中几十门不同口径的迫击炮来阻止解放军的进攻，这哪有不失败之理？

他说锦州战役一开始，就举棋不定。原来准备突围出去，以便集中兵力阻止解放军入关。一切都准备好，又突然奉令不准突围而要坚守待援，结果援兵久久不见来，只盼到蒋老先生一份亲自发来的电报，大意说锦州关系全局，请吾兄坚守待援等话。他把电报拿给九十三军军长盛家兴和新八军军长沈向奎看。他们把头一摇："老先生一到没有办法时，就来称兄道弟，顶个屁用！"结果，虽然拼命奋战，几个团长都战死也没法顶住，援兵始终不来，范汉杰才下令突围。最后他身边剩下不到两个营的兵力，便和范汉杰等一大批高级将领一同当了俘虏。

在劳动中，我开始看不出卢浚泉有什么特长，可是一到农场，就显出他的本领了。有一次要修猪圈，管理员问谁会砌墙，他立即报名。我想这个人还有股子勇气，我经手修建过不少房屋，知道砌墙要有一定技术，否则越砌越高，一不注意就墙倒人伤。我只是看人砌过，不敢冒充内行，只报名愿当下手。他却拿起瓦刀，很快把一道砖墙砌好，而且砌得很整齐。我好奇地问他，什么时候学到这一手的，他说过去他对吃穿不太讲究，而对住却很喜爱弄得舒适点，常自己设计造房子，自己监工，有时还拿起瓦刀来砌砖墙。他告诉我，一堵墙砌得齐不齐，主要是要吊一根线，随时检查歪不歪，因为眼睛看起来不易准确，有一根线悬在墙边，就容易校正了。不过我有吊线，也没法把墙砌整齐，所以，只能给他搬运砖石和搅拌石灰等。他砌的砖墙和墙的石坎都没有倒塌过。

娃子陈年事，汉彝一家亲

我爱当他的下手，还是想问他有关彝族人的事。有一天，他接到一封很长的家信，看完之后，他主动向我谈了彝族人的问题。

他十分高兴地告诉我，彝族人已越过封建制度和资本主义制度，从奴隶社会制度一跃而进入社会主义社会了。他笑嘻嘻地说：“我知道你很关心那些被抓去的汉人娃子，现在，不但再没有抓娃子的事，而且所有的娃子都恢复自由了。汉人都回去了。原来的娃子也不再受奴隶主的统治，因为奴隶主除极个别犯了严重错误的没有得到安排外，绝大多数都安排了适当的工作，成为政府中的各级干部。有些娃子也当了干部。”他说，这次的家信这么长，就是告诉他，有个娃子当了干部后，与汉族干部一同吃饭。因他多年习惯是蹲在地上吃饭，吃完碗里的东西再去盛的时候，筷子没地方放，就含在嘴里。他和汉族干部吃饭时，也是蹲在椅子上，吃完去盛饭时，也习惯地把筷子放在嘴里。当他从嘴里把筷子拿出来去夹菜时，因为筷子上沾的一些饭菜渣子掉到菜碗里，有个汉族女干部表示出怕脏的样子。他一看就发了火，便趴在桌上向几碗菜里吐口水，吐完便走。他以为这一走会要大闹一场。当他走到快出餐室的门时，回头一看，同桌的一位汉族领导干部除了批评一下那位女干部外，还若无其事地把他吐过口水的菜照样再夹着吃。这一下他反而感到难过极了，连忙回去表示歉意。那位领导只轻轻说了一声：“以后彼此都注意一下就行了，吃饭吧！”

我听卢浚泉讲完这些后，收工回去，便赶紧把它写在我的日记本上，没有想到今天抄出来成为我的回忆录的材料。我相信浚泉兄九泉之下有知，一定会点头含笑，因为他一直是希望汉彝团结如兄弟，永不再成冤家对头。今天，他的这一善良而美好的愿望已彻底实现了。“娃子”也将成为历史上的名词，我不写出来，可能被老一代的人们遗忘，年轻人也许才第一次听到吧！

过旧年陈士章怀乡情重

狱里思家同有泪

陈士章

陈士章，国军第二十五军中将军长，是淮海战役中漏网的大鱼，福建解放时，才被活捉的。像他这样漏网后又落网的，在战犯中虽不说是绝无仅有，但也能肯定是凤毛麟角，为数极少的了。

我和这位同学不但有过同小组共大铺之谊，还有过同病相怜住过一间病房之情。我在写这本书时，差一点点儿把他也漏掉了。今年（1983）元旦，我接到美国、加拿大亲友们寄来的贺年片中，收到几张空白贺年片，谁寄的呢？我只好顺藤摸瓜，找寄信的信封来查对，有几个信封上也没有寄信地点和人名，有两张却写了寄信人，可没有地点。其中一张只写了：S. Z. CHEN。我一看高兴万分，这位老“同学”居然没有忘掉我，那我也不能再在我的笔下漏掉他，否则太不够交情了。

我在北京战犯改造所调来调去换过四次小组，和他同在一组有半年多。那是1957年过农历年时，在大除夕夜，大伙玩到半夜才去睡觉。我平日一上床，便和电灯一样，电门一闭，一会儿就昏昏入睡；我这个人脑筋很简单，不大爱去考虑研究明天该怎样去应付某一件事。这也许是多年经验告诉我，考虑得再周到，到时情况一变，自己花时间考虑出来的一套全用不上。所以养成了我不愿浪费睡眠时间去考虑明天的问题的习惯。

事情总有违反人们意志和习惯的时候。除夕夜几声鞭炮声，像炸开了我的心房房门一样，居然使我无法入睡，一幕一幕的往事，像电影一样在脑子里上演起来，简直和南宋词人蒋捷在一首《贺新郎》词中写的那样："……记家人，软语灯边，笑涡红透。万叠城头哀怨角，吹落霜花满袖。……"不用说，谁在此时会没有一点"这次第，怎一个愁字了得"的感受。蒙着头睡在我左边的陈同学，竟在被子里呜呜咽咽地哭出了声来。战犯改造所不像在监狱，可以蒙住头睡觉，如果想哭，只要不吵醒别人，也可以让你哭个痛快，万一被同组的人听到，第二天提出批评，只要不承认有什么思想问题而推到做了什么噩梦，别人也就不会追究了。据陈士章告诉我，有一次，他的一个小组长不停地问他："夜里哭什么？"他表示不好说。后来那位组长非让他说不行，他才说："我说出来你可不要生气，我昨夜做梦梦见你死了，我舍不得你，所以哭了起来。"谁又能证明他做的不是这样的噩梦呢？

大年除夕夜，犯人在蒙头哭泣，谁都知道这是在想家。第二天，我悄悄地告诉他："昨夜鞭炮声中我哭了。"他也就坦白承认他也哭了。我便顺手在一张小纸上写了一首七绝，他一看马上把它撕掉，并用力在我手上捏一下，说："你还怕挨批挨得不够，写下这些东西让人来斗你。"我点点头表示谢意。这首诗前两句我一直也想不起来，只有后两句还有一点印象："……狱里思家同有泪，深宵对泣不为贫。"

"在劫难逃"是天数

说句良心话，虽然毛主席说过要"以其人之道还治其人之身"，但我却认为我当了战犯后所受待遇，比我过去对待政治犯要好得多，起码不挨打挨骂，还吃得上中等伙食，除了想家会流流眼泪外，别的事是不会这样伤心的。

我一听到陈士章告诉我，他每到过旧历年总得哭几场，年年如此，我便认定这是一个可交之友。我的多年经验告诉我，一个对父母不孝、对妻子儿女无情的人，肯定是一个坏人，绝不能和他交朋友。你想，一个对父母妻儿无情的人，会对朋友讲义气吗？

自听过陈士章的哭声之后，我便有心与他往来，但在没有释放前，不管是战犯还是罪犯，总是提心吊胆怕人抓辫子的；特别是一些严重的思想问题，一旦被人揭发，即使不影响前途，也不会罪上加罪，但检讨批评这一关就不能轻易通过。说句老实话，在没有得到自由之前，谁会对共产党讲过的话能毫不怀疑完全相信呢？因为这是和自己打过仗或被自己抓过杀过的敌人嘛！对陈士章，我也存在着“未可全抛一片心”、多少留一点的想法，倒是他看我肯和他谈出一些思想问题，这位老实而忠厚的农民出身的同学，对我却是无话不谈。

有一天，我听到和陈士章同隶属于第七兵团的四十四军军长王泽浚告诉我，陈是一个临阵脱逃的胆小鬼，结果是天网恢恢，疏而不漏，逃了第一次逃不了第二次，不过多享几个月的福，又和我们见面了。陈士章自己也不否认他跑了又被抓的事，但他则认为是“在劫难逃”，实乃天数也，非人力可挽回。

我对这位“同学”这一不平凡的经历，当然非常有兴趣，总想和他详细谈谈。几次有一点时间可以谈，但每次都有几位那样爱凑热闹的“同学”插进来；当然，不都是想找批评别人的材料的，甚至还是加入进来“摆龙门阵”（四川人称闲聊天为摆龙门阵）。像王泽浚就说过，第七兵团中，军长有的被打死，有的被俘，有的逃跑……一说到劲头上，他袖子向上一捋：“格老子！还有一位在突围突不出去时，竟叫副官打开皮箱取出中将衔的将官大礼服穿上，所有勋章奖章挂好，布鞋换成皮靴，向青天白日满地红的旗子行了一个军礼，准备‘成仁’。当他正举起手枪要向自己头上射击时，大大出他意料，夺下他的手枪的居然是摸进他指挥所碉堡的解放军。”那位被他说的六十四军军长把头一偏，马上站起来，朝王泽浚“呸”了一声，悄悄走了。当然，这会引起我们轻声笑一阵子。但我想让陈士章谈他的事，却没有时间了，大家只好拍拍屁股上的灰尘，各回寝室。

天下事往往会出人意料，1959年秋天，正是北京天高气爽的干燥季节。我患外痔多年，这可能是几年来坐牢坐出来的。过去我坐办公室从来没规规矩矩坐过半天，现在一坐几年，当我发觉裤上常有血迹时，医生一看，决定把我送医院动手术。同时，陈士章也因为患有小肠疝气，常常痛得直立不起来。我因为一向身体健康，缺乏医学常识，第一次听到陈在劳动时捂住下身叫痛时，我忙问他怎样？他只简单回答我："肠子出来了！"这一下真把我大骇一跳，我想这还得了！马上去喊护士长，上气不接下气地告诉他这一惊人消息。没有料到护士长竟满不在乎地告诉我：快扶他回去休息。我说："肠子出来了，不上医院行吗？"护士长笑笑："他是小肠疝气，小肠下坠到肾囊里去了，不是肠子跑到体外，先休息一下就会好的。"后来这件事被人当成了笑话，曾扩情就常常对我说："看！我的肠子又出来了！"说完，他从床上取出一根像蛇一样的皮带束在小腹上，就没事了。

当医生和战犯改造所的领导选择了秋天为我割外痔时，也决定给陈士章的疝气做一次根治手术。我们两人同被送去住医院时，我真高兴，这样我们不但可以把病治好，而且可以畅谈几天几夜。

天涯游子乡情重

公安部的医院设在北京复兴门，后来对外开放，老百姓也可以去看病，就改成复兴医院。除公安部的职工看病还是一样方便外，原来在三楼留下给在北京重要犯人看病的病房还照样保留。这里除进门处坐有一位管理员怕别的人闯进来外，八间病房面对面关得紧紧的，开饭送水时，一个个打开。平时没有人来，医生是逐房去看病。有的病房是一张病床，有的两张床。而我和陈士章住的是一间有三张床的大房。进去时管理员只告诉我们，谈话时一定要把声音放轻，对方听到就行，绝不能大声谈话。这无疑是告诉我们，你们爱怎么谈就怎么谈，没有人要偷听，但也不能让隔壁房间听到，因为这儿相邻居住的犯人都是互相不能交谈往来的。

第一天，医生给我和他准备动手术的部位画一草图，再由护士给我们剃去阴毛，告诉我们要第二天下午才动手术。这样我就有机会详细问他，怎样能在层层包围中临阵脱逃的传奇性经历了。

我刚把笔记本取出来，准备用速记方法把他讲的东西简单记下，不料房门忽然打开，管理员送来几本画报。我们只好先看看，因为他告诉我们，明天还要来换。

陈士章翻看的一本《人民画报》上刊出几张赵州有名的大石拱桥，他那种激动的心情把我都吓一跳，我以为他看到与他有关的什么大事。他急急忙忙把我拉过去："看！看！这就是我们家乡的那座大石桥！"这是我第一次看到一个人对自己家乡风物竟会那么热爱，那种深厚的感情，就像见到亲人一样。

他边看边激动地告诉我，他就是河北赵州人，他小时候常常光着屁股和许多小朋友在桥上玩。他深有感触地说："过去我常在上面撒尿的地方，今天成了举世闻名的古迹，列为国家重点保护的历史名胜。这是我家乡的东西，我也一同感到光荣。"他不止一次向我表示，有朝一日得到自由，一定要回家去看看这座石桥，一定要在它上面走上几遍，还要拍几张照片保留下来。"也不要忘记在上面撒一泡尿，享受一下童年时代的乐趣！"我用开玩笑的口吻给他补上一句。他笑，我也笑了。

第二天一起床，他又翻看那本画报，我有点不高兴了，便问他一句："老看它做什么？"他还是不放下，并拿到我面前指着那幅石桥图说："过去我只听老人说这座桥是鲁班爷造的，今天才知道是石匠李春的精心杰作，而且是建于隋代，它有50多米长，横跨90多米的河面，历时1000多年还完好如故。老人们还说张果老曾骑驴在这座桥上走过呢；还有……"我不等他说完便插上几句：鲁班是木匠，怎么会修石桥，张果老骑驴是从卢沟桥上走过，还有柴王爷推车压了一条沟也是卢沟桥，不是赵州的安济桥。

我的话好像是刺痛了他什么地方一样，他马上还击："张果老不能先走过赵州桥才来到卢沟桥吗？"我本还想顶他几句，两桥建立差几百年，怎么能联系得上，但一看到他那一股热爱故乡风物的淳朴心情，便马上改口："可能张果老是先走过卢沟桥又到赵州桥的，因为卢沟桥比赵州桥要修建晚好些年，他走过了卢沟桥还感到不满足，又去了一趟比卢沟桥更好的赵州桥。"

他的脸色转变得温和起来了。虽然都是在胡扯一顿，但也有点像当年山东省主席韩复榘的父亲，硬叫为他演生日戏的戏班子唱《关公战秦琼》一样，不管汉将唐将，秦琼是俺山东的，就得让他在戏台上打败一次山西的关云长才感到快意。

什么叫怀乡之情？过去我不懂，这次我才看出一个天涯游子对自己故乡的一草一木是那么热爱。我相信，在陈士章的心中，肯定赵州的泥土比任何地方不同而能发出香气，因为他是在那儿长大的啊！

淮海一战成俘虏

我们两人的患处动手术都很顺利，第二天下午先后被从手术室送了回来，不过我得吃几天流食，每天五次。他比我轻松得多，因而我能听他讲被围脱逃和第二次被俘的经过。

一开始，他竟从淮海战役怎样部署，以及动员了7个兵团，30个军，75个师讲起。可能他忘记了，我和指挥这一战役的统帅杜聿明长期在一个缝纫组工作，不会不知道这些，也许有些他不知道的情况我还比他清楚。但我懂得，如果别人津津有味地向你讲什么时，即使你知道的比他多，也不能表示自己早知道，这样会立刻使对方的情绪一落千丈，该说的也不说了。所以，我爱在客室中挂一幅扬州八怪郑板桥写的《难得糊涂》，他在这四个大字下写了几行小字："聪明难，糊涂难，由聪明而转入糊涂更难……"如果爱卖弄聪明，别人就不会和你讲故事了，只有耐心听，知道的事多听一次不会没有收获。所以多年来我能搜集到许许多多的奇闻轶事，可能全靠郑老先生这几句话的指点。他告诉我，国军动员兵力号称百万，而杜聿明告诉我的却是在80万之下，我相信这个数目是可靠的，他多说了20万，反正不是清点人数，说一句就过去了。说了一大篇战场部署和变化，他总算落实到他所隶属的第七兵团。

这个兵团是在这一大战中第一个被歼灭的兵团，也是这一战役中，解放军首战告捷打死了兵团司令，是引起了全国和全世界震惊的大事，因为这是双方主力决战，关系到国民党的存亡。当初这些身统大军的将领都认为，和有飞机军舰的日本军都拼过，难道还打不过靠小米加步枪的解放军？

第七兵团原司令区寿年被解放军活捉之后，许多人还不服气，认为区寿年太草包了。黄百韬晋升第七兵团司令时说过："今天我统率的第七兵团，不但要洗过去失败之耻，而且肯定可以挽回整个战局。"当然，没有这种狂妄自大的心胸，是不会全军覆没到战死沙场的。

二十五军是黄百韬的主力基本部队，陈士章是跟随他多年的老部下，其余的三个军，两个广东部队，一个四川部队，都是临时拨归第七兵团指挥，浩浩荡荡十多万人，也够气派的。

陈士章告诉我，1948年11月4日，顾祝同参谋总长在徐州召开重要军事会议时，各兵团司令和各军军长都去参加了，会议主要是决定放弃海州，固守徐州，集中兵力，与解放军主力进行决战，以免被各个击败。第七兵团由新安镇向徐州撤退，负责守备徐州东南及飞机场，新安镇防务由第九绥靖区接替。他认为，如果按这一计划把兵力集中，上有飞机，下有坦克大炮，这一场主力决战，虽不能肯定彻底打垮解放军，至少可以击溃大部分解放军主力，绝不会遭到那样惨败。他说早在1948年过中秋节第二天，农历八月十六日，黄百韬在新安镇做50岁生日大庆时，六十三、六十四两个军刚调来不久，黄借此举行联欢，几个军的营长以上军官都被邀去为黄祝寿。黄在祝酒时高兴地说："敌人装备远不如我，竟越战越强，我军处处占优势却转攻为守，其中原因固多，主要是战略战术有问题，单纯防御是挨打战术，我们必须发挥主动精神以攻为守，才能消灭敌人有生力量，但一定要互相支援，团结一致……"

王洪九狼狈逃难

11月5日，徐州会议后，第七兵团便决定从新安镇撤向徐州。第三天，正要出发忽接到徐州"剿总"总司令刘峙的电话。他告诉黄百韬，第三绥靖区冯治安部的两个副司令官张克侠、何基沣，率领第五十九军两个师、第七十七军一个半师共两万多人，在台儿庄、贾汪防地起义，徐州的东北大门敞开了，要黄百韬立即率部赶赴徐州，按原定计划防守徐州东南及飞机场。

黄百韬接到这一电话后，一屁股坐在沙发上像瘫痪了一样。陈士章被找去，黄告诉他这惊人的坏消息时，陈也久久说不出话来。这时，刘峙又来电话说第九绥靖区撤退到新安镇后，由第七兵团掩护，一同撤退到徐州。黄问第九绥靖区何时才能到新安镇？第七兵团何时才能撤退？刘峙的答复很含糊，因为他自己也弄不清楚第九绥靖区李延年部何时才能撤退到新安镇。

黄百韬对刘峙的回答极为不满，气得把电话耳机摔在桌上。据说国军的电话耳机经常要补充，大概多是这样摔坏了的。

陈士章一看这情况，知道大事不好却不便做声，黄百韬长长地叹了一声气，才气愤地说：刘峙这个大胖猪是有名的“长腿将军”，未败先跑，一向优柔寡断，毫无主见，在此党国存亡之生死关头，用这种蠢猪来指挥这样大的决战，是自取灭亡！

陈士章刚向黄百韬行了一个室内敬礼准备走出时，徐州又来电话，黄把手一招，示意陈不要走，看看又有什么。这次不是刘峙亲自打的，而是他的参谋长李树正告诉黄，由连云港西撤之第一〇〇军周志道部和川军四十四军王泽浚部，不日即可到新安镇，这两个军都拨归第七兵团指挥，布置西撤事宜。黄听了既高兴多了两个军，但又焦急不知他们何时才能到达。他和陈士章商议，西撤时注意一定要完整地保持住二十五军这个基本部队不能受损失，因该军第一四八师早在宿县被解放军消灭过不少，刚补充起来，不能再吃亏了。

陈士章刚又要走，只听一个副官跑进来说，临沂专员王洪九请见。黄点点头，副官出去领了一个人进来。他光着头，上身只穿一件白单褂，下身穿一条灰制服裤，一只脚上有鞋袜，另一只脚连鞋都没有，只套半截袜子在脚背上，没有袜底了，满身满腿都是泥斑，那副狼狈样子就甭提有多难看了。他一见黄百韬，连哭带说地向黄报告，他所统率的几县保安团队在郯城被解放军一下都消灭掉了，他化装逃跑了两天才跑到新安镇。黄责问他，为什么不坚守郯城，等待救援就一个人跑了？他说：“你们不知道解放军像从天上掉下来的神兵一样，还没有弄清楚，临沂专员公署就被包围了，你们不知道这些军队多么厉害……”他的话还没有说完，黄把桌子一拍：“少来宣传这些，你这胆小鬼！以后再追究你的责任，下去换换衣服休息好再说。”

战未开两军先逃

黄这时才知道解放军已发动攻势了，而新拨的两个军还没来，他决心不等他们到达便下令将辎重和军械弹药及非主要人员立即乘汽车先撤退，因从新安镇到徐州要通过运河，大部队过河是很缓慢的。

陈看到这一情景，立刻想到小时候听老年人说，县太爷如何威风神气，比县太爷大的府台大人就更是了不起了，今天他看到的王洪九这位临沂专员，不和过去统辖几个县的府台大人一个样大吗？如果在街上见了，不认为是什么地方逃荒的叫花子才怪呢！不过王洪九这一身打扮，早给他提示了一个好经验：万一遇到什么不利时，这不是一个很好的启示吗？我想他能临阵脱逃，化装走出重围，王洪九可能是他的老师了。后来据说这位专员大人，那天晚上正从衙门溜到城外一个新结婚的小学校长那里去“私访”，当这位专员还在温柔乡中，听到枪炮声大作，才匆忙爬起来就跑，结果方向没弄清，晕头转向跑了两天才跑到新安镇，这也算是爱风流的男人少遇到的“坏事变好事”，没有在衙门里睡觉，才能在层层包围下死里逃生。固守徐州以吸引解放军主力的计划确定后，刘峙即命令第二兵团邱清泉部迅速放弃鲁西，但邱不同意固守徐州的计划。因为在那次军事会议上，黄百韬提出守徐州弃海州，他就反对过，所以他迟迟不遵命撤退。等到听说冯治安部有两个副司令率部起义了，他才慌了手脚，在惊慌失措中他把拨归他指挥的刘汝明系统的五十五军一八一师都忘记了，匆匆撤退时，也不通知该师一同撤退，致使该师于菏泽防地被解放军歼灭，师长米文和被活捉。一谈到这里，陈士章又禁不住长叹一声：“这样一场关系党国存亡的大战，序战未开，先跑了两个军，又丢掉一个战斗力很强的一八一师，怎能不全部失败！”

自王洪九跑到新安镇报告郯城失守的情况后，由于他为了推卸责任，把解放军说得更加神乎其神，第七兵团的几个军长一听，便各有各的打算。保全自己的实力，这是起码的常识，也是国民党军队中统领军队的人起码的标准。首先是一〇〇军军长周志道坚决要求，架桥纵队为他指挥，先在炮车火车站以西小河上架桥，才能在撤退时方便，否则不敢占领炮车，担任掩护。其次是六十三军军长陈章自请由窑湾镇渡河，以免共走一座铁路桥，拥挤不堪，耽误撤退。黄百韬以为，这样左侧背可以借六十三军为掩护，但未考虑到渡河船只问题。由于一个军渡河不但时间长，而且都有未战先逃的思想，所以等该军正在一船一船地横渡时，在苏北的解放军闻知迅速赶来，几天工夫就将该军全部消灭，军长陈章阵亡。

催命符下战情烈

第四十四军王泽浚部拖带大批地方行政人员和家属及地主、学生等达十多万，这么多非战斗人员在通过运河铁桥时，更争先恐后不听指挥，把铁桥堵得无法通过，解放军的炮弹直向铁桥两侧的军队飞来，二十五军尚未过河，被打死的与掉到河里的已近一半。

黄百韬一看这混乱的样子，又慌忙下令各军自为一纵队，一面行进，一面整顿收容。到达碾庄墟的时候，各军莫不叫苦连天。黄即命令各军迅速向大许家兼程前进，并匆匆开会分配到达大许家后的防御地区，怕解放军追上来，临时又来个措手不及。他分配给六十四军一个小土山，这位军长坚决反对，因他听说那个土山是三国时关羽被曹操围困的那座土山，当年的关羽便是在这里投降曹操的，他害怕又在这里来一次历史的重演。陈士章也主张尽可能快撤走，尽力兼程奔赴徐州，则一切都解决了。他向黄百韬提出：西走一里好一里。过去豫东之役，二十五军和七十二军阵地只隔 20 里，炮火相连接，但终冲不开共军的隔绝。万一被围，梦想邱清泉兵团远道来援，恐不可能。黄气愤地说："豫东战役不是冲不开而是不冲，现在不用说 20 里，相隔 5 里，邱清泉也不会来救我们的，恐怕只有杜聿明还能照顾我们。"

这些军长正在争论不下时，蒋介石忽然派人送来一封亲笔信，黄立即让各军军长都看了一下，大家口中虽不敢说什么，但心里却在嘀咕，这不等于一张催命符吗？无非叫大家拼老命罢了！紧接着徐州总部也来电话，叫第七兵团在碾庄墟固守，怕一路之上被解放军尾追到徐州附近，使整个部署都被打乱。这样，黄百韬便又开会分配各军任务。

11 月 10 日起，解放军对碾庄墟第二兵团的包围又告完成，并发现有九个纵队的番号。序战开始，这些残破不全的军，战斗力仍相当顽强。南京方面为了使碾庄墟空、地协同更为密切，特派空军总司令部通讯科张科长乘飞机到碾庄上空进行联络，并准备空投一部陆空通讯电台。没有料到，飞机被解放军高射炮击伤，张科长便带着电台一同跳伞下来。黄百韬见到张后，高兴异常，连呼："此乃天助我也！"

自张科长到碾庄后，陆空联络更加密切。哪一处阵地紧张，空军立即应援进行轰炸扫射，空中发现情况也立刻通知地面部队。解放军虽猛烈进攻，但仍不能占领碾庄，双方死亡均相当惨重。据陈士章回忆，他带兵那么多年，打过不少的仗，但像碾庄这样的猛烈战斗，死伤之多，他还是第一次见到。

这时，顾祝同、刘峙便对外大吹大擂，宣传什么："碾庄墟大捷！"何应钦也拍案叫嚷："黄百韬真是英雄！"接着是空投勋章、慰劳品等等。

17日，顾祝同亲自飞往碾庄墟上空与黄百韬通话。顾告诉黄：邱清泉、李弥两兵刚在陇海路两侧被阻截，不能来救援，希望黄率部突围出去与邱、李会合。黄一听知道这是在告诉他，牺牲已到最后关头的时候了。他便表示："我一定对得起校长和总长，不惜牺牲战斗到底！"但顾祝同走后，黄却向陈士章说："反正是个完，突什么围，送这狼狈样子给邱清泉去看，让他快意吗？最后不过一死，也对得起党国，也叫黄埔同学看看，不要再钩心斗角只图私利，万一能由此而转危为安，也是我们的贡献。"

"常胜将军"阵中亡

战斗到18日，因空军没有能炸断运河大铁桥，解放军的增援部队陆续开来，每天对碾庄墟所发射的炮弹达三万多发，这大出黄百韬等的意料。几天时间，只有几条街的小镇已成一片瓦砾，指挥官躲在地堡里，电话常常叫不通。但空投下来的《中央日报》上，还在头版头条新闻中大肆宣传"碾庄墟一再大捷"的"好消息"，把黄百韬说成是"常胜将军"……黄看了只是苦笑。名声虽一天比一天吹得更大，但他却一天比一天消瘦。

20日夜间，黄百韬的兵团司令部也被攻破，他仍偕同二十五军副军长杨廷宴、参谋长魏翱冲了出来，绕道到村东第六十四军军部。22日下午，六十四军军部也被攻入，黄仍企图顽抗，结果被当场击毙，不少高级将领均被活捉。

陈士章是在20日下午做好了逃走的准备，他一看大势已去，再也无法支撑，便将一套农民服装换上，于21日上午混在难民中逃出了碾庄墟。沿途他多次被搜索部队盘查，因为他不但化装像农民，而且背的农具能使用，所以能不受阻拦，逃出重围。他说最险的一次是遇到解放军解送的俘虏中，有些是二十五军的下级军官和士兵，虽看出他来，但未检举他去立功劳。他认为这是他平日待人诚挚，对部下从不苛刻，所以在关键时刻，这些人没有出卖他。他跑出了解放军的包围后，便向西边奔跑，据他自己说，这时他才体会到什么叫“丧家之犬”的辛酸滋味，连头上的太阳看上去也黄蒙蒙的，真正是日月无光。

他刚逃出不远，便被国民党的搜索部队捉住了，一听说他是什么军长，这可不能随便处理，马上把他送到了大许家站东面麻谷子镇第十三兵团第八军军部。军长周开成一看到他，两个人紧紧抱住，几乎失声痛哭。他一把眼泪一把鼻涕地告诉周开成第七兵团在碾庄墟的惨痛遭遇，并质问周为什么不去救援，看着他们被歼灭？周听了很不服气地说：“你看看我这一个军为了去支援你们，牺牲了快一半了，才把这个 200 多户人家的麻谷子攻占下来。杜聿明、李弥都亲自跑到这里来督战，他们两人一再命令我：总统和总长都有指示，救援黄百韬兵团如有畏缩不前者，以军法从事！你看我这个军的二三七师和一七〇师，哪个师有一个团不是只剩下一个营了。花几千人的生命才攻下麻谷子，刚刚由一七〇师攻下大小塔山，我就跟着去前沿阵地一看，碾庄墟只看到一片火海，最后只听到断断续续的枪声，这不是分明告诉我，黄百韬兵团已经完蛋了，我还去支援什么！”

这时，陈士章才知道，他们被包围后，一直收到徐州的电报，说已派出大部队支援，他原来以为是敷衍他们，现在看到尸横遍野，麻谷子村前一条小河，水都染成了红色，尸体几乎都快把河填满了，战况之激烈，可以想见。

“多年恶疾庆根除”

周开成告诉陈，比陈早几小时，一〇〇军军长周志道也化装逃出来，他派车送他去徐州了，他也准备送陈去徐州。陈坚决请求他派几辆坦克车，让他带领冲到碾庄墟寻找黄百韬。周认为那太危险了，陈表示为了寻找和救出黄，他死了也无怨言。周只好派三辆坦克让陈坐上去找黄，结果冲不进碾庄。因为解放军占领碾庄后，马上就修筑起工事，防阻支援部队前进。那个驾驶坦克车的连长也一再劝陈不要再去冒险，因解放军也有反坦克炮，遇上就麻烦了。陈因为不是自己的队伍，借人家的东西损失了不好交代，便在冲不进去时退了回来。

他逃回南京去，见了蒋介石等。蒋对他自然慰勉一番，并决定恢复二十五军建制，仍由他任军长。黄百韬的追悼大会也在南京隆重举行。

他告诉我，他逃出后，见到许多亲友都大吃一惊，因为六十三军军长陈章比他少一个士字。陈章战死的消息传出后，许多人以为是他被打死了。因为陈章接替林湛任军长的时间不长，许多人不知道第七兵团的军长中有两个人同姓而名只一字之差，所以闹出过一场误会。

他的新军在福建还没有训练好，福建解放。他这次没有能逃走，他原来把安置在厦门鼓浪屿的家眷送往台湾前，也做过一些准备，但退路是大海，他既不会撑船也不会游泳，所以被活捉。当然，他归结这是“在劫难逃”。

我希望知道的事，几天时间内可以说讲得相当详细，我的日记本上也比平日写得多一倍。等到我们出院时，他就听我讲笑话。当我提起笔来，准备写一首诗，以纪念这次痔疮手术的时候，他站在桌旁看我刚写上：“多年恶疾庆根除，顿觉周身别样舒……”他便把我的笔夺过去：“你们真太那个了，看一场电影、领一套新衣、看一次病都要写一张墙报，这是干什么？你写了我也得写，这次就算了，你省点事，我也省点事。”我点点头，同意他的意见，所以日记中只留下这两句。

出医院的那天，我自己都有点好笑。我们上医院时，管理员要我们穿整齐点，所以我们都把自己包袱里最好的衣服换上。回去时，医生和护士与管理员一道送我们上汽车，一辆伏尔加牌新车停在医院门口，我和他都挺起腰杆从电梯走出时，许多在医院看病的居民看到我俩那副神气样子，由医护人员一直陪送到小汽车上，还以为是什么首长呢！不过要留心点的人便可看出，我们没有起码的礼貌，没有和任何人握一握手便钻进车内去了。也许会有人认为我们是从医院的“传染病隔离病房”出来的，害怕把病毒传染给别人，所以不和人握手。谁知道医生、护士所害怕的，并不是我们身体上有什么传染病，而是我们脑子里的病还没有完全治疗好的关系吧！

改造靠“参观”社会成学校

诚意改造，非为过关

许多外国人到中国来参观时，都爱找特赦战犯杜聿明、溥仪、宋希濂等谈谈，他们大都是怀着一种好奇和怀疑的心情，希望知道一点中国共产党是怎样把国民党百万大军的统帅以及中国末代皇帝和特务头子等改造过来的。例如英国蒙巴顿勋爵，他在抗日战争时期与杜聿明在许多地方见到过，他知道杜是忠心耿耿地拥护校长蒋介石的。他开始听人说，杜聿明在战犯所改造时表现很好，第一批得到特赦，他不大相信，非亲自见见不可。一见之下，看到杜聿明前后判若两人，他思考很久之后，承认共产党的改造政策的确有独到之处。

一些仍处于封建社会制度的什么国王、亲王之类的人，便希望找溥仪谈谈，研究一下皇帝如何能心甘情愿当平民的。

我不及他们接见的外宾多，总共不过三次，一次是澳大利亚两个大学教授，他们是研究共产党的改造政策，找了溥仪、溥杰、杜聿明等谈过之后才找我的；另有几个从日本来的记者，是读了一本叫《红岩》的小说之后，想见见这本书中描写的杀人不眨眼的军统大特务严醉，究竟长得多么可怕，又是怎样转变思想而得到特赦的。

还有几个是抗战时在重庆中美合作所工作的美国人。他们过去长期和我打交道，他们到中国旅游时，听说我还活着，便抱着好奇心请求见我一面，居然能满足了他们的要求。他们和我一道拍了许多照片，带回去给过去在中美所工作过的、与我认识的美国朋友看。

更多的当然是我前年（1981）赴香港时，许多人当面问我，是不是真心诚意认为中共的改造政策的确能使人改变过来，或者只是为了求得自由，装出一套过了关。他们很坦白地说，在北京你不敢讲的话，到香港可以畅所欲言，他们可以绝对保密不告诉别人。我的回答，还是和在北京见到外宾的回答一个样，一句话，一切都是真的。

新旧对比，改造有成

究竟是什么力量能使这些人在十年左右的时间来一个 180 度的转变，杜聿明等跟随蒋介石 20 多年，我也有 18 年，怎么只用一半或一半不到的时间就会使人转变得如此彻底呢？我和杜聿明、宋希濂、溥仪、溥杰等都只是把自己在改造过程中思想是怎样由一点点的变化到全部变化谈出来，而没有总结出一套东西，更没有指出在什么情况下引起的变化最大最为有力。说句老实话，我们都没有认真去总结过，相反，是和我们接触过的许多外国人，他们几乎不约而同地得出一条相类似的经验总结，那就是中共改造战犯的一个高招是“参观”。

根据是这样：仅仅从革命人道主义出发，在生活上给予优待，这些人并不稀罕，因为这些人过去的生活比这好几倍甚至几十倍，这一点在他们看来只是小恩小惠，微不足道。

如果从不打不骂不侮辱来看，那也只能使他们能安静地生活下去，与思想转变关系不但不大，有时还容易使之停滞不前或满不在乎依旧我行我素。

如果专门从劳动锻炼来改造这些人，那只会引起这些人的反感甚至反抗，这些人一半以上是在被俘前后自杀过的，他们早把生死置之度外，如强迫他们去劳动，肯定不会触动他们那种“不成功便成仁”的传统顽固思想。这些人是长期充当上层统治者，多年来养成了养尊处优的生活习惯，怎么会甘心成天去从事繁重的体力劳动。

如果只是靠学习啃书本，读报纸，虽然马列主义和毛泽东思想是真理，要这些人能真正去接受，那就不是十年二十年，可能学到最后也联系不到内心深处的思想境界，来一个对过去全盘否定的大转变。

当我得知许多外国朋友总结出，通过参观而使我们的思想起了重大变化这一情况，我虽然一向认为外国月亮并不比中国月亮圆，但对他们作的这一结论还是持肯定态度的。当然我不认为他们比我们聪明，但中国有句老话：“当局者迷，旁观者清。”我相信这是真理，我们是处芝兰之室，久而不闻其香。

每当我回忆起我们集中改造后，一听到宣布要让我们去参观工厂、学校等的时候，那股高兴的劲头，可以说是当犯人以来所没有过的。负责人在宣布让我们参观时，总要说这样一句话：社会是学校，现在让你们进一下这个学校，这对你们加速改造将有所帮助，希望你们去好好学习。

“社会是学校”，这句话我的确是深有体会。因为战犯改造所改造我们时，每天读文件、报纸等，都是靠我们去无师自通，改造所只有领导人和管理员，没有教员，也从来没有人给我们上马列主义课。如果靠我们互相来提高，那将是变成扯不完的皮。因为这些人当中，大都自视甚高，“老子天下第二”（校长老先生第一）的思想很浓厚，谁也不佩服谁，凭几本书，肯定越改造会越糊涂。〇〇五三同学那种“一切循环不已，共产主义社会又要回到原始社会”的论调，以及第三兵团司令张淦坚信董仲舒告诉汉武帝的“天不变，道亦不变”等，在许多人听来还是认为对的。

进一进社会学校，去看看实实在在的东西，对比对比过去，这比什么经典著作对这些战犯能起到的作用都大得多。

记得我在1964年去西北参观时，我说我在新中国成立前从西安乘汽车去兰州，看到平凉附近一个村庄许多人在地里劳动，一看到我的汽车经过，不少人赶紧蹲了下去，我还以为这些人要在地上拾砖头砸我。随同我一道的一位在甘肃工作的旧部告诉我，这些人蹲下去是因为她们没有穿裤子。我不相信，停车一看，果真有不少十几岁的姑娘，全身晒成棕色，都一丝不挂在劳动……

我刚把这一情况说出一半，马上有一位青年干部气愤地说我是在侮辱西北女孩子，哪会有这种事！幸好同去的杜聿明等马上证实，的确如此，才免了一场纠纷。而过去旧社会我们所熟悉的一切，现在年轻人都不了解，所以我们在参观中，只要做一做新旧对比，我们就会很自然地相信“制度不同一切就改变了”这一条规律。如果不参观，仅仅从报上看到有长江大桥，我们会相信吗？当然，学习报纸时，我们也会认为这是了不起的伟大建设成就；有几个人心中不在想：报纸嘛，总归是报纸，今天是政府办的报，谁能去戳穿它。这一套咱们玩惯了，甭在我们面前班门弄斧，要讲宣传，咱们能把死人描写成活人，大灾之年描写成六畜兴旺，五谷丰登。可是一旦让我们亲自去看看，我们往往半遮半露地暴露一下过去不相信报纸的种种思想，结论是“耳闻不如目见嘛”！一切就这样掩护过去了。

身份不同，接待不同

通过参观而加速战犯思想改造，这的确是一手高招，想出这一办法的人，可以说和第一个敢于吃螃蟹的人一样胆大。说来容易，做起来真是麻而又烦，很不简单，万一出了问题，不只是前功尽弃，对政府的威信损失尤其不可估量。我记得当许多老百姓在得知我们这些人都没有按照“杀人偿命，欠债还钱”这一千古传统办法被处理时，曾气愤地说：“天不怕，地不怕，就怕共产党讲宽大！”如果把成百的国民党战犯带到百货公司去参观，既不能像什么展览会预展一样，只让少数人先看看提意见后再公开展览，又不能因接待战犯参观而停止营业，当然也不能让群众“肃静回避”，这许多三山五岳之徒，混在拥有上千人的大商店去参观，万一有少数逃走，不说全部一哄而散，那在社会上在群众中会产生一个什么样的影响。所以，这一史无前例的大规模参观是一件极为繁重的工作，没有这种魄力，没有东西让这些人看了产生好感，从思想上起变化，我相信谁也不会轻易做出这样一个决策。

成百的战犯去外地参观，乘车、住宿等安排虽麻烦，但还没有被指定去参观的单位感到紧张，因为要让这些人看出社会制度的优越性，被指定去的单位就具有代表性了。所以一些指定让参观的单位，一接到通知，既感到高兴又担心，高兴的是中央看中了这个单位，这是一项光荣任务，担心的是事与愿违，得出相反的结果负不起责。还多少有点怕和这些老爷打交道，说话重不得，轻不得，太讲原则了，达不到要求，太灵活了，又怕挨批。拿我在北京先后三次参观某一大钢铁公司为例，在向战犯们介绍情况时就煞费苦心。

我以战犯的身份去参观时，这个公司的领导人把我们安排在一间大会议室的一端，像对小学生讲课一样，他深深地吸了一口烟，壮一壮胆似的，才一字一句铿锵有力地说："现在我把本公司的情况，讲给你们听听……"他停顿一下，看我们每个人都拿起笔记本，低着头在认真地记录，谁也没有顾得上看他紧张的脸孔，这时，他才再轻松地抽上一口烟，声音也不那么装腔作势了。不过说到最后一句时，可能是经过一番讨论研究之后才确定下来，非如此说，不足以表明彼此之间是存在着敌我矛盾，否则立场不够鲜明。所以还和开始一样，一字一句都那么有力，也可以说是吃力吧："你们参观之后，一定要认真学习工人阶级这种忘我的劳动精神，好好改造，将来也能为祖国建设作出贡献。"（注意：不是现在，是讲将来）

我第二次去这家公司参观时，是特赦后以全国政协文史专员身份去的。同一地方，还是坐在大会议室的桌旁，有清茶一杯，还是那位领导人，语气就完全不同了，除出现了"欢迎"这一名词外，还加上"请提宝贵意见"。

我第三次再去这家公司视察，是以全国政协委员的身份去的。接待的地方是有沙发的大会客室，清茶之外还有上等香烟。因事隔多年，介绍情况的人换了，也许是主要负责人亲自主持，口气就大大不同了，什么"欢迎首长光临指导""向首长们汇报"，以及"敬请批评"等都很顺当地滚滚而来，既不紧张也不那么吃力，自然听起来非常悦耳。

同时，有人为我们打开汽车门，恭送如仪。车上有位和我一同去过三次的老同学问我："人家今天还请我们提宝贵意见，你有什么感想？""送一副现成的老对联。""什么对联？""坐，请坐，请上坐。茶，泡茶，泡好茶。这就是我亲身的体会和感想。"

旧时汽车，触景伤情

战犯们参观工厂、学校、商店……的时候，我们是看东西，而别人却是看我们这一群怪物，有时一个车间的工人全部停止工作，有时连下班的工人也从家中赶来，甚至附近的居民会两旁站得满满的。他们看出了什么我不清楚，可能认为这些人一定比别人生得不同吧！有一次，我倒听到一个小姑娘向另一个排开众人想挤到前面的小姑娘说："没有什么稀奇，和普通人一个样！"可能这位小姑娘认为这些人不是红眉毛绿眼睛便是杀气腾腾或烟容满面，结果使她大失所望，原来战犯是和普通人一个样。

参观是加速改造战犯的一条捷径，虽然在之前战犯们自己还没有察觉，可是改造所却是十分重视的。从集中学习直到1975年全部特赦在押战犯为止，除"十年浩劫"不算外，几乎经常要组织参观，也就是去进进社会学校，而规模最大、行程最远、时间最长的，当然是去东北和武汉那一次了。

这次集中了山东、四川、西安等几个战犯改造所中军长级以上和少数高级文官，连同北京战犯所的全部100多名，浩浩荡荡从北京出发。行前除举行多次座谈，讨论应注意事项外，还由每人写了一份"参观保证书"，主要是一切行动听指挥，不准随便脱离集体单独活动，见到亲友等熟人不能随便招呼，如愿意与亲友等见面，须报请批准等之外，最特别的、也可能是上级领导指示的，要在参观时不要触景伤情。这可能是总结了多年经验，犯人容易触景伤情。我在云南时，就发生过这样一件小小的触景而伤了情的事。

有一天大雨过后，监狱的下水道不通了，满地是水，便组织犯人到高墙外挖通一条水沟，我也去了。忽然一辆漂亮的小汽车飞驰而过，它溅起的泥水弄得我和许多犯人满面满身。我定睛一看，立即产生一种平生没有过的激动，因为那正是我几个月前天天乘坐的车。我一边擦脸上、身上的泥水，一边顺口念了一句"无可奈何劳动去，似曾相识汽车来"。立刻就有人把这话反映上去了。晚上，昆明军管会有位负责人找我去谈话，问我今天出外去排水遇到什么没有？我如实照说了，并告诉他这两句是把北宋词人晏殊的词句改了一下，不是我做的什么反动诗。他听了只是笑笑说，这种容易使你触景伤情的事今后可能还会有，一定要正确对待，不要难过，也不是什么反不反动的问题，不要小题大做，就这样不了了之。我以后遇到什么便若无其事，免惹麻烦。

旧貌新颜，令人激动

这次出去大规模参观，要经过几个省市，所到之处，大都是国民党中这些文臣武将的旧游之地，触景伤情之事，将是无日无之、无处无之。若不先规定一下，说不定会产生什么不可想象的意外事件。因为像我遇到似曾相识的汽车，因它风驰电掣而过，只是一瞬的事，如果遇到似曾相识的洋楼，看到被别人居住，一定会产生“王侯第宅皆新主”的感叹。

从北京驶出的特快列车到达沈阳车站后，许多战犯的眼光都不约而同地集中到曾经在东北显赫一时的杜聿明、范汉杰、廖耀湘等人身上。杜聿明警惕性是很高的，他乘汽车经过过去作为东北九省保安司令长官部办公大楼时，一点也不激动，就像天天看改造所的学习室一样，毫无表情。想从他身上找出头发丝那么细的思想问题也没有能找出来，真高明！

战犯们参观不是游山玩水，而是像进学校去学习一样，所以参观之后，便抓紧时间谈学习心得和感想体会等。杜聿明参观后第一次发言表示，使他最激动的，并不是看到昔日的办公大楼而联系起来的思想，更不是当年他乘着美国高级林肯牌轿车进出时，必有一排卫兵列队迎送，远远看到他的汽车，两个号兵便发出“立正”号音，四周立刻寂静得只听到汽车引擎发出的轻微响声，正在行进的官兵都得停下来向他敬礼。那种威风凛凛的派头，他早不屑去回顾了。当前使他感受最深的，是过去不冒烟的工厂都在冒烟，许多旧工厂扩大了多少倍，许多没有见过的工厂如雨后春笋一样矗立了起来。他滔滔不绝地追述着抗战胜利后，所看到的东北重工业区奄奄一息的惨状。

在长春参观汽车制造厂的时候，大伙对这座汽车城的确感到极大兴趣，因为过去大家都是坐惯了外国汽车，没有想到中国自己也能生产汽车了。所以当工厂的领导叫人把一辆刚装配好的解放牌卡车驶到我们面前时，杜聿明便急不可待地走过去，摘下近视眼镜仔细去看起来。领导我们去参观的管理人员，知道杜聿明带过机械化部队，对汽车感兴趣，便小声问了工厂的那位领导人后，居然叫杜上车去试试。当杜一坐入驾驶室，许多人便有点不听指挥，纷纷走过去。他们想：杜聿明能开车，我们当然也可以上车。杜聿明总算没有丢人，当他很平稳地把汽车启动后，内行人一看都暗地里叫起好来。他把车开着在试车场内兜了一圈，引来了工厂不少职工都围了上来，他跳下车后，一个劲地赞好，所有在场的人都为他这一句话而点头微笑。当然，工厂的职工们是不便和这位东北过去的统治者直接交谈，但从许多人面部的表情可以看得出来，这些人都没有表现出半点恶意，可能是事前关照过了。

参观工厂好戏连场
压轴好戏啼笑皆非

公私合营，资本家兼任厂长

我们参观的许多单位，大都是由单位的党委一类人给我们作介绍，只有在沈阳参观阀门厂时，是这个厂的资方厂长作的介绍。他一开始就先讲明白，他原本是独资经营这家工厂，以后亏本无法继续下去才公私合营，现在比过去扩大了好几倍，他作为资方代表，也就是说他还是资本家，现在由他担任厂长。

在他没有讲话之前，一看到他那肥头大耳和胖乎乎的身子，我们就估计这不是一位工农出身的干部，一听他居然很坦白地承认是资本家。也许是由于我们的立场还没有转变过来的关系，大家对他都有一种比较亲切而不是像对工农出身的干部那样只有尊敬的感情，所以他的话听起来也动听得多。特别是他讲完之后我们居然有人敢于向他问这问那，这是在别的场合下很少有过的现象，可能有一点点“本是同根生”的关系吧！

在沈阳参观时，也曾发生过一场小小的意外事件。那天我们从铁西区参观工厂回来，大家都有点累，便倒在床上等饭吃。我们所到之处，所住的地方大都是一般干部开会时的普通招待所，每间房有两三张床，甚至更多的床铺。这比我们特赦后出去参观住的高级宾馆差得很多。我们在沈阳住的这座楼房，两面临大街，可以凭窗眺望大街景色。不知是大人或小孩，也不知是有意或无意在给我们开玩笑，正当大部分人躺在床上闭目养神的时候，王耀武伸头向外一看，立刻大惊小怪地叫了一声：“快来看！”战犯们虽然连我这个年轻一点的也有40多岁，大的近70岁，但有时还会和小孩一样，有什么热闹和新鲜事，不但爱看，而且爱问，所以，王耀武一叫，便有不少人挤到窗前，顺他的手所指的地方看过去。一霎时，窗口虽挤满了人头，却变得那么寂静，几乎只听到几十人的呼吸声，而没有人愿意先打破这宁静的气氛，好让人多去思索一下一样。

什么热闹这么吸引这些身经百战的将军们呢？原来王耀武发现的是我们住的楼下一片水泥地上，有人用粉笔画了许多老虎关在笼子里。其中一只最大的，还在张牙舞爪，围在它身边的中小老虎，也都是凶相毕露，似在窥察左右想逃出重围的姿态。画得虽不好，但可以看得出种种神情来。这是为什么，可能是每一个人正在思考的问题。

杯弓蛇影，战犯争相比老虎

率领我们出去参观的领导人，立刻动员招待所的勤杂人员把这幅画擦掉了，而战犯们在学习座谈时却把它当成了座谈的中心内容，几乎谁都认为可以和自己的过去联系得上。

杜聿明在第一组的座谈会上，首先承认画的那只大老虎是在影射自己，因为他过去是在东北主管军事大权的九省保安司令长官。范汉杰也联系得很巧妙，他说大老虎身边那只略小一点、只露面而不露全身的老虎指的是他，因为他被俘后，解放军的报纸上刊出的是他那张美髯公一样的头部照片。全组几乎人人都能联系上自己是什么大虎、小虎。更有趣的是组长邱行湘，在最后发言时说：“我用不着联系，因我在担任洛阳警备司令时杀人不少，所以洛阳的老百姓早就给我取了一个凶恶的外号，叫我‘邱老虎’。”

由于地上画了几只老虎，100多名战犯都自动或半自动地硬向自己身上来联系，我那个组在座谈时，自然也以此作为重点，各人生拉硬扯一番，仿佛不和老虎挂上钩，就有失身份似的。我边听边打瞌睡，所以没有争取发言，大半的人都联系了，我还在睡意蒙眬。有位特赦比我迟十来年的“进步分子”实在看不下去了，便把我一下从半睡中推醒，用坚定的立场和愤怒的口吻指责我：“你这个过去吃人连骨头都不吐的最凶狠的老虎，为什么还在装聋作哑，你忘记自己是特务头子了吗？”我揉了揉眼，把半歪的身子端正了一下：“当兵的！你难道忘记我是民国3年生的吗？”“民……”一个民字刚出口，又马上来一个紧急刹车，他掐指一算之后，才用纠正我什么严重错误的口吻质问我：“你1914年生的又怎么样？”“民国3年是甲寅年。”“1914年即使是甲寅年又怎么样！”在这一个计算出生年龄的数字上这是两种多么鲜明的对比啊！我左一个“民国3年”，右一个“民国3年”，他却不肯从他嘴里吐出“民国”两个字，好像在中国历史上不曾存在过民国。当然，最后我不得不采用摊牌的方式：“民国3年是甲寅年，寅是属老虎。仁慈和万能的上帝，早就看到我会在今天要参加这一场学习，所以早点为我安排好，让我在属虎的那年降生。这样就可以省得我再来联系。”我余兴未尽，也像他一样掐指一算：“你过去不是告诉过我，你是民国元年生的……”我的话还没说完，他急不可待地纠正：“我是1912年生的！”我好像没有听见，继续说我的：“民国元年么，是壬子年，属老鼠，即耗子年生的。”我边说边把右手高高举起，把大拇指和中拇指分开两寸左右：“嗨！老鼠就这么长。如果老鼠和比床铺还大的老虎攀亲，要寻宗认祖的话，那就不知道成了第几十代的什么什么了！”

正当他气得脸色由白转青，气呼呼地准备把小时吃奶的力量都使出来和我决斗时，我们那位足智多谋的可敬小组长马上采取了当机立断的方式，制止了这一场眼看就要形成的肉搏战。

只见他双手一伸，左手去挡他的嘴巴，右手来挡我：“好了！好了！不能再这样扯这些与今天学习不相干的小事，耽误了正常的学习，谁也负不起这个责任，有什么不同的意见，以后有时间再谈，请别的同学继续发言。”

瞧，没有这两下子，能当这些人的学习组长吗？他把这样一场纠纷，只用“不同意见”四个字便大事化小，轻轻一带而过。如果遇到由我来掌握学习，非让两人争得面红耳赤不可。所以十年来，这一组长宝座总轮不到我这笨头傻脑的人头上，能说改造所的领导没有知人善用之明吗？

触景伤情，黄鹤一去不回头

在武汉参观长江大桥时，和我一样触景伤情的人真不少。因为修大桥时把黄鹤楼拆掉后还没有来得及修复，许多人竟情不自禁地背诵起崔颢的诗来：“昔人已乘黄鹤去，此地空余黄鹤楼……”似乎都有点感到缺少了什么。我又有点信口雌黄：“因为不见黄鹤楼，黄鹤一去不回头。”这种不合时宜的话刚出口，立即有人纠正：“啊！‘一桥飞架南北，天堑变通途’，这是多么震撼天地的伟大诗句，此时此地，正是高吟这种诗的时候，那些颓废的东西也该收起来了。”此言一出，众皆无言，的确太不会联系实际了。

我一看到汽车在桥上飞驰而来，这倒勾引起我一段往事。1936 年，如果便有这座可通汽车、火车的大桥，当年蒋老先生手下的政学系头子、湖北省政府主席杨永泰，就不会被他死对头的爪牙杀死在渡江的时候，那时只能乘小火轮或木筏子渡江。许多爱幸灾乐祸的人站在黄鹤楼上看翻船，认为是人生一大乐事。今天虽无黄鹤楼，也不用担心翻船了，再也不会因渡江遭飞来横祸。本来杨永泰之死与我毫无关系，但军统却借此一无法可破的案，硬栽到国民党另一派系的新国民党负责人之一的刘芦隐头上，使我为此而背过一阵子包袱。

那是 1937 年 1 月间，刘芦隐从广州经香港到了上海。我那时才 23 岁，在军统上海特区搞绑票、暗杀等工作。我奉命去绑刘。在上海三马路扬子饭店门口，因刘很机警，加上他的夫人华祝三见状除大喊大叫外，还把一大叠十元一张的钞票抛在地上，她不知道我们是要人不要钱的“绑匪”，死死揪住刘不放手，结果英租界的英国巡捕赶来，我只好变绑票为公开逮捕。因为他当时还是国民党中央宣传部部长，只是由于反蒋，长期不去南京就职，所以要在上海秘密逮捕他，准备暗中杀害。公开逮捕后，英租界不同意“引渡”，最后才把杨永泰被刺案硬栽在他头上，才“引渡”到南京。由于是公开逮捕，不便杀掉，只能长期囚禁，抗战时还送到老远的西康去软禁。新中国成立后，他当了全国政协委员。我在报上看到他的名字后便考虑过，他一定不会忘记我，因我逮捕他之后怕他跑掉，更怕有人收买巡捕房的英国人把他放了，我用一副手铐和他铐在一起有 20 多天，直到他被“引渡”，我才把他单独铸起来。他不但认识我，而且对我的名字也绝不会忘记，所以，看到这座大铁桥我就很自然地想起了这一段往事。

这个不算太大的包袱，我一直背到我被特赦之后才解决，虽是后话，也不妨简单先提。

仇人见面，冤家路宽喜相逢

1960年，我第二批得到特赦。1961年，全国政协开大会时，刘芦隐果然没有忘记我，他要领导我们学习的北京市统战部部长廖沫沙通知我到民族饭店去看他。我答应了，并且马上做好思想准备。我想他要对我责骂等，我只要保持住不动手脚，态度和蔼，用唇枪舌剑反击过去，他也没奈何我。出我意外地，我一看到他那满面皱纹和苍苍白发，一副受尽折磨的形态，与我绑架他时那倜傥风流的神情，完全判若天壤，如果不是他面部那颗黑痣，我真认不出是他。一种内疚之心立刻打消了我准备回击他的念头，我反而希望他骂我几句，消消他的多年怨气。由于过去他是因国民党内部争权夺利而遭到我逮捕，这与我逮捕革命人士不能同日而语，但我还是愿意他责备我一顿，这是看到他竟憔悴到那副模样之后，才改变我开始去见他的想法的。

更出我意料的是他一听见有人告诉他我已到了时，他从房内走出，立即热情地伸出手来。我赶紧走上去和他握了握手，不知说什么好。可能是第一次碰到这种尴尬场面，我竟脱口而出："你比过去老了！"他也许没有想到，我们在这种时候这种场合下见面，我会说出这样唐突的话来。尽管他担任过国民党中央宣传部部长，一听这话，也只好用同样的话回答我："你也不似当年那么年轻！"话匣子便从这儿打开，谈了一个多小时，他请我喝过咖啡，吃了一顿午点我才辞出。取得这次经验，我才不再担心与他有相同情况的人会报复打击我，用我自己总结的话来解释是："冤家路宽。"

参观的最后一站是离北京最近的天津市。一下火车，爱开玩笑的范汉杰一手拉着前天津市市长杜建时，一手搭在前天津警备司令陈长捷的肩上，说："今天到了你们辖区的防区，该好好招待招待我了。"

完全出乎这两位原天津军政首脑意料的话，使他们不知怎样回答。这种玩笑是不能开的，被一些爱提意见的人听到了可以扣上不少大帽子。陈长捷心事太多，他理也不理，还是杜建时稳住了气，轻声回答一句："今天吃和住都安排好了。"这是一句很稳健的话，也不容易被人扣帽子，当然所到之处，吃住一定早有人来准备的。可是范汉杰还是兴趣犹浓，又来一句："是到你公馆去享受盛宴，还是去起士林吃西餐？"杜建时也有点不耐烦，便顶了一句："这比到锦州时你一点招待都没有要好得多。"可能这句话使当年驻守锦州的最高军政长官感到有些"往事不堪回首"，笑话才没有再说下去。

爱看京戏的人，都对最后一出压轴戏最感兴趣，这次参观也演出了一场使人啼笑皆非，也有些人可能叫"好"的压轴戏。

在天津，特地去有名的南开大学参观，因为战犯中有不少人是这个学校毕业的，共产党的领导人当中也有不少是这个学校毕业的，最有名的当然是周恩来。在参观时许多人都很自然地联系到当年黄埔军校也和这一样，既培养出了许多国民党将领，也培养出了许多共产党的将领，这一文一武、一南一北的两个学校情况如此相似。可能由于这一点，才让战犯们去参观，从中得到启发，同样一个学校出身，而走的路却不相同。

矫枉过正，军长跪地哭罪由

天津的许多工厂当然更应当去看看。不料，有一个工厂的领导人新中国成立前就在这个厂工作，那时他是共产党派在这里领导工人和国民党进行斗争的，差点儿被捉去杀了头。所以他在介绍这个工厂情况时，免不了联系到过去一些情况，像最后为了防守天津，拆去和烧毁了许多民房，一大批老百姓弄得无家可归，工厂停工，工人没有饭吃等等。

听到以上情况，按道理说，曾在天津顽抗到底的一些军政负责人应比别人更能触景伤情，但由于订有保证，不能触景伤情，所以杜建时、陈长捷，以及六十二军军长兼天津警备副司令林伟俦和天津市警察局长李汉元等都挤在人群中，默默地听着介绍和留心参观。正当介绍完毕，突然从战犯行列中跑出一人，竟双膝向地下一跪，管理员眼明手快，一下把他提了起来才没有跪下去。但他还是放声痛哭起来。他的这一惊人之举真大大出人意料，大伙定睛一看，原来是淮海战役中一位被俘的杂牌军军长。他生于南方，打内战时也没到天津，说不定他还是第一次光临这个城市，怎么会使他这么触景伤情而至痛哭流涕，真是百思不解。由于他这一精彩表演，参观便草草结束，许多地方也只好走过一下不再细看了。

回到住地，领导参观的首长集合大家讲了话："看到过去与自己有关的事情，估计一定会引起一些人内心的波动，这是不可避免的，为了防止当场有激动表现，所以出发前便要求大家保证不能触景伤情。承认过去的错误，当然是应该的，也是好的表现，可是如果跪下去痛哭一场，这种认错的举动是绝对不许可的。回来爱怎样都可以，在外面却不能不考虑到在群众中造成的影响，如果 100 多人到处去下跪痛哭，那还成什么体统。凡事过了头就是错误……"

听到这番话之后，真不知该怎样来看待那位"过了头"的军长。总算在停了一会儿、喝了一口水之后，那位领导又继续说："我们不认为这是什么大的问题，今天在这里说明一下，我们不提倡这种表现，大家也不要去责怪他，我们是把整个社会当成教育改造你们的学校，十个指头都有长短，进学校学习后，收获也自然各有不同，今后还要经常让你们进这种学校，希望大家总结一下这次学习的心得体会……"

原来担心因为那位表现过了头，今后不让我们再去进这种学校，一听今后还要经常去，大家都活跃起来，也把那位的表现丢到一边去了。

从集中加速改造一直到"文化大革命"开始，战犯几乎年年要参观一次或几次。"十年浩劫"过去之后，在押的战犯们全部特赦之前，又进行过一次参观；全部特赦后，又挑选一部分人进行了一次参观，还有不少人被从别的战犯改造所送到北京来参观。这对许多人的确起到过不小的作用，难怪外国人认为这一着棋很高明，否则怎么能使这些国民党的高级军政人员在思想上起这么大的变化呢！

秦城农场过春节
最是伤心除夕夜

每逢佳节倍思亲

我在战犯所过了十个旧历年，也就是现在被称为春节的佳节。

“每逢佳节倍思亲”，这是人之常情。当了犯人就比一般天涯游子不同得多了，每到除夕之夜，想到过去家人团聚在一起吃团圆饭的情景，听到外边的鞭炮声，和我一样的暗中流泪的，虽不说是全部，总可以肯定是绝大部分了。

十次春节中，我认为值得专门写一章的，是1958年在北京秦城农场劳动锻炼中度过的一次春节。

自从由功德林监狱搬到农场之后，大家的心情比过去都舒畅得多，因为抬头看不到窗子上面的铁栅栏，也看不到高高的围墙，仅仅这一点就使人的精神减去不少压力。何况伙食比过去好，特别是有一定范围内的自由，有时甚至会使人暂时忘记自己是犯人。

这一年的春节前半个月，管理人员就告诉我们可以在春节期间自行排练一些节目，文娱活动不限于下棋、打桥牌以及清唱，可以演唱一些京戏、地方戏、相声等。另外采购物品也比平日可以多买些吃的东西。所以大家早就兴高采烈地准备好好过一次年。

北京地区的冬天，真正是天寒地冻，这一情景是南方人所不能想象的。一到上冻后，土地全成为石板一样坚硬，力气再大的人，一锄下去也只是一道白色的痕迹，什么也掘不起来，所以，我们便利用冬天来补秋忙的学习课目。农活最忙是秋天，这主要是一年劳动的果实，在秋天要全部把它收获下来，还得把它储藏好。这些时间，我们是成天劳动，原来定下来的半天学习几乎都停止了。冬天不能下地，正好把它补上。春节前一个星期，连学习也只是读读报便算了，该开会批评的事也不批评，这是让大家快快乐乐地过这一传统的节日。甚至有个别同学说，春节搞文娱活动是“黄连树下弹琴——苦中作乐”。像这类话，平日是应该批一下的，这个时候也不批了，是不是等“节后算账”我就记不清楚了，可能是自己检讨几句，也就过去了。因为这一年的春节大家都过得很快乐，我看不像是坐在黄连树下弹琴，几乎是人人喜笑颜开。

在监狱中，有一些琐碎事，在别人看来真是太微不足道了，但犯人却把它看成是一种传统的不成文的规定，特别是在过旧年前后一两天内，都得十分注意。即使一些平日根本不迷信的人，这一两天内也得“入牢问俗”和“吾从众”，否则会引来一些不愉快的事。反正闲着无聊，跟着别人一样也没有什么不好。

犯人入牢后，没有比希望早一点出去还要重大的事了，真可以一言以蔽之：“出去第一！”在没有出去之前，除了尽力创造出去的一切条件外，在精神上也更要想方设法来安慰自己，因为监狱再好，总是没有自由可贵吧！

怎样创造出去的条件，各个时期和每个人的情况都不相同，这里就不能讲得太多。在战犯改造所中，常用的名词是“争取早日投入人民行列”。简单地讲，也可以用两个字概括：“争取。”因为这不能和过去一样，托人讲情或走后门送厚礼等可以解决，必须要靠本人的表现，才能由最高当局做出结论。究竟要达到一个什么样的标准，谁心里也没有底。“改恶从善，前途光明”，这是一个十分笼统的话，具体点，详细点，谁也说不清，也不敢问。偶尔听到什么首长来讲话时，提到这八个字的标准时，也只是叫大家尽力争取，如此而已，岂有他哉！

梦里仍是自由人

在精神上，犯人凡是可以创造出来足以安慰自己一下的事，则莫不尽力以求。拿上床睡觉来说吧，许多人可能连昨夜上床时鞋子怎样安放的都已记不清楚了，但许多犯人却非常注意这样一件小事，甚至多少年如一日，从不忘记。当然，也有许多马大哈，平日从来不注意，也不相信一双鞋子的摆法可以与自由有关，但到了年三十夜或年初一晚上，看到别人那样认真对待这个问题，偶然也会注意起来。万一还和平日一样，上床时乱七八糟地放在地下，同组的“同学”中，总会有那样热心肠的人，帮他把鞋子的尖朝外放好；一下床，就可很顺利地把鞋穿上向外面走。这就象征今年可以交上好运能朝外面走了。如果把鞋尖朝里，一下地去穿鞋，脚尖还朝床而不朝外，这就等于今年还没希望走出去了。坐牢是度日如年，而犯人的刑期往往是以年为单位计算的。所以，求得在一年内有希望就算是大吉大利了。

像廖耀湘这样一位在生活上一贯马虎的人，如果在除夕之夜别人帮他把乱放的鞋子摆好，即使他不相信这样一个动作能决定自己的命运，但对这样一个善良的祝愿，他也会点头微笑表示感激的。

犯人最喜欢是夜里做好梦，因为“不论牢门千万锁，梦魂仍是自由人”。牢门是关不住梦魂的，所以大家对于做梦，特别是做了一个甜蜜的美梦，很久都是感到快乐的。但除夕之夜这个梦，却又关系到第二年吉凶，就特别使人重视。我在云南监狱中过第一次除夕夜，做了一个与家人一道吃饭的梦。可能是由于我平生最讲究吃的缘故，我经常做吃东西的梦。第二天我告诉同牢的人，他们马上问我：是梦吃中餐还是梦吃西餐？我说是吃中餐，他们便向我祝贺，说我快要出去了！我问为什么？解释是吃中餐用筷子，筷子的谐音是快，所以梦到用筷子就是快出去了。而吃西餐用刀叉，叉谐音差，差就不是好事，出不去了。我至今仍感谢他们为我解释而给了我几天的精神安慰。但这一“快”却要多等十年才得到了特赦，也许是按蜗牛最快的速度，我爬了十年才爬出牢门的。你能说这个梦不是十分灵验的吗？

在春节快要到的前几天，战犯们分为两大派发生了一场南北大战。南方同学极力主张把春节分配到的猪肉做成回锅肉、红烧肉，因为这是南方人过年少不了的两道菜。而北方同学（包括西北、华中一部分）却主张，还和去年一样美美地吃上几顿饺子和包子。这也是北方人过年的习惯。争论的结果，是吃饺子的一方胜利了，因为是在北京过年，就得按北京人的方式——吃饺子。

农场食堂的几位炊事员照例得回去过春节，北方同学们把袖子一卷，饺子由咱们自己来包，南方同学便乐得不动手。我想学学包饺子，便自动参加了这一工作。当饺子包出了一大半的时候，庞镜塘要我回寝室给他把一包白糖拿给他。我以为他想喝红茶，他悄悄告诉我，他要包十个白糖饺子，混在一起，谁要吃到了糖饺子，谁便可以交上好运。但两顿饺子吃过之后，我和庞镜塘都没有吃到这种能带来好运的糖饺子，也没有听到有人嚷嚷，吃了糖饺子。我想可能和猪八戒吃人参果一样囫囵吞下去，连味道都没有尝出来。

妻离儿散我成囚

第二年，第一批特赦正好是十个人，庞镜塘便得意地告诉我，准是这十个甜饺子被这十个人吃了，所以他们能得到第一批特赦。我第二批一特赦出来后，曾问了留在北京工作的第一批同学杜聿明、宋希濂和王耀武等，他们都说没有吃到过甜饺子。为了此事，我还特意写信告诉去东北的庞镜塘，无非是说明这十人并没有吃到甜饺子，却都交了好运。

我过去和庞镜塘没有同过组，这次到农场劳动，两人都作为一二等劳动力而编入第二队。二队有两间寝室，我和他同在一间内，只是中间隔了三个人，不是紧邻。他包完除夕饺子后，感到有点累，便倒在床上休息。这时，有些人在准备第二天演出的节目，有些人在写春节开门红的墙报，我也只是写了一首咏雪诗，以歌颂农民们抗旱的劲头和及时见雪的喜悦心情。当我在学习室把墙报写好，走回寝室取日记本时，不知是第几灵感在作怪，忽然情不自禁地把唐诗中两首五言律诗中有关写除夕的四句凑在一起，轻声哼着走回寝室：“一年将尽夜，万里未归人，那堪正漂泊，明日岁华新。”刚刚念完，推门一看，庞镜塘正好靠在窗边的床上。不用说，我念的这些他已听到了，所以一看到我手中拿的墙报他便问我：“除夕写了什么好诗？”我便把写好的东西递给他，他轻声念着：“今年春旱锁龙王，又嚷冬干捉玉皇。急向人间抛瑞雪，好为天上保平安。”他念完笑了一笑：“除夕夜会什么感想都没有？”一听这口吻，知道他是正在回忆什么或想写什么，也许是想而不敢写，等等。我为了抛砖引玉，便主动把自己在前几年写过一首非常伤感的除夕诗念给他听。这首诗十分露骨说出自己内心的苦痛，目的当然是希望他也说出这类东西，两人一经有了这种思想交换，便可成为患难知心人。我的那首七绝，我过后也认为没有意义，特别是集中改造后，已没有那种悲伤的感情，要我写也写不出了。那首诗是这样：“妻离儿散我成囚，人世悲酸到尽头，最是伤心除夕夜，背人无语泪偷流。”他听过之后，久久不作一声。我有点后悔，担心又成为自找麻烦。他停了一会儿却长叹一声：“没有切身体会的人，是不会懂得‘背人无语泪偷流’滋味的。”他一再说这个“偷”字用得很恰当。当然，他自己也肯定是“泪偷流”过的，否则不会有此共鸣的心情。

我正等他把自己除夕写过的诗念给我听时，他忽然坐了起来，我以为他要出去，我又有点后悔了。没有想到他是起来坐在我的床头，向我念了他在前几年写过的一首五言律诗。前面六句我已记不起，只记得后两句：“今宵独无梦，彻夜未成眠。”这就比我写得含蓄得多了。不过后一句话，的确引起了我无限同情，平日可以靠晚上做一个团圆美梦，而这一晚却彻夜不能成眠，连梦也做不成，这种心情，也不是一般人所能想象得到的。

当我正在沉思的时候，他也担心我会因他的诗而勾引起我的满怀心事，便问我：“过去过除夕做过一些什么诗？”我忽然想到1946年过春节前两三天，我从重庆赶回湖南去过春节写过的两首七绝。我用开玩笑的口吻说：“今天是除夕，明天过年，讲一个与棺材有关的故事和因此写过的两首诗给你听听。”在过去，也许在今天，有些地方还有人对与官和财谐音的事，认为是很吉利的，所以他一听到这句话，立刻高兴起来，要我马上讲给他听。

棺材走私藏鸦片

我轻轻咳嗽一声，抹一抹下巴，便一本正经地讲了起来：抗战胜利后，国民党政府从重庆还都南京，军统局在四川多年来积累的财产，真是多得有点惊人，加上中美合作所一结束，大量武器弹药、电讯器材、医药器材等就有十几个大仓库，都全部送给了军统局。军统局除将医药器材装备了一所中型的一百多张病床的医院赠送给中央医院外，还有不少东西都得运到南京。我当时负责总务工作，运输物资自然落到我头上。要把成千上万吨的东西从重庆运到南京，是相当费事的。为了省钱，我便在四川大造木船，每只船装几吨到几十吨东西，从水路运去最合算，因在四川买的船，把东西运到南京，再把船卖出去，还可赚钱，等于不花运费还有剩余价值。没有想到，好事也会出坏事，正当我得意扬扬地一批又一批把东西运出时，继戴笠而新任军统局局长的夫人，要求我把她多年前死在重庆的母亲的棺材顺便带回南京去安葬。我一向爱说俏皮话，便冲口而出："行！一口两口都行。"她一听便火了："谁家有几口棺材！你咒骂人……"我还不等她说完，便抢着说："谁不愿意升官又发财，越多越好嘛！"这句话说得她啼笑皆非，正想再骂我几句，我一转身就走了。

天下事总会有些出人意料的，正当我在上海布置自己的安乐窝时，突然接到局长夫人的电话。她连哭带骂地说，由重庆驶出的木船100多只都没有出事，独独装有她母亲棺材的那只木船触礁沉没，棺材不知漂到什么地方去了，要我一定要负责找回，否则要和我拼老命。我急忙投其所好地安慰她，说这是老天爷有意安排老夫人应当水葬，这一定使后人特别是能使女儿发大财，不消几个月，黄金美钞就会像长江的水一样滚滚流向她家，这是许多人求之不得的大喜事。她一听这话，从电话里传出了轻微的笑声，怒气已变成喜气了。但停了一会儿，旁边似乎有人在提醒她似的，她又改口非要我找回不可，并要我一定要妥运南京，如果棺材湿了也不要紧，还千万叮嘱不准动棺材。我一听知道此中大有文章，便立即由上海飞往重庆。我通知水上警察局，要他沿途贴出布告，谁发现这具上面写有 × 太夫人名字的棺木，应立即报告，当给100石米作为奖赏。当时法币天天贬值，老百姓并不感兴趣，100石米可是硬通货。如此重赏，何愁无勇夫。如果出少了，捞到棺材的人，只要把里面的尸骨抛掉，一副上好的楠木棺材也可以买上几十石米。军统局的米真是堆积如小山，因为军统局的编制有几万人，90%都在外地和沦陷地区，而我随便造一个人数册去领军米，月月有大量节余，军统局在重庆开了五家大米店，每月卖掉几万斤，最后还剩下几仓库，所以批发一二百石米，只是小事一件。

三天过去，果然有人在离翻船不远的地方捞起这口棺材。我便带几个人亲自赶去，一看，捆在棺材上的草绳已湿透了，我便叫人抬到船上后，将棺材撬开。刚一揭盖，我又连忙叫人赶快钉好，并再油漆一番，使人看不出来过的样子。

庞镜塘马上问我："打开了又马上盖上，是不是怕里面的尸体不见了？""不是，因为尸体四周塞满了四川土特产，不便给外人知道。"他听了如丈二和尚摸不着头脑，便傻里傻气追问我一句："带那么多四川土特产去南京吃得完吗？""书呆子！四川土特产是指鸦片烟，不是指四川榨菜！""那你怎么一看就知道是鸦片烟？""我在四川那么多年，不用打开看，只看那种包装就能断定是鸦片烟。"书呆子又傻里傻气地问我一句："这鸦片烟正是严重违法的事，你怎么不检举？"我只好耐心向他解释：这位新局长也是我的老长官，当时他正在北平主持军事调处执行部的工作，是执行最高当局的最上等的策略——"不战而屈人之兵"，希望通过与美国合作而收编中共的部队，夺回中共从日本人手上攻占的地盘，打通平汉铁路。像这样一位为最高当局所信任倚仗的大人物，不用说只运一棺材鸦片烟，即使运上一船，也不过是小事一件。我胆子再大，也不会不权衡利害得失，去干这种蠢得令人笑掉牙齿的事。

"后来呢？""后来自然是平安运抵南京，局长夫人和她的弟弟亲自去下关码头跪迎。""是去迎接四川土特产吧！""书呆子"忽然变得聪明起来。他正在替她发愁如何去出售这些土特产的时候，"同学"们用洗脸盆端着一盆盆刚煮好的饺子大叫大嚷："开饭啰！"他似乎还没有听过瘾，也只好从床上站起来和我向外走去。

征人随雁过衡阳

第二天，是农历年初一，一听到"起床"的叫声和口哨声，每一间寝室便发出高低不同的祝贺声，犯人们不是互祝"恭喜发财"而是互祝"吉祥如意"或"万事如意"。"犯人"能如心意的唯一大事是出去，金钱在牢中没有自由可贵，所以发财暂时还不是首要的。

互相祝贺一番之后，便吃了一顿丰盛的早点。除了豆浆、油饼外，每人还有一块年糕。难得的是年糕上有几颗红枣，红是代表吉利，枣的谐音是早，吉利越早到来越好。战犯所待遇比一般监狱虽然好得多，但千好万好还是早点出去好。有红枣的早点，便是使每个人都感到异常高兴的东西。

刚吃完早点，庞镜塘又找我问昨天我说的因棺材而做的除夕诗，我只好继续讲下去。

抗战胜利后，我母亲唯一心愿是回湖南过一次年。老人认为抗战几年间，她在外省过年总没有在家乡过年好。所以我虽然在南京、上海都安顿了住的地方，而且比去湖南好得多，但她老人家还是坚持要回家乡过年。我如果不去重庆处理那口漂走的棺材，从上海或南京赶回湖南，是很从容的。到重庆把一切处理好之后，离过年只有三四天了。当时重庆的飞机只能飞到汉口，不飞长沙，我到汉口还得转乘火车。从武昌开往长沙去的火车，从日军手中接过来不久，没有火车头，是将汽车改装成的，去掉轮胎，安上铁轮，在铁轨上行驶，每次只能拖两三辆无篷车皮，两天才能到长沙。我一计算，这太无把握，而且很辛苦，便决定从重庆驾一辆新的美军吉普车，循公路回湖南。我和司机与副官三人轮流驾驶，这样日夜兼程而行，经过贵州与湖南交界处的玉屏县时，听到满街都响起玉屏特产的箫和笛子声音，我忽然诗兴大作，便随手在日记本上写下一首七绝："岁暮思家昼夜行，怕闻箫笛耳边鸣，归身似箭犹嫌慢，自驾轻车过玉屏。"第二天到达衡阳，看到一群群大雁在衡阳附近的回雁峰上空飞过，我又写下一首，可惜前面两句记不起，只记得后两句："今日闺中知也未？征人随雁过衡阳。"因我每到一地总得发一电报给陪伴在我母亲身边的妻子，让她们知道我到了什么地方。庞镜塘要我把前面两句想起来再告诉他。但一直到今天，我也想不起，可能是人老了，早无那种闲情逸致了。

秦城农场迎新岁
好戏连场共开怀

可敬的炊事员

在农场的春节文娱活动是令人难忘的，也可以说是历史上少见的。这么多文武大官登台献艺，是许多人想也想象不到的吧！

时间是 1958 年 2 月 18 日，即农历年初一下午，地点是北京北郊昌平县秦城公安部干部劳动农场的小礼堂。平日这里只是开会和放映电影，不能演戏，可是这一天战犯们却把它当成临时剧场；就在放映电影的银幕下，作为临时的舞台。报幕员是原天津直辖市市长兼北宁铁路护路司令杜建时，他一口标准北京话，神采奕奕地走上舞台。本来这里没有幕布，他却装模作样地，用手像拉着最漂亮的丝绒幕布一样，略显吃力地从东慢慢地拉到西边，算是“开幕”了。

平日，我们下雨和冬天便在这里看电影，其他时间是在外面空坪看，而每次看电影，主要的地区都是我们坐，旁边和后面，除公安部农场干部与家属外，还有附近一些老乡们。今天不知是认为这些人演出的东西不值一看，或是过旧年都忙没有时间来欣赏我们的演出……总之，除战犯外，只请了一位贵宾，而这位贵宾还是主持这次盛会的宋希濂亲自跑了几趟，才千呼万唤把他请了出来。你猜这位好不容易请来的贵宾是谁？当他没有入场时，连战犯们都没有猜到，他竟是留在大厨房给我们过年做饭的唯一的一位炊事员。其他炊事员都回去过年了，只有他一人在战犯们协助下，照常在工作。凭这一点，就够使人尊敬了，何况他平日对战犯们的关怀真的是像对待亲人一样。有一次，我去挑开水，不小心把一桶开水倒在厨房门口，其余的几位炊事员，有的埋怨我不小心，只剩下这两桶开水，倒掉一桶，只能让我们少喝一些，有的漠不关心，照常在吸烟。我正感到一种说不出的难受时，这位可敬的炊事员从大灶后面一跳出来急忙问："烫伤了脚没有？"一句话，仅仅一句话，这种"只问人不问水"的关怀之情，直到今天，我一想起来，还没有忘记。何况他马上跑出来看了看我的双脚的确没有烫着，又匆匆为我再烧开了一大桶水，还一再对其他几个炊事员说："他们劳动半天，水都不能喝足，这太说不过去了！"他不止对我一个人这样，每个和他打过交道的"同学"，对他都会产生好感。有一次，我去大厨房帮忙剥豌豆，我刚被从地里叫回来，只穿一件单衣，而且汗湿了，所以坐下来后，感到有点冷。我正想要提出回寝室取衣服时，他把自己穿的一件外衣披在我身上。我一看四周没有别人，便轻轻问他一声："你这样做不怕别人批评你吗？"他当然懂得我问这话的用意，是怕别人说他"敌我不分"。他轻轻一笑："这是按政策办事，怕什么！"

军长唱地方戏

虽然我们都不知道这位炊事员尊姓大名，可是我们却给他取了一个好听的绰号"鲁智深"。这不只是从他魁梧的身材和络腮胡等看像鲁智深，更是他的个性爽朗，敢打抱不平等，十分像《水浒传》中那位英雄。所以大家一看把他请来坐在当中，都认为是非常合适的。

当"贵宾"入座之后，报幕员清脆的京腔响彻了整个小礼堂："敬祝各位身体健康，学习进步，新春万事如意！"大家不约而同地为这几句话而鼓起掌来，接着是："第一个节目：湖南花鼓。"这是由十八军军长杨伯涛和一一四师师长夏建勣合唱的。战犯所中，湖南人最多，占了十分之一强，这也许是由于"无湘不成军"的关系。当兵打仗，过去是湖南年轻人的出路，所以，将军们当中湖南人最多，被俘当战犯的自然不会少。杨伯涛一开腔，唱出了真正的湖南味，便赢得了几声喝彩声。

第二个节目是第三兵团副司令兼桂军第四十八军军长张鸿文演唱的桂剧《王佐断臂》，这个戏的台词还是第七兵团司令、被人称为“桂林才子”张淦写的。战犯中，两广同学人数仅次于湖南人，所以桂剧也是很受欢迎的。

登台唱京戏、越剧、苏州评弹的陆续出场，都很有一手，连不懂这些的“鲁智深”听了也连连鼓掌叫好。事后他不止一次地向其他几位炊事员说：真没有想到这些人不但能武能文，还有这么高超的文艺技巧，实在没有想到。他没有想到的事，可能比他看到听到的还多得多，否则这些人怎么能统治中国那么多年呢！

最后一个节目，比预期的效果要高出好多倍，谁也没有料到，看来只是一个歌颂新中国农民在新中国成立后所过的幸福生活的节目，竟会变得比什么“相声大师”的相声还会使人笑痛肚皮。如果有意去编一曲喜剧，肯定不会有这样好笑。

南腔北调笑声不绝

这一幕“小康人家多幸福”，是由军统局东北九省督导室主任文强与国防部二厅副厅长沈蕴存合编合演，也就是自编自演的独幕剧。

文强和我是军统局的多年老同事，也就是被人称为“军统特务”的。沈蕴存却不肯接受“特务”这一不光荣的称号。按照一般情况说，国防部第二厅也和过去军事委员会军令部二厅一样是搞谍报的，也就是搞军事情报的，一向是军统所掌握的公开特务机关。他这个副厅长却对这顶帽子不感兴趣，有时甚至是坚决否认他是个特务，因为他过去一向是在军队中主管通讯工作，从通讯连长、营长，一直晋升到通讯兵第四团少将团长，都是搞通讯。1948 年，国防部二厅厅长、老牌军统郑介民被明升暗降到国防部当了次长后，厅长一职便由非军统侯腾副厅长接替了，侯便把他在陆军大学的同学沈蕴存拉去当了副厅长，一年多便东逃西躲，厅长逃台，副厅长被活捉。有一次，许多同学当着我的面要我证实，我这位同宗老兄是军统特务，我连忙说：“他虽属牛，还没有入庙。”沈蕴存一听，连声否认他属牛，他说：“我是属马的。”我当即说明，特务的特，是牛旁一寺，说他属牛未入庙，只是沾了一点特务的边而不算是特务。由于我给他解了围，所以他对我很有好感。可是我这个人是爱开玩笑的，有一次，我和他合作抬土，我说："我能与我有三同关系的老兄合作，十分荣幸。"他马上把土筐放下，忙问："你不是证实我和你不是同行（同是搞特务）而只是'同学'，同姓沈，怎么能算是三同呢？"我说这一同，是同属"温情主义者"。他一听就乐了，因为他从来没有写墙报揭发过人，也从不会提尖刻的批评，是一位十分忠厚的明哲保身的老好人。当然，这一同他是愿意的。

这次他和文强合作演戏，他自愿充当女主角。因为战犯所中都是男人，被俘的将军中没有发现一个穿裙子的，所以演什么需要女角，都由男的扮演。这次沈蕴存扮女角，真是笑话百出。他除了请管理员借来一套花衣服外，还用一块花布把半白的头发包了起来，耳朵上用小红辣椒一边挂一只当耳环，并把白粉笔调成水抹在脸上。一出场，大家都笑了，他更加得意地学着农村小脚女人一样，一扭一扭地走着。可能是一阵欢笑声把他吓了一跳，开头几句台词，他还能对答上来，后来便急得没有擦胭脂的脸，也透过粉笔的白色泛出红绯。

文 强

文强是湖南腔，沈是江苏盐城人，满口苏北话，两人一问一答，真是南腔北调。下面的人越笑，他越着急。而躲在一旁递台词的兵工署稽查处少将处长廖宗泽，是一位非常热心的人，他一看沈蕴存对不上来，便大声把台词念了起来。这位同学平日说话一向高门大嗓，他怕台上的听不清，便更放大声音，虽不到声震屋瓦，却也掷地有声。台上演员还没有听清，台下的观众却听得一清二楚，话剧一下又变成了双簧戏。女主角在和男主角争吵时，只听到男的叫骂声，女的在表演动作，张口无声，对答的话是从台后发出来的。这一场表演，把所有的人都笑得前仰后合，有些人眼泪都笑了出来。不少人说，虽看过不少中外名演员演出许多好戏，却从来没有像今天这次看到的这么开心。

散场时，笑声仍未绝，许多人一直笑到吃饭时还在笑。这样的戏，除了这一次，哪里还能再看得到呢？

灯谜游戏惹起小风波

我们这次一连痛痛快快玩了三天，除演出外，还有各种棋赛和克郎球赛以及打桥牌、猜灯谜等。

这次下棋等准许以糖果、香烟作为赌注。宋希濂的棋艺高，围棋、象棋都赢得不少糖果；杜聿明的桥牌打得好，也是常胜将军；我过去会打弹子（台球），所以打克郎球也赢了。

猜灯谜主要是自己编写，也有用旧的较少人知道的贴出让人猜。曾扩情贴出一张，两句话打一字："良人做事颠倒，专寻丫头开心。"马上有人指出这一字谜不健康，并说："你过去寻丫头开心还不够，今天编出这样的字谜想说明什么？"他急了，马上把谜底写出来，并说这是一个老的字谜，不是他编的，是打一个"饼"字，并愿收回。也许由于过年，普天同庆，这种小事也就没有人再追究，但扩大哥却不敢贴了。他说："我一肚子都是旧东西，也分不出哪是健康，哪是不健康的，我猜你们的好了。"

第二十五军军长陈士章贴出一张："狗咬狗，打一常见的字。"很快就有人猜出来，这是监狱的"狱"字。接着又有人认为：政府都把我们当人看待，为什么他把自己和"同学"当狗看待？这一顶小小的帽子正准备扣在他头上，我在旁边插了一句："过年嘛，快乐一点，不要再咬了！"立刻有人"嗯"了一声，我连忙说："我说错了，我说不要吵，把吵字说成了咬字，这是话出无心，言之无罪，请诸位原谅！"一场小而又小的风波，总算平息下来。

很久没有人猜出的是："金木水火土，打五虎上将。"我们中唯一的王上将，听人说这字谜没有人能猜出，他便用很轻蔑的神态"呸"了一声。一些聪明的人，看到他这一表情，联系到他的名字，马上就猜了出来，这是打四川军人中五个上将的名字，即邓锡侯、杨森、刘湘、刘文辉、王陵基，不正好把金木水火土都联系上了吗？王上将为什么要"呸"一声，主要是在他的眼中，除杨森外，其余不是他的学生就是他的后辈，所以，不屑与他们同列为五虎上将之末。

三天过去后，又半玩半学习了十多天，才又投入了紧张的劳动与学习之中。而这一次过春节的情景，我认为不说一下，这一辈子就是下一辈子也不可能再过的了，焉能不为之写上一篇？

欣闻特赦惊喜若狂
分批释放大失所望

过一辈子劳改生涯

自从1958年10月间，北京战犯改造所把大部分战犯从城内功德林监狱送到京郊秦城农场进行农业劳动改造之后，许多人都认为这就是对战犯“给出路”做准备工作了。当时虽然墙报上天天有人写什么感激和体会一类的文章、诗歌等贴在那里，不但写的人是言不由衷，看的人就更不是味儿了。如果给这样一条出路，整天“面朝黄土背朝天”在地里劳动，整天是和泥土打交道，这一辈子不就完了。

按照共产党的改造政策，是要把罪犯们改造成为自食其力的劳动者，当然，这不仅仅是理所当然，也是相当公正的。自己靠自己的劳动能力养活自己，这总算是天公地道的事。无论从哪一方面都驳不倒这一条真理。所以，除了口头和笔下表示出赞成，还得加上几句感激之词。所以看起来，这些人都是心悦诚服，准备在晚年争取当一名农民就心满意足了似的。

翻翻当年的日记，我曾写过不少这一类诗词，最典型的是在1958年12月3日写的几首七言绝句中，有一首末尾有：“日对秦城增热爱，新生落户我争先。”当我把它贴在墙报的“新生园地”上的时候，徐远举走过来一看，一声不响，只微微地把头一摇，轻轻叹了一口气。这叹声刚到喉头又咽了下去，生怕被人听到了，如果我当时不是站在他的身边，是不会察觉到的。最后彼此只是四只眼相对望了一下，也可以说是毫无表情，也可以说是一肚子的话想说而没有说出，就晃晃悠悠走开了。我便悄悄地跟在他的后边，他一直走到我们可以活动的范围圈的边缘一座小桥上坐了下来，我便挤在他坐的一条不到一米的石栏杆上。我看这时附近没有别的同学，便大声“唉”了一下，徐远举立即用讽刺的口吻说了几句：“你不是热爱这里，准备在此过一辈子吗？那还有什么值得你唉声叹气的？”我故意叹一口气，是想听听他最近的思想情况，交换交换看法，没想到他看了我写的墙报来讽刺我一下。我是很了解他的个性的，便把头低着不回答，等他发言。彼此沉默了几分钟，他看到附近还没有别人，便先长长地叹一口气，这一声“唉”，拉得很长很长，仿佛要把刚才看墙报时没有叹出的那一口气加倍地叹出来，否则太吃亏了。

又是一阵沉默，又过去了几分钟，徐远举突然把手一指：“瞧那新盖的一片楼房，不就是你我下半生的归宿点吗？”我略一抬头，一排灰色两层楼刚刚在盖瓦，在它的附近还有一些两层楼有前后凉台的单元房子，有一座已有几个农场干部搬进去了，可以肯定，这不是为我们修建的。而那一排正在盖瓦的没有凉台，很像单身宿舍，我也同意他的看法，这是为我们而修建的，也就是战犯们得到宽大处理的养老地方。不管怎样，这总比监狱或农场的集体宿舍要好得多了。

说实在的，当时谁的心情都不是那么轻松愉快的，谁也说不准将来怎样来处理我们，因为仅仅是不杀、不辱、不审、不判，并不能满足于我们这些人，有时反而会产生索性杀了还可省事一些的想法，因为总怕将来的日子不好过。谁也不能想象到宋希濂、沈蕴存、沈策、郭旭、周养浩、陈士章等许多人，还能去美国欢度晚年，总以为这一辈子就这么无声无息地完蛋了。

天无绝人之路

过去，我对什么“天无绝人之路”和什么“绝处逢生”等毫不在意，因我是一帆风顺，十年间，就由尉级爬到将级，从来没有遇到过什么绝路，可是当了战犯后，却老是希望有绝处逢生的那一天。天下事，真就有那么巧得出人意料的。准确的时间，是 1959 年 9 月 16 日下午收工之后，准备吃晚饭之前，徐远举照例首先去管理员办公室看看报纸来了没有，他是争取充当义务分报工作的。他什么事都性急，看东西也比别人看得快，虽不是一目十行，但很会抓住要点。这天他一走进去，把报纸拿起来，一看就大喊大叫：“好消息！好消息！”他这一叫，立刻把所有的战犯们都吸引了过来，连正在分菜的值日同学也把提着的菜桶放了下来。用不着别人推荐，徐远举便大声朗读起来，这种寂静的场面，平日是绝对没有过的。过去一收工，特别是在开饭之前，那一股子热闹劲儿，不亚于过去小镇上赶集市遇上唱大戏的一样，除了人声沸腾，还加上一片桶、碗、瓢、盆的交响曲，夸大一点说，真是震耳欲聋。谁也制止不住这种乱劲儿。这天却变得有点儿万籁俱寂了。徐远举在念得上气不接下气时，特别放大嗓门，用他那地道的湖北大冶口音，高声宣读：“在庆祝伟大的中华人民共和国成立十周年的时候，对于一批确实已经改恶从善的战争罪犯，宣布实行特赦是适宜的。……”当“特赦”两个字读出之后，大家的心便像被什么强大的吸力吸住了似的。正当每个人都还暂时沉浸在这一片寂静声中时，忽然听到另一个高大嗓门尖叫一声：“这下好了，我可以和老婆在一起了！”只见站在最后的一个人，大叫一声之后，把上衣全部脱掉，向附近的柿子树林狂奔乱跳，还一边重复叫着这句话，一边乱跑。他早已跑出了平日规定的活动范围，也毫不觉得。宋希濂虽然在大声叫他回来，他还是一个劲地在边跑边叫。此人为谁，乃国民党晋陕边区挺进纵队中将司令宋清轩是也！

9月中旬，北京已进入三秋了，中午虽热，早晚还是可以穿上薄毛衣。宋清轩光着上身在树林中狂奔乱跑时，带我们去劳动的一位科长有点着急了，他倒不是怕宋清轩逃走，而是担心他不当心摔伤碰伤，也怕他光着上身着凉，便跟在后面喊他回来；宋清轩却越跑越高兴，谁叫也不听。正在这时，人群中突然窜出一员瘦将，直向宋清轩追上去。大家一看，原来是我的老乡、军统老同事文强。此君又高又瘦，两条腿特别长。只见他一边追，一边喊着：“刚才读的特赦消息是假的！”此话一出，我立刻想起我这位老乡一定和我小时一样，听老人们讲过那个故事：有个穷秀才，屡次考举人而未中，有次考中了，当报喜的人送喜报给他，他一听马上神经病大发，便不停地高呼：“我中了！我中了！”谁去劝说他也不行。他家人急了，便去请教一位老举人如何能使他清醒过来。估计这位老举人可能也犯过这种病，所以他很有把握地说："只要叫一个平日他最害怕的人，打他一个耳光，说喜报是假的，是来骗钱的，他根本没有考中，这样就会使他马上清醒过来。"他家里的人一合计，他平日最怕的是他开肉店的丈人，因为他每次没有饭吃特别是没有考中时，他那位开肉店的屠夫岳父便赏他几个耳光，平日他一听见他岳父的吼声，两腿便打哆嗦。于是他家里的人便去求这位屠夫，给他两耳光让他清醒过来。谁知打惯了他的这位屠夫一听女婿已考中举人，再叫他去打举人老爷，怎么也不肯。又是那位老举人出主意，知道屠夫爱喝酒，便叫人去请他喝酒，喝醉之后，告诉他去打。这一招果然不错，屠夫喝醉酒，果然去打了中了举人的女婿一个耳光。这位喜极而发狂的新举人老爷，一惊之下，真的清醒了过来……文强大概也想学学这一手。可惜的是，这位喜极而发狂的不是秀才而是赳赳武夫，文强也不能赏他一耳光，所以追了上去之后，文强一个劲儿地说消息是假的，叫他不要相信，而这位杂牌部队的将军却还是边跑边叫。文强只好绕道跑到他前面，一下挡住他，对方才仰天大笑起来。可能是傍晚从磨盘山麓吹来的一阵凉风，使这个赤膊大汉猛地清醒过来，才跟着文强慢慢走了回来，省掉了挨耳光。

事后诸葛亮

我和宋清轩在不同小队，不过在劳动时，老是听到他叽里呱啦，满口是马列主义和新名词，要别人如何好好从劳动中改造思想，把下半生的时间、精力、生命都贡献出来，为祖国和人民做点有益的事，没有想到这一下全部露了底，他多年来日思夜想的是和老婆在一起。不过这一思想的暴露，管理人员却认为不足为怪，他们对这些人口里说的和心里想的都经常研究、分析，所以并没有对宋清轩进行批斗。只是等到9月18日，报上正式公布刘少奇主席发布特赦令时，他们不让个别的人先看，而是在午睡起床后，送报到各小队去学习座谈。可能是吸取了前天的经验教训，让大家的头脑冷静一点，防止再发生别的意外。

这天报上的头版头条新闻，便是刘少奇主席颁布的特赦令。第一条是：蒋介石集团和伪满洲国战争罪犯，关押满十年而确已改恶从善的，予以释放。毫无疑问，每个人都自认符合这一条。所以，在举行座谈时很久都没有人发言。听说有时话太多了，反而会连一句也说不出来。过去只听人说：一部二十四史，不知从何说起。这次我是亲自看到这种场面了，满肚子的话却会说不出来。自然不能冷场，当队长的都有一套，拿他的开场白来说是抛砖引玉，我认为不如说带头决堤，而且是决黄河之堤，一下子便争先恐后地把砖头玉块都纷纷抛出来了。我倒没有争取发言，而是在看墙上挂的一张月历，报上说特赦令是昨天颁布的，今天见报，那正好昨天是己亥年的中秋节。不知是有意安排在这一天来颁布还是偶合，这都使人长久不能忘怀，中秋是寓团圆之意。我在发言中把我这一重大发现提了出来，偏偏有人指责我是舍本逐末，避重就轻。今天我还是把我这一重大发现提出来，可能不会遭到仁人君子的反对吧！坐了那么久的牢，谁又不希望能与家人团聚呢？

在座谈中，我很敬佩有那么两位事后诸葛亮的同学，他们说自打从张治中、傅作义、邵力子等人来探监之后，便估计到必然会有特赦的一天。这样一个新鲜名词，几年前他俩居然就已经看到了，真是比诸葛孔明参谋长还要高明百分之二百，无怪赢得了不少老实人连连点头，好像一经指点，便大彻大悟。我这个笨脑子却怎么也转不过弯来，我想张治中等人来探监时，可能连他们也弄不清将来用什么方法来处理这些人，而这两位“神犯”却有这样远大的眼光。一贯爱说俏皮话的我，有两句话当时已说到了嘴边又强迫自己的咽喉把它吞了下去，今天我可不怕煞风景要畅所欲言了。我当时本想问问他俩，为什么过去他们在睡梦中左一个“他妈的”，右一个“他奶奶熊”，自从前天公布了那个“好消息”后，再没有听到他俩在梦中骂人的呓语了呢？

“食色性也”

倒是那位可爱的宋同学，真是言行一致。他得到特赦后，第一件事便是找他那位比他小 30 多岁的如夫人，在政府的帮助下，居然找到了，而且对方知道特赦后的将军们每月有 100 元的工资，真正做到召之即来了。虽然有些流言蜚语，说她离开老宋的时候，才年方一十六岁，自然守不住，有的说她改嫁过一次，也有说她改嫁过两次的，但不管怎样，她在宋清轩特赦后却赶上“寡妇门前是非多”的好时候。这些说法人言言殊，这不是我所要弄清的。

大谈特赦感想

打开日记，照抄一段。1959 年 9 月 19 日，星期六，晴。今天中午，公安部孙处长带了一大批新闻记者和电影制片厂的摄影师来到我们住的地方。让我们坐在农场的办公室表演我们学习特赦令颁布后的情况。摄影师把许多人兴高采烈的发言姿态摄入了镜头。接着又去地里表演我们平日劳动的一些项目。杜聿明还是和平日一样认真地修剪果树和葡萄，摄影师几次请他把脸转过来一点，他才意识到这是在演戏，不是在劳动，不必那么认真，只消做做样子就行了。……

摄影师和记者走了之后，大家便议论开了，许多人都认为国庆前一定可以得到特赦，家在北京的便回家，家在外地的也可以回去。只有我因为全家人都已送往香港，十年来音信杳无，我怎么能提出来我去香港找寻家人呢。所以，许多人都在高兴地计划着出去如何如何时，我和家在台湾的陈士章等几个便默默不语。这时谁也不愿把自己的打算讲出来。在学习座谈会上，我也和别人一样，大谈对特赦的感想，其实一肚子的话连一点点都没有露出来。

9 月 24 日，星期四，又是一个秋高气爽的晴天，上午我们在地里劳动时，又有许多记者和摄影师来到地里为我们录像，还给许多人单独拍摄了不少照片，下午又到我们的住地拍摄我们下棋、打扑克等许多文娱活动的镜头，估计是认为上次拍得还不够，这次补拍一些。一看到这种情况，便猜到是准备对特赦进行一次大规模的宣传。我和郭旭、徐远举等几个平日认为可以讲知心话的人便暗中谈论起来，我们都有点担心，由于过去不少报刊、电影等揭露过军统特务机关和许多军统特务如何残酷对待被捕的共产党员和爱国青年，我们这些人出去后，肯定会遭到报复，想早出去又怕出去的矛盾心情，都久久成为一个沉重的包袱。我们都不是事后诸葛亮，谁也没有料到郭旭能去美国和加拿大探亲，我也去过一次香港。

还是写 1959 年的事吧，当我们天天在盼望早日实行特赦时，9 月 25 日上午，我们正在为农场新建的一座粉丝加工房修整房屋和为晾晒粉丝的地方栽柱子的时候，李科长突然跑到工地叫我们马上收工回去收拾行李准备。大家高高兴兴地吃了一顿丰盛的午餐。在吃饭时，许多人端着饭碗在住处附近边看边吃，以为从此便不会再看到在这里亲自栽培的许多果树和葡萄了。

回到功德林大本营，一些没有去农场劳动的老弱残将，知道最近几天新闻记者和摄制电影的去拍过两次，也为之兴奋异常，一致认为国庆前，即10月1日前，都会得到特赦，可以好好地到外面过国庆节了。谁知一直等到9月30日那天，突然叫我们认真学习9月18日《人民日报》社论《改恶从善，前途光明》。这一个上午的学习，等于给我们这些连日来头脑热昏的战犯们泼了一盆冷水，使不少有点常识的人感到大事不好，因为社论中大有文章，过去几天都没有认真去研究。

像泄气的皮球

最使人丧气的是社论中一再强调："确已改恶从善的一批战争罪犯与反革命分子可以得到特赦。采取这个措施，将更有利于化消极因素为积极因素，对于这些罪犯和在押罪犯的继续改造，都有重大的教育作用……"

许多人仔仔细细一琢磨，便像泄了气的皮球一样，原来社论中有几处讲得清清楚楚、明明白白，是"一批"而不是全体，还得有一大批将作为在押战犯继续改造。这一下使不少人的高兴劲儿抛到九霄云外去了。

记得小时看过一个外国的神话故事，有那么一个不信邪的人，把一个不让他看的什么宝盒非打开看看不可，结果什么幸福、财宝之类都跑掉了，等他手忙脚乱地把宝盒盖起来的时候，里面只剩下一个希望。当我看到许多同学垂头丧气一阵子之后，又振作起精神去研究特赦令的第一条，"蒋介石集团战争罪犯，关押满十年"自信也达到了"改恶从善"这样一个标准。于是一团希望之火，又在这些人心中燃烧起来，前几天的高兴劲儿似乎又回来了。希望这个宝贝，使许多人由沮丧而变得快乐，由悲观失望变得满怀信心。只要有特赦，只要有一批，这一批中便肯定会有自己。当然，我也和许多人一样有点儿盲目乐观，有点儿飘飘然了。这也许就是"希望"这个宝贝在发生作用。

1959年10月1日，星期四，又是一个好晴天，半夜3点钟，便听到了王耀武高喊起床。许多人昨晚就把洗脸的冷水装在脸盆里，一起床便匆匆洗脸等候开早饭。这天是我担任小队值日，挑回的面片每人可以分三碗，不过等到我开始吃的时候，管理员已在催促集合了。我大口大口吞了一碗多，便赶出去集合。我们照例是分乘几辆租来的大客车，由功德林驶往公安部。路上早已人来人往，热闹异常，可见半夜就开始活动了。几十万人的大游行，不能不早作安排，我们如果不早点走，迟一点便通不过长安街那条挤满游行队伍的大马路了。

首次参加国庆观礼

我们照例是在公安部的图书室或大礼堂休息，9 时许，便到公安部专门为我们搭的看台上去看国庆节的活动。这座看台正对着天安门城楼，看得相当清楚，这比我们特赦后安排参观的观礼台还要舒服。观礼台的中外来宾和天安门城楼上的国家领导人与外国贵宾都是站着看，而我们在这个看台上却可以坐着看。所以，彼此之间常常开玩笑说这是“特级包厢”，可以落座，对面看台是买的站票，只能站着看。

那次是十年国庆纪念，当北京市市长彭真宣布大会开始并简单讲话之后，便是检阅部队。当机械化兵和重炮车隆隆驶过天安门时，我正在傻里傻气瞧热闹，而坐在我前面和身旁的许多战犯却把头垂了下去。我真不理解为什么这些长年带兵打仗的将军们对这种场面竟不爱看，我便用关心的口吻问在我右边的廖耀湘。这位兵团司令听了之后，只是不断地摇头，并轻轻地长叹一声。我更莫名其妙，便进一步去问他为什么这样？坐在我左边的刘嘉树用力在我背上捅了一下：“蠢货！你不看这些重炮和坦克都是从我们手中夺过去的吗？”这一下把我捅聪明了。我才想起这些似曾相识的东西，过去它身上涂的是青天白日，所以，看到这些东西一出现就把头低下去了，他们不是不想看而是越看越难过。我过去没有带过兵，便一个劲地在瞧热闹，不会触景生情，甚至想也没有想到那上面去。刘嘉树如果不狠狠捅我一下，可能到今天我还不会理解那许多败将的心情。

公安部为了让我们看国庆节的盛大晚会和烟火，不要我们回功德林，就在图书馆吃饭和休息。当几位山东同学翻阅山东的《大众日报》时，看见该报在 9 月 25 日已刊登山东特赦战犯的消息，几位东北籍的同学也发现《吉林日报》也刊登了释放特赦战犯的消息，大家更是欢天喜地，认为北京会在国庆节后了。

焦急等待特赦消息

从10月2日学习时座谈十年国庆感想开始，几乎每天都在学习。10月5日，又宣布继续学习有关特赦文件，大家认为这样抓紧学这些东西，肯定不久便要进行特赦了。所以都兴致勃勃，发言的人很多。

谁也没有料到，正当大家学习特赦文件学得非常起劲时，10月10日那天，管理员又宣布改学周恩来总理的“伟大的十年”。这一下使许多人又不安起来，急性子徐远举便在墙报上贴出一篇题为“好事多磨”的短文，他借批评某些同学对特赦令颁布快一个月了，越来越使人感到失望，十年时间已够长，还要加上一段时间来拖延，太不珍惜战犯的光阴了。他认为这是一种抵触思想，应当有一个正确认识……他的这篇东西刚一贴出，使表面平静的池水立刻泛起一阵波澜，质问他的墙报便一张接一张而来，不少人要他把说这种话的人交出来，有些人则指出这是借别人之口发自己的牢骚。有人动员我写篇东西去帮助他，我只是笑一笑，我认为徐远举不正是代表了许多人在催促早日实行特赦，不要只听楼梯响不见人下来吗，我不但不批评他，还同意他的这些意见。

正当大家在“槽内无事猪拱猪”的时候，10月20日，又宣布要我们回秦城农场。这究竟是怎么一回事呢？难道不正如徐远举说的那样吗？

这次再回农场，原来是让我们帮助农场搞秋收的结尾工作，除了进行水稻脱粒外，还得继续挖一些树坑。去年刚来是两人合挖一个，今年是每人挖一个，许多人都不能当天完成一个宽一米见圆深一米二的大坑。因为它最难是要挖成上下一样宽，不能挖成碗和锅底一样，因为树的根系要在下层伸开，底部一定要挖得平平整整。当第二天去继续挖没有挖好的坑时，我很惊奇地发现没有一个人走到别人挖的坑边去，而是一到工地，各人便熟练地一下就能认出自己昨天挖过的坑。主要是自己付出过劳力的东西，便有了感情似的，所以一看就能认清。过去我曾听徐远举说，抗战前，他奉派充当西藏活佛老班禅的随员，准备去西藏建立军统特务基地，后来班禅病死在玉树，虽没有能去成，他却增长不少见识，最使他惊异的是经常有数以百计的喇嘛去参见班禅活佛时，都是先把靴子脱掉放在外面，穿着布袜进去，等到出来时，各人找各人的靴子，从来没有看见有人穿错，或为穿错别人的而吵架的事。我当时还认为去朝见活佛的人都不愿去那里吵闹，穿错就穿错了，虽然徐远举坚持没有人穿错，但他说不出不会穿错的原因。这回我明白了，因为那些靴子是自己家里的人做的，经过自己劳动过的东西便能认得出来。正如后来我看到北京许多人看球赛时，把自行车放在球场外边，看完球出来，谁也都能认出自己的车来是一个样的。

第一批特赦宣布之后

在农场劳动，比圈在监狱高墙里要容易过些，再加上伙食也好，空气更比城内新鲜，一晃眼，一个月便过去了。正当大家又在议论纷纷时，11 月 25 日，又宣布要进行参观，这次是参观新建成的人民大会堂和历史博物馆等十大建筑，而最使人感兴趣的是可以容纳一万人的人民大会堂和可以招待 5000 人进餐的大餐厅。十大建筑参观完了，又去十三陵参观明朝万历皇帝、明神宗朱翊钧的那座地下宫殿。这位皇帝在位长达 48 年，所以他的陵墓修得非常讲究，不过到 1620 年他死的时候，已经是天下大乱，所以他下葬时可以看出时局是相当紧张的，除了他和两个皇后的棺木安放得很整齐外，所有殉葬物都是乱七八糟地丢在里面。也可能是抬东西下去的人怕用他们去殉葬，便把东西一丢就赶快往外跑。他殉葬用的贵重物品为数是非常可观的，仅仅用纯金制成的洗脸盆就有好几个，一颗最大的猫儿眼（变石）更是无价之宝。不过，去参观的中外人士对这位皇帝的尊姓大名，许多人都不感兴趣，而对那位建造这座庞大的地下宫殿的一位石匠，却很喜爱。他在这座地宫建成下葬封土时，自己刻了一块小石碑埋在附近，我看许多去参观的学生都在抄写他的姓名，对他能造成这样一座规模庞大的地下宫殿称赞不已。我看到这种情况，便诗兴大发，口占一绝，诗曰："享乐兼求死后身，伤财祸国复殃民，谁知百世流芳客，不是当年墓里人。"当然，这一类诗词，是不能登庄严肃穆的墙报"新生园地"的，我只能写在日记本上，今天大胆抄下来，是想让读者感到太可笑。笑，听说对人有好处，和注射 H3 与口服 VE 有同等效果，因为一个舞刀弄枪之徒也来写什么诗，一听就使人发笑，又何况看到，就更该感到可笑了。这样，我就算做了一件对人民有益的事，在评论我一生的功罪时，可以在功字项下加一横了。

参观对思想改造的重大作用是无可讳言的，所以，政府不惜花费人力、财力和时间安排我们去参观，这次把北京的十大建筑看完还不算，又把附近的名胜古迹也让我们游览一番。当然，不能白看一顿，要座谈参观的感想，要在墙报上写文章，这回我偷懒只写几首诗便交卷了。这些诗，有一个不成文的规格，处处要联系思想，自然也得有歌颂之意，如我在参观了人民大会堂后的几首中便有："举世无双推第一，人间巨厦胜仙宫。"看过人民英雄纪念碑的几首诗中便自然要有："俯立碑前多悔恨，愧无面目对英雄。"像这样的句子，便可以算是及格了。

参观对思想改造大有好处

在北京参观完了之后，又等了几天，终于在1959年12月4日上午，大家日也盼夜也想的特赦大会姗姗而来。这天虽然是许多西方人认为不吉利的星期五，但却是一个晴天，气温是零下五摄氏度。我们都穿上黑色棉衣裤了。当管理人员把我们领到功德林监狱一座小礼堂时，一幅鲜红的布条上面用白纸剪贴的"特赦战争罪犯大会"挂在讲台上方，左边是"我们的政策是：惩办与宽大相结合"；右边是"劳动改造与思想改造相结合"。布置得很简单朴素。这些我们都不注意，只是顺序坐下，静听最高人民法院的法官宣布特赦名单。当会场寂静得连掉下一枚缝衣针都可以听清楚的时候，最高人民法院首席法官从座位上缓步走到讲台边。他首先轻轻咳了一声，把喉咙打扫一下，才拿出握在手中的名单。看样子显得很紧张，他也和我们一个样，这种场面是平生第一次遇到。这许多身统数十万大军的战犯成百名集在一起，不但他没见过，历史上也没有过吧！

他先向我们看了看，才开始念名单，几乎是一字一顿，生怕念错似的。"杜聿明""有！""宋希濂""有！"回答的声音，不减当年的雄壮，比念的声音要有力得多。当他接着念出王耀武、郑庭笈、曾扩情、陈长捷、邱行湘、周振强、卢浚泉等十名之后，便把名单一卷，"以上十名，符合特赦令第一条规定，予以特赦"。这时台下的人凡没有点到名字的，几乎都不同程度地轻声叫出"完了"！当然这不是响应首席法官念完了名单，而是感到自己没有希望的绝望声。

首批特赦战犯会场

接着是由特赦人员和家属讲话，公安部首长的讲话。这些我当时没有听清楚，谁还有心思听那些，直到管理员要庞镜塘代表在押战犯致辞时，我才听到一句什么“感同身受”。真亏这位国民党中央执行委员兼山东省主委还能凑出几句相当体面的话，总算把这一尴尬场面应付过去了。这时，新闻记者的照相机、电影制片厂的摄像镜头都对这十位新公民拍个不停，台下的都失望极了：“怎么只有十个？”一片相互质问声，可能连台上的人都听得到，但谁也不顾忌那么多了。

当管理员宣布大会结束，让我们这些在押的人回寝室时，有的带着羡慕的眼光向十位新公民看了一下，有的头也不抬起身便走，有的站起来便咕咕噜噜……总之，各种各样的表情都有，但总的一句话却是四个字：“大失所望！”

回到寝室绝大部分人是倒在大通铺上一语不发，有的在用力摔东西，这下子一切都变了。这里可用16个字作为本篇的小结：“思想波动，怨气冲天。牢骚满腹，怪话连篇。”欲知后事如何，请在下回再看热闹。

有人不服终须服
无师自通果然通

从容就义，谈何容易

自 1959 年 12 月 4 日，对战争罪犯实行了第一次特赦之后，这在新中国可以说是一件政治上的大事，在世界上也曾引起了广泛注意。因为被特赦的第一批战犯，过去都是赫赫有名的大人物，除北京战犯所特赦的战犯中，有曾统率过近百万大军与解放军作战的甲级战犯杜聿明外，宋希濂、王耀武、陈长捷等也是统率过十多万大军的国民党名将，所以全国各报都是以头版头条消息报道出，国外许多报纸也有不少刊登这一消息。不过外国报纸，特别是日本一些报刊，对从抚顺战犯所特赦出来的中国末代皇帝溥仪更感兴趣，国内一般人对中国还有一个末代皇帝活在人间也很觉得新鲜。因为这个人在新中国成立后已无人注意，不像其他的人在《毛泽东选集》上都是作为被俘的重要敌人而出现。对杜聿明更是有一篇文章刊登在《毛泽东选集》第四卷上《敦促杜聿明等投降书》，全国人民都学《毛泽东选集》，所以杜聿明已是家喻户晓的人了。

特赦了不到十分之一的战犯，那在押的百分之九十几的战犯却引起了一场前所未有的大波动。

新中国成立后，我与不少被俘被捕的国民党党、政、军、特的大中小头头们接触过，开始时一般人总认为落入共产党人之手，是必死无疑，个别盲目乐观的，也认为不是囚禁终生也是劳改一辈子完事。所以，不少人在打了败仗之后一再自杀。如杜聿明两次企图自杀被救后还希望自己早点病死。第三军副军长、黄埔一期毕业的老大哥杨光裕用火自焚，被救后还希望得到感染而早死，结果变成无脚将军。还有些上吊遇救，也有上吊吊死了的，当初的确没有抱生存的希望，也不想再在共产党统治下活下去。所以，认为迟早是一死，不如早死了算了。

过去我遇到过不少惊险的事，也多次死里逃生，特别是抗战前我在上海专门搞逮捕、绑架和暗杀，经常是与对手进行生死搏斗。我从脚到头，满身伤痕累累，一个不注意便一命呜呼，所以，我后来越干越胆小，能指挥别人去拼搏时，便尽可能让别人去，自己是尝到过不少苦头，能不亲自出马时便不强出头了。古人说："慷慨捐躯易，从容就义难。"我是有切身体会的。一个冲锋，一场厮杀，一回肉搏，稀里糊涂死去了，的确不难，幸而不死，一举成英雄，也就够有意思了。如果自己知道什么时候绑赴刑场、执行枪决，那在没有死去之前，或者枪举起来，还没有"决"的前几分钟，那就会思绪万千，甚至希望突然有人高喊一声："刀下留人！"

杀人眨眼，人之常情

不知是哪一位古人有过这种亲身体会后，得出了一个那样的结论："蝼蚁尚且贪生，为人岂不惜命！"且慢点骂他是怕死的胆小鬼，我这个被人称为"亡命之徒"的，专干行动（即杀人、绑票、破坏等特务工作的专用名词）工作的特务，也有过一次切身感受。

那是在1950年，我被囚禁在昆明陆军监狱时，有天被叫出去照相，听带我去照相的看守说，头天照相第二天便送回老家去见祖宗了。当时正在"镇反"（即镇压反革命分子的简称，镇者，杀头或枪决的专用术语也）的高潮期间，所以，我也深信不疑，认为头天照好相第二天被"镇"，合乎情理，因为毕竟没有这方面的经验，别人一说我便信以为真。可惜不是"即照即镇"而要等第二天，这一晚就不好打发了。正如李清照的词"声声慢"的名句"这次第，怎一个愁字了得"一样，这时的情绪，比愁就不同得多了。所以，我在那天等死的晚上写下十首绝命七律，第一首前两句便单刀直入：“终宵坐立待更残，今日方知一死难！”这一首是怀念已去台湾的老母，所以末尾有：“含泪临窗遥拜母，唯怜老幼未能安。”可是到第二首就不是“人之将死，其言也善”而是其言也恶了。不信的话，有诗为证，第二首前四句便是在破口大骂，还要在临死之前，大喊三声什么什么的：“伤心欲哭泪光枯，怒斥苍天有眼无！万念俱灰拼一死，满腔悲愤欲三呼！”现在想来，这一知道自己什么时候要被杀的心情，真太不好受。我是曾经被人指责为“杀人不眨眼的恶魔”，我过去对此虽不愿反驳，因为越反驳会越麻烦，对此却很不服气。我的确杀过人，而且亲自动手杀过人，但我第一次奉命去杀掉我领导的一个投到日本特务机关去当汉奸的组员时，我不但紧张万分而且想辞职不干了，可是，对近 200 个袁大头银圆一月的薪金和几百个袁大头的奖金来说，又驱使我不得不干。一个 20 岁不到的青年，第一次去干这种事，心情不会是那么轻松，更不会到连眼也不眨一下，那不是太脱离现实，夸大到一脚可以踢倒喜马拉雅山，能令人信服吗？

说实在的，一个人去杀另一个人而不是去杀一只鸡鸭，会不紧张而眼都不眨吗？第一次趁我那个组员的老婆早上出去买菜，家中无人时我溜了进去；他还没起床，假装生病，他可能是做贼心虚，以为我是去逮捕他，他绝没有想到我是奉命去除掉他。我一看到他那副向我求怜的眼神和结结巴巴地向我解释他没有犯错误的时候，我的心也软了下来，因为人心毕竟是血肉制成而不是铁铸的，但想到自己的前途，眼看几百银圆白白丢掉，为了替自己找一个灵魂的避难所，一想到他已投敌当了汉奸等之后，我的杀心又起。我假意为他的腰疼给他推拿按摩，说时迟，那时快，一把涂抹有剧烈毒药的小刀一下刺进了他的腰穴。估计他那一声“哎哟”叫得并不太大，可是在我耳边却像一声霹雳一样，我一刀插入，便急忙转身一口气跑了。当我惊魂甫定，正在小组组部进早餐时，两个守在门外巡风和看动静的组员兴冲冲地回来向我报告，那个组员的妻子回去一看便大哭大叫冲了出来，说她的丈夫被人杀死了。因为那些涂在刀上的毒药，一进入血液便立即致人于死命。我一听说之后，右手拿的抹黄油的西餐刀和左手拿的一块烤面包，便一齐掉进我前面的牛奶麦片盆中，整个身子都呆了。当他们继续向我报告时，我什么也听不进去，只赶快去洗涤间洗手。虽然我手上并没有染上血迹，可是我一连用香皂洗了七八遍，还是感到手上像有什么不干净的东西附在上面一样，一连几晚都睡不好。真是谈何容易，杀人能那么不在乎？

特赦无份，战犯不服

话说回来，战犯们头几年是等死阶段。记得宋希濂告诉过我，曾任中国共产党中央领导人的瞿秋白在被捕后，先也是好饭好菜招待他，他住在宋希濂的师司令部。当时宋是国军三十六师师长，他经常陪瞿秋白吃饭聊天。可是等到蒋介石派人去问瞿秋白投不投降？瞿表示不投降时，蒋便下令要宋把瞿枪毙了。还有红军指挥官方志敏，被俘后表示不愿投降也是被枪决了。这些例子在许多人记忆中便产生了一个这样的想法，共产党到一定时候，也会来问我们投不投降？据我了解，初期阶段，绝大多数的战犯都决心表示“不投降”，而准备慷慨捐上一个躯。奇怪的是从来就没有问这句话，直到特赦那一天，也没有人问过。那人比蝼蚁总要聪明一些，知道不会死而且能较好地活下去，谁也不愿再去寻短见，用一句时髦而且可以自宽自解的话叫做“看看社会主义社会究竟是什么样子”？既然要看，就得活下去才能看，活命哲学也就为人所欢迎。所以，第一次只特赦十个人，在战犯们的思想上就像烧得滚开的油锅滴进了水一样炸开了。

当十位新公民每人领到一床新的被褥、一套新棉衣裤和棉帽、棉鞋等登上汽车兴高采烈与同学们告别时，在押的战犯们都是十分勉强地挤出一丝笑容，一转身回到寝室就再也不装模作样了，那难受的面容和心情，即使是擅长描写人们心理的鲁迅先生也只好搁笔长叹了！

别的是唯心的，“子非鱼，焉知鱼之不乐”。但我有一个唯物的证据，那天中午开饭，我去挑饭菜回来，分的菜是照例得吃完或自己保存下顿吃，主食是可以少拿，多了也可以退回。那顿午饭我仔细检查了一下，两大桶白面馒头吃去不到三分之一，还剩下一桶多退回去。当我向管理员报告要他开铁门送还馒头去厨房时，他也奇怪地问了一声，怎么会剩这么多？我回答得也很幽默：“因为走了十个人。”他立刻意识到这是一语双关，便只似笑非笑地“啊”了一声便再不说什么了。

走了十个人，便得重新调整编组，新的组编好之后，就进行座谈，主要是对特赦十人的感想和看法。管理员先召集各学习组长讲清楚一定要做到畅所欲言，不要阻止任何人，讲什么话都可以。这一下就热闹了，万语千言归结到一句话，三个字“不服气”！中国有句古语，也是至理名言：“人比人，气死人。”不比则已，越比就越气，越比越不服。每一个组，每个人几乎都差不多是一个口径放出同样的炮弹：“我哪一点不如他们？”“他们改恶从善了，谁又在继续作恶而不从善呢？”

一天、两天、三天，还是越谈越比，越比越气愤，学习组长自己也差不多都是人同此心，心同此理，不过比较控制一点点。三天过去之后，管理所的几个领导便召集学习组长去汇报，几乎是异口同声，谈不下去，唯一的办法是希望领导去讲一次话，稳定稳定情绪。可能是事先经过了仔细研究吧，得到的指示是要战犯们自己提问题自己解决，也就是要求无师自通。据说这样才能巩固，如果仅仅由什么首长去讲一次话，表面上可能暂时通一下，实际上还是通不了。这一着棋可以说是相当高的一招，听听这些不同的思想和针对不同的人所产生的不满是怎样得到解决的吧！

官大罪大先特赦 将心比心求自安

“走马换将”“轮流坐庄”

战犯最普遍的思想是认为，官越大、罪越重的人可以先得到特赦。这当然是指杜聿明、宋希濂、王耀武这几个人，不但官大而且罪大。杜聿明在徐蚌会战（即淮海战役）时，坚决不投降，连毛主席亲自写的劝他投降书，他当时连看也不看，他的副官送给他时，他一脚踢得远远的，连拿这文件给他看的人也被他大骂一顿，最后逃走时还下令施放毒气等。宋希濂也是与解放军顽抗到底而被俘，共产党的领导人之一瞿秋白就是由他派人执行枪决的。王耀武也是顽抗到全军覆没化装潜逃时盘查出来的，红军的重要指挥员方志敏就是被他活捉而处死的。我真有点纳闷，怎么这几个人的许多事，他们记得那么清楚而且越说越多。看样子，似乎应当取消对他们的特赦，再把他们抓回来才能算是公平合理。不过，他们没有好意思说出一个真正的目的，把这几个人再关起来，把他们特赦出去，这才能心满意足。因为“走马换将”“轮流坐庄”古已有之。

当学习组长的，我看也多少有些同情这种言论，也可以说基本上很赞成，但他们是得到指示，要求大家把所有的思想都抖出来，但又要求自己提问题自己去解决，即做到无师自通，这的确是难为了这些学习组长了。不过我有一个想法，不论你闹到什么程度也不论你想得通想不通，反正是重门深锁，插翅难飞，除了准许你的嘴巴乱说乱讲一顿外，是没有别的办法的，再闹得凶，即使全体绝食也绝不会再把特赦了的人再弄回来，收回特赦命令。这已经是向全国全世界公布了的事，全国几亿人民也都改变不了的事，又何况囚禁在监狱的几十个犯人。

当我把这些并不高明的想法悄悄告诉几位平日和我要好的同学之后，他们也感到这么轻轻点一下之后，这些比我聪明得多的同学们便一改原来的态度，表示想通了，自己提出的问题自己来解决。他们这些话刚一出口，坐在旁边静听了好久而不开口的管理员，马上对这种转变大大表扬了一番。

像这样一个普遍都有的、关系到自己的切身问题，提出来容易，解决却不那么简单，不过既然说出了已想通了，那就得说得有点使人们听起来像那么回事，小组才能通过。这些人并不是被某些电影描写的那种大傻瓜，都有一套，尤其是说出来要管理人员研究之后，认为真解决了才能算数，所以也得费一番脑筋，不是随便地胡乱说一通就可以结束的。

煞费思量，搞通思想

正当大家还在冥思苦想找出一条理由说明真正解决了这种被认为是错误思想时，倒是急性子王陵基在自言自语地说了几句“啥子官大罪大，还是需要不需要……”他的话还没说完，便有那些一向以和人民站在一边而自居的人制止他再讲下去。这一下真如苏小妹三难新郎中胡诌的秦观对不上苏小妹提出的对联“举手推出窗前月”，正在为难时，苏东坡便以一小石投入水中，秦少游马上想到“投石冲开水底天”一个样。他们灵机一动，计上心头，便指着王陵基说：“如果官越大罪越大的便可以先得到特赦，那为什么十九号（王陵基的代号）同学没有第一个特赦呢？”接着便立刻争先恐后地有人作补充说明：十九号是我们当中唯一的上将，杜聿明等才是中将，论官十九号是最大的。也有人说论罪谁也比不过他，他是老牌子军阀，他在重庆当卫戍司令（北伐战争胜利以后的那段年代）的时候，有名的“三三一惨案”就是他一手制造的，大人死的且不说，仅仅小学生就死了几百。还有人翻老账说，几个女学生牵一条小狗，在小狗头上挂了一块牌子——王灵官，这是四川人恨他时为他取的这一凶狠的外号，灵官一气之下，命令手下的卫士们，当街把这几个女生的裤子扒开，用驳壳枪插入这些女生的下部……正当他们越说越多，而十九号照例横眉怒目而视的时候，管理员便提出这些足够说明问题，不必再举例子了，这样才避免一场节外生枝。王陵基的脾气按他自己谦虚的口吻说，只是有点“毛焦火辣”，实际却可以称得上暴跳如雷，那次总算是有管理员在场，一场特级纠纷才算幸而免去。否则都是正在气愤不平的时候，借题发挥是势在必行。平日管理员不很轻易驾临我们学习室来旁听，这回却是几乎每场都有人来。

战犯们大都懂得什么叫举一反三吧，所以举了一个王陵基还不够，便又举了官大罪大的康泽。因为康泽虽然只是官拜中将，但他是和戴笠齐名的大特务头子，在江西“围剿”红军时他的别动队员被红军抓去几个，他就把抓到的几个红军胸膛剖开，取出心肝等去祭奠他的部下。康泽便结结巴巴地解释，那是他的部下事后才向他报告，不是事先由他指示那样办的。其实这都是些多余的废话，再说多些也没关系，为了说明“真正”解决了官大罪大便先特赦的所谓糊涂思想，又把孙楚、孙渡举了出来。这两人虽同姓但并不同宗，是一北一南，孙楚是阎锡山的副将，自然够得上官大罪也大了。孙渡不仅当过兵团司令和热河省主席，而且是西南军政长官公署副长官，在滇军围追从江西突围的红军时，他就担任过围追总指挥，自然也是官大罪大的了。

经过这样一再举例，这个严重的错误思想问题算是基本上澄清了，本来就此可以鸣金收兵，学习组长们还要问上一句：还有别的什么思想？这一问不打紧，新的，也许是和第一个思想就同时产生了的另一个严重错误思想又冒了出来。

“这次特赦，是为了对台湾工作，特别是对陈诚工作。”具体的人是指特赦了陈诚的旧部十八军军长杨伯涛和洛阳警备司令兼青年军二〇六师师长邱行湘。这两人都是少将，相比之下官既不大，又不是赫赫有名，不过都是陈诚的老部下。

既是错误思想，又得自己提出自己解决，可能是由于有了第一次的经验，所以第二次就快得多。中国人有句老话，这时也用得上了：“不怕不识货，就怕货比货。”一比之后，这个思想很快也得到澄清。因为如果说第一批特赦是为了对台湾的陈诚做工作，那为什么又不把黄维放在第一批特赦出去，黄维真可以称得上是陈诚手下的得力助手了吧。陈诚当了国防部部长，黄维便任后勤副总司令，而且在最后把自己的嫡系部队都交给黄维，这种关系比起杨伯涛、邱行湘真不知要密切多少。何况陈诚手下的中将军长还有方靖、覃道善、宋瑞珂等，和陈诚的关系都比杨、邱两人要深得多。如为了对陈诚做工作，为什么不先特赦这些人？

以上两个问题表面上算是解决了，实际上只是做到了不再公开提出来，私下讨论却是很久都没有停止过，而每一个小组，对同组的个别的人，几乎没有一个不是认为不够条件，不应该得到特赦，只差一句不好意思说："我比他要强得多，为什么不特赦我？"

改恶从善，不甘后人

由于提问题要自己来解决，有些人便采取一种变相抵制办法，有问题也不公开提出来，闷在心里自己慢慢琢磨，自己求解决，解决不了，也没有什么了不起，反正不影响吃饭、睡觉、拉屎。

我一向有点靠"阿Q精神"在支持我度过许多困难，我也自信改造得差不多，如果改恶从善是一把尺子的话，我蛮有把握一量就足够了，因为我过去是随便抓人、打人、囚禁人，发展到云南解放前夕，便以情况紧急而随意杀人，过去杀人要报请核准才能杀，而在紧急的情况下，便可先斩后奏，或斩而不奏。这十年中，我这些完全改掉了，连打人骂人都没有过，难道不能说我"确实改恶从善"了吗？为什么会没有我？我有两个想法，一是论时间，我还没有满十年，自 1949 年 12 月 9 日我被扣在云南省政府主席办公室，直到 19 日才送到昆明陆军监狱囚禁，严格说，时间还差半个月；我的第二个想法，我过去树敌太多，如周恩来、宋庆龄、廖承志等高层领导人。周、宋是我长期派人监视他们。廖在军统囚禁期间，我去看他也没有对他有半句客气话，特别是戴笠派我把他送出去交给邵力子的时候，我那天有事很忙，他胖乎乎的，上车动作慢，还舍不得他贴在墙上的一些画，我大声责骂过他。至于在报上经常露面的一些其他共产党员和民主人士，抗战期间在重庆我对他们都找过麻烦。还有些像曾任国民党中央宣传部长的刘芦隐，是我奉令去上海逮捕他的，新中国成立后，他是全国政协委员，当时任人民政府典礼局长（以后任人民代表大会常委会副秘书长)。余心清被军统逮捕囚禁在南京监狱时，我去监狱视察，知道他过去当过牧师，我当面讽刺他这个基督徒跟无神论的共产党走，死了之后，上帝不会让他进天堂，使他听了非常气愤。还有一个大和尚巨赞法师也是全国政协委员，抗战时，他从杭州灵隐寺逃出经过常德，我在常德担任稽查处长，有人说他骂国民党不抗日，使他无庙可住，我派人抓去狠狠抽过他两耳光，还踢他一脚……这许许多多的往事，使我一想起来，能求得不受侮辱性的报复就算不错了，特赦肯定轮不到我，所以，我比较能处之泰然，说不想出去那是假的，但一想到这么多的仇人今天都在当权，过去我交代罪行时，这些也都交代过了。因为我被扣押以后，认为反正是一死，免得零零星星交代添麻烦，不如用竹筒倒豆子办法，过去干过的全部一一交代出来，反正该有一百个死罪时，也只能杀我一次。不过这些思想我不说出来，这点小聪明我还是有的，说出来解决不了问题，自己给自己添不少麻烦，又何苦来！

官小罪大，思想复杂

我的那位亲爱的学习组长发现我这个平日最肯暴露思想的人，在这场大风大浪中居然没有争取发言，也没有发牢骚讲怪话。不知他是出于关心我，想帮助我解决什么糊涂思想，还是漏掉了我这条官小罪大、思想复杂的怪鱼，不好向上面交代，便在我午睡起床后，坐在我身边轻声细语地问我为什么这次学习很少发言？我听后微微一笑："我早知道这次肯定没有我。"他十分奇怪地望了我一眼，我不等他开口，便把我床上垫的东西掀开，指着我床头上用墨笔编写的一个号码 5-13。他可能真不理解，便用手拍了拍他那半秃的脑门："这能说明什么？"我看他的表情的确是不懂，因为他出身于农村，在部队里近 20 年，对外少接触，他自己也常说他是"见不多、识不广的大老粗"。实际上他并不粗，否则怎么能当上学习组长呢。我也许有点爱卖弄自己，便把 5 和 13 连在一起、被视为大不利的圣经故事说给他听。他真没有听过，便反驳我一通，说每年都有星期五和 13 日的时候，飞机、汽车、轮船照样在走，没有出什么事，还说如果犹大出卖耶稣那天是星期日而不是星期五，那天大家就会不敢休息了，还认为犹大出卖耶稣时是 13 个人，他带兵当排长时因营长、连长吃缺，他那一排三个班，每班常不足额，总是十三四个一班，他却常打胜仗。我自然不服气，便说军统特务头子戴笠的飞机上刚好坐了13个人所以被摔死了。他更认为这完全是偶合。我又举出1946年4月8日，共产党领导人叶挺、王若飞、秦邦宪、邓发等坐的飞机也是13个人，结果撞在山西省兴县黑茶山，全机殉难。这样一连发生两起13人乘机摔死的事，总不会又是偶合吧！他一听便站了起来，大有不屑一驳的气概，并用加重了的语气，干脆利落吐出了两个字的结论："迷信。"坐在我对面床上还在揉眼睛的一位同学，马上接一句："犯人不能语怪力乱神，你这天生挨批的坯子！"

散布迷信险挨斗
功德未满转秦城

打胡乱说，揪住不放

可能是由于学习组长晚上作汇报时，指出我在散布迷信而把我说的两个13人乘机摔死的事全部报告了。第二天上午学习，又遇上是倒霉的12月13日，不过是星期日而不是星期五，本来平时是星期日休息，这几天因为思想波动大，所以星期天上午也学习座谈特赦问题，下午才休息。

学习组长咳了一声，便传达管理员的指示：○○六三（我的代号）昨天不仅是散布迷信思想，说两次飞机失事都是13人，这是非常错误的。因为叶挺将军等遇难的飞机，报纸上和文件上都是四位，为什么要和戴笠的飞机13人去拉平，这就不是迷信问题，○○六三要好好挖一挖思想。

一听这话，我就感到问题有点麻烦了，听组长的口气，他是作为散布迷信思想去汇报的，为什么要我挖思想，把四个人说成13个人，这不是在继续反共的思想在作祟吗？还可以听得出，这是管理员指出要批斗我。平日我打胡乱说时，同学们揪住我不放，管理员总是一再出来给我解围，今天怎么把本来可以作为迷信的小事却要我挖思想？这里面大有文章，我越想越严重。管理员说报上、文件上都称“四烈士”，我偏说有13个，那不是希望多死几个共产党员才甘心吗？我一边想，一边自己提醒自己要沉着应付，可能还会有几位受过组长指点的先进分子要对我轰炸。

千万不能手忙脚乱，我一边在想，还没有说出其他九个人的时候，果不出所料，便有人向我开炮了。我这个老靶子，是不在乎几发炮弹的，听听也是一种乐趣。几个人异口同声，无非是说戴笠摔死时是 13 个人，也硬要把叶挺将军死也说成是 13 个，这就是站在反动立场来发泄对共产党人的仇恨。他们的帽子越扣越大，我这笨脑子却真给他们轰开了一条口子似的。便正当他们口沫横飞时，我把手一摆："我可以数出 13 个人来！"掌握会场的学习组长连忙制止其他的人发言，而几位炮手还没有过足瘾，哪里会听他的。当他们还在抢着向我发炮时，管理员出现在学习室门口，这回他不是站一下就走的样子，而是拖过一条没有人坐的小凳坐在门口。他把叼在嘴上的香烟取下来弹了一下烟灰，轻轻地说一声："让他讲吧！"这四个字真有如张天师的灵符一样，也比钟馗大喝一声都有效，一下便鸦雀（这两个字用得很恰当，我自己为自己鼓掌）无声。我九分得意地把左手伸出，右手去扳左手指头"四名烈士，三名飞机驾驶员"，有人又沉不住气，想在管理员面前显示一下自己："飞机驾驶员是三名吗？"我看也不看他只回答四个字"这是常识"。

言多必失，自知理亏

我又继续数下去："叶挺将军的夫人李秀文、女公子扬眉、男公子阿……""阿什么？""记不清，只记得叫阿，还有十八集团军的一位参谋，姓名已忘。"我停了一下，真有点想不起。又是一阵炮弹飞来，不知是第几灵感帮助了我，我正在想起戴笠的飞机本来是 12 个人。在天津时，一位大资本家黄顺伯想搭这个特务头子的飞机去上海，而使自己增添身价，结果摔死了。这一启示，使我想到叶挺将军等的飞机正要起飞时，在西北随共产党多年的一位叫黄齐生的绅士，也是想借此抬高身份，带着他一个孙子也上了飞机，这样便凑成 13 个了。当我正在舒一口气时，我才发现管理员早拿出笔记本在记录我数出的人名，当我凑成了 13 个之后，他便把凳子放回原处，向学习组长说一声："继续昨天的学习吧！"这自然是关照不要再批斗我了。

又过了两天，可能是管理员向上级单位去核对了一下，学习组长才悄悄警告我，以后这些事不要再打胡乱说，这不等于一般思想问题，而是涉及党内的机密问题。我当然连连表示：下次注意。

我特赦后，1964 年和 1976 年曾两次去延安，看到延安的“四·八”烈士陵墓，只有叶挺、王若飞、博古（即秦邦宪）、邓发四位烈士并排在一起，无怪许多人以为那次遇难便是四人。我无意中说出 13 人，几乎惹来一场麻烦，言多必失，是十分有道理的。

牢骚满腹，至理名言

1960 年的春天已悄悄地越过高墙、铁门，溜进了功德林监狱，战犯改造院内的柳树也由枯黄变得有点青绿，春天已降临人间，但却没有进入战犯的心房。自第一批特赦战犯十个人走了之后，每个人（肯定是每个人）都有一肚子的牢骚。过去不懂得这两个字的真正含义，当了十年犯人，坐了十年牢之后，的确对此两字认为真是至理名言。我虽没有考证出自何人之口，但这一发明创造真可誉为天才大发明。书呆子庞镜塘说是《儒林外史》上首先提出这两个字，许多人都不同意，因为这部书的作者没有坐过牢，他不可能有此体会。认为只有坐过牢而且长期坐牢才能把一肚子怨言概括成这样两个字，不管那是谁发明的，犯人不满意的事总比别人多，这是真理。

过去虽然在生活上战犯们有不少牢骚怪话，但毕竟是无关切身利害的小事，而今眼睁睁看着别人获得了自由、自己还得坐下去而且不知要再坐多少年，犯人虽然是度日如年，而刑期却往往是以年来计的。我们虽然不审不判，事实上已是十年过去了。每个人最留心的一句话，一直没有听到有人说出：“再过多少时候还来一次特赦。”所以闷在肚子中的怨气就不是一挑两挑，而是可以用火车车厢来衡量的。不过这些人都是走南闯北惯了，都懂得一条秘诀：“多一事不如少一事。”刚开始说了一大堆不满意的话之后，管理人员不加指责，只叫大家自己提问题自己解决，翻来覆去搞了两个多月，都搞得疲乏不堪，所以都采用了“鸣金收兵”、急流勇退的一招，把这件大不满的终身大事暂时搁起来。所以，从表面上看，可以说基本上解决了。

北京的春天最早传送到人们眼里是黄色的小迎春花，连叶子都来不及长出来，满枝条的小花朵便争先恐后地开放了。当战犯们正在争着在阳光下晒被子的时候，看到墙角里的迎春花开放时，便会情不自禁地说出一声，又是春天了。这个“又”字饱含了多少辛酸啊！

过去这些国民党的高级军政人员，彼此争权夺利，有的是为了一省一市，最小也是百里的一个县的权和利。而今天争的呢，却往往是几尺长的一段晾晒被褥衣裤的铅丝。只要是春、秋、冬三个季节中，太阳刚一升起，便会有人抱着要晒的东西匆匆赶到院子里去占领一段阳光可以直射到的铅丝，迟一步便会无插手之处。怕事的便自认晦气，又抱回去，大胆不怕的，便不客气地把别人的东西往旁边一推，心满意足地把自己的东西晒上去了。

宣布转移，大家高兴

记不起是哪两位英雄好汉，正在为争一段铅丝的阳光而舌剑唇枪，什么“他妈的”“你娘的”都冲口而出时，管理员突然站到了放风场宣布全体集合。看惯了小事也当大事看待的战犯们，以为是这两位英雄不文明的对话又引来什么麻烦了，都无精打采地集合到一起。这回可不是宣布什么小事了。管理员字句铿锵有力，声音比平日大得多，便显示出它的分量了。“明天，全体搬往秦城，所有的东西都带走，老弱病残全部都去，望大家赶快准备好。”管理员的话音刚落，院子里立刻骚动起来。许多人都十分高兴，又回秦城，肯定又会住在农场的干部宿舍，伙食比功德林好，还有相当范围的自由，比在城内坐牢好得多了。所有的人和所有的东西都搬去，功德林不再是我们的后方，不少人高兴得喊了出来：“别了！功德林！”“别了！监狱！”有几位佛教信徒，更情不自禁地双手合十：“阿弥陀佛！这回总算是功德圆满了！”

这一天心情的激动和忙碌就甭提了，每个人都几乎是臭汗淋漓。第二天吃完早饭就都把背包打好，只等汽车来接了。谁知吃过午饭还没有消息，廖耀湘一个劲儿地在二门口不停张望，不时用手拍拍自己的大腿。如果是“想当年……”他早就暴跳如雷，厉声斥责副官们，车子为什么还没备好，而今天呢，只能顶多在肚皮里骂上几声。平日习惯午饭后要甜美地睡上一觉的人，今天也不可能了。被包打开容易捆好难，大家只好斜靠在被包上闭目养神。“一切听安排。”这是当犯人起码要好好认真遵守的一条准则。虽然没有人讲怪话，但不讲出来并不等于没有，看那么多人在用力摔毛巾一类摔不破的东西，就可看出是在拿这些东西出气了！许多将军过去习惯了在不高兴时摔电话机、茶杯甚至饭碗等，以发泄发泄，今天就连搪瓷茶盅也舍不得摔了。这倒不是说这些人习惯改好了，主要原因是当了犯人后，才真正懂得一针一线来得不容易，连半张纸片也得好好收拾起来。除了大小便和唾沫，别的东西都是“有用之物”。不坐上十年八年牢，怎么能有这样一种难得的心得体会啊！

大轿车和大卡车终于在下午 3 点左右开到功德林监狱的大门口了。管理员一打开通向八角亭胡同的第二道铁门，大喊一声：“各组按顺序带好行李准备上车。”立刻就队伍整齐地与功德林告别了。虽然与这座古老的监狱在告别时没有举行仪式，但每个人几乎都在上好车后会不自觉地最后看上它一眼，我相信不少人会和我一样，默默地说上一句：“永别了！这辈子我绝不愿意再光顾你了！”

总是监狱，相互关照

犯人上车可比一般老百姓要文明得多，没有一个人争先恐后抢座位，先上去的便朝后面走，一个挨一个，秩序井然。这一点是值得骄傲的。

战场被俘的人大都是行李丢得精光，穿上一套士兵衣服，所以当了战犯后行李很简单，几乎都是公家发给的。大都是半肩行李，一手就可提走。有少数是围城后才被俘的，东西就不少，所以得用卡车装着跟在轿车后面。原天津市市长杜建时，被俘后便把他准备好的十来件行李随同一道带着坐牢，搬家时，别人帮他费不少劲才搬上卡车。在快要到秦城时滚下一个旅行袋，他在清点时还没发觉，以为都带到了，过了几天一位拾到这个旅行袋的农民把它送到公安局派出所，打开一看，从袋子里查出他装在旧西服口袋中一封信，才知道是他的，被送到战犯改造所。他才想起，似乎是有那么一件东西。

当汽车经过小汤山温泉而转弯向秦城驶去时，一看到小汤山温泉浴室流出的水在空中冒出的热气，大家都高兴地谈论着温泉洗澡的乐趣。过去在功德林留守、没有去农场劳动过的听了更是乐不可支，相信也会每星期来享受一下“温泉水滑洗臭汗”的滋味。

正当大家兴高采烈地大谈温泉浴时，汽车已开到了公共汽车的终点——秦城站的小桥上了。我们很熟悉，过了小桥向右一拐弯便可以看到我们劳动过的葡萄园，再往前走不远就是农场宿舍了。可是这次汽车不向右转而直接向前驶去，这是一座庞大的楼群大院，四面耸立的高墙上满布铁丝网。去年我们在农场劳动时，这里正在紧张施工。大家看到这座建筑，修建得那么好而且带点神秘性，墙那么高还架上比人还高的铁丝网，都以为是什么国防科研单位。今天我们的汽车却一直驶了进去，通过两层大铁门两层岗哨之后，汽车才停下来。这时，许多人心里便在打鼓，怎么搬到这里来了？当鱼贯下车听候管理人员吩咐时，没想到，他一开口就宣布：这里也是一座监狱，这里有四座楼房，指定我们住在后方那一座的楼下面。规定我们在休息时可以在楼前后空地上活动，但不许到别的院子里去，也不准上楼，希望一定要遵守这些规定。

大家一听都凉了半截，离开了功德林监狱又搬到了秦城监狱，这样一来，不又得在监狱中生活下去。虽然这里的设备比功德林好得多，每个房间窗子很大，不过都是带白色的玻璃，只能透光而里外均看不清楚。每间房内都有卫生间，有洗脸盆和抽水马桶，每层楼有淋浴设备……按照当时的条件来说，这里可称得上是第一流的高级监狱了。而在战犯们心中，不管你多高级，总还是监狱。大家便相互暗中关照，既然如此，也只好将就下去，可千万别说或少说怪话，要看形势，以免自找麻烦。

狱门九道，自封“九门提督”
喂羊十天，笑当“十日羊倌”

阿 Q 精神胜利法

进了秦城，大家相约不说怪话，头几天都强忍住了，相对无言。可是久了就又有点肆无忌惮，满不在乎起来。不过由于十年积累的经验教训，大家都懂得，正面发牢骚讲怪话招致的后果是给自己添麻烦，即使不打不骂，一次又一次的检讨批评也是不好受的。搬到秦城这座新建的模范监狱后，都心里有数，虽不一定是专门为我们而建，但这么高墙铁门怎样有本领的人也休想逃出。古人常言：“来到矮檐下怎敢不低头。”何况是囚禁在别人监狱中，生杀予夺都操之于人手。既然忍受了十来年，又何不顺应一下环境呢。所以，在秦城监狱中的怪话便一下升格成了既幽默又带一点浓厚的阿 Q 精神胜利的方式，来表达内心的苦闷与不满。

首先创造这一方式的，是我的湖南老乡刘嘉树。我前面几篇文章中已介绍过他，他是战犯中属于上级或特级一类的人物，既是黄埔一期毕业的，又是中将兵团司令。他看到第一批特赦人员中有杜聿明、宋希濂、曾扩情三位一期同学而没有排上他，已大为不满。何况还有洛阳警备司令邱行湘与十八军军长杨伯涛两个少将，就更感到不是味儿。所以，他在搬到秦城时，便公开扬言，他是“九门提督”。

大家一听都笑他是发神经病，退到了封建时代去了。因为只在有皇帝时，才把负责京畿治安卫戍的官叫九门提督。国民党时代都叫什么首都卫戍总司令或首都警察厅长一类新名称，许多人都叫他说明这个官职是谁加给他的。他不慌不忙掰着指头：“大门进来二门，二门进来大院门……”他一直数到我们住的寝室为止，刚好是九道铁门。

我一听吓了一跳，我想好大胆，居然把社会主义社会比成封建主义社会，再引申一下，不是把什么领导比成了皇帝老倌吗？我便提醒他，这种玩笑开不得。他一看到我那么焦急，又看看旁边几位“先进”的同学正在掏出本本来，也就利用我提醒他的这个机会作了一下说明，他说九道门是现实存在的东西，怎样来看待呢。就是把这九道门作为“提醒”自己不要忘记自己是犯人，并用它来“督促”自己的思想改造，所以连在一起来讲就是九道门随时在提醒和督促自己，简称之为“九门提督”，并不是想升官，更无恶意……

战场“福将”也被俘

当然，不管他怎么解释，这个怪名词还是含有许多违反思想改造之处。上午讲的话，中午就有人反映上去，管理员对这种事居然没有表示惊异不满，而且没让他作检查。刘嘉树松了一口气，我为他捏的一把汗也干了。

他在得意之余便告诉我，他过去打仗时，每打一次败仗便升一次官，在江西和红军打仗被俘又放回来，更是高升一级。也许这位自命是国民党军队中与刘峙一样的“福将”，战场上打不死，打败仗也会升官。所以，他在功德林时闹过这样一次笑话，他看到报上发表的政协委员名单中有位叫刘家树的，便肯定是他，因他也用过刘家树这个名字。他当时高兴得连觉也睡不着，同组的人说他太不自量，怎么会让他当政协委员。他还是不服气，后来管理员找他去谈话，很明确告诉他，将来政府怎样安排他的工作，现在谁也不知道，不过有一点可以肯定，在没有离开监狱之前，是不会安排的。并且管理员还说，已打电话去政协问清楚了，刘家树另有其人，不是刘嘉树，这样他才死了心。

他为什么会想到，他这位“福将”又会在被俘后能当上政协委员呢？因为他和程潜有过一段交情。1949 年，程潜任湖南省主席兼长沙绥靖公署主任时，他任绥靖公署的参谋长。程潜对他很好，新中国成立后，程潜由湖南飞北京时，毛泽东曾亲自去飞机场迎接，他认为只要程潜肯替他说句话，当个政协委员是不会困难的。不过他忘记了，当程潜准备起义时找他商量，他不但不同意起义投共产党，还质问过程潜：“你是国民党还是共产党？”程潜的回答是肯定的：“生是国民党的人，死也是国民党的鬼！”

他只愿意想程潜为了让他离开绥靖公署而推荐他去当兵团司令，是提拔他，今天程潜既能在共产党的领导人面前讲话，也绝不会不帮他的忙。但是他一想到自己被俘后，在武汉战犯改造所时不肯剃胡子送到北京时，与黄维、庞镜塘、张淦、莫德宏四个人被人称为“五大胡子”而遭到过一场批斗，结论是“死心塌地忠于国民党”。这顶帽子虽然是同学们给扣上的，但他等于在管理员面前备了案的顽固派，程潜即使要帮他，只要有人提出他“表现一贯对抗政府”时，程潜也不便为他讲情了。所以他一看搬到秦城监狱继续改造，估计是要相当长时间的，所以自封一个九门提督来发泄一下。

自养家畜，自食其肉

刘嘉树这一变相发牢骚讲怪话的方法，在战犯改造所中是应当得到金质发明奖的。许多人埋在心底里的牢骚和不满情绪，如果用这种办法来解除一下心头烦闷，又有什么不可呢？这样，很快就形成一种自己封官的新的现象。当时由于国内粮食收成不好，加上与苏联闹翻了，苏联逼债，自己还不够吃的东西，都送到苏联人肚皮里去了，所以实行粮食定量分配。战犯们当时在报上还看不到外面的紧张情况，只是感到吃的东西不能放开肚子，肉也越来越少。改造所为了补贴战犯们的伙食，便开始让战犯们用自食其力的办法养羊、兔、鸡一类小家畜家禽，这样可以自食其肉。

首先响应这一号召的是原江阴要塞司令孔庆桂。这位保定军官学校毕业的老炮兵，在国民党部队中由炮兵排、连、营、团长直当到炮兵旅长，最高当过一任江阴炮台的要塞司令，便再没有爬上去的机会而下台了。他一向以体弱多病不肯参加较重较繁的体力劳动。到秦城后，他一看也不是一下可以解决，为了表示要争取，也报名参加畜牧组。当管理员把十多只羊让他喂养时，几天内便开始发现羊掉膘、生病，不到十天竟接连死去两头羔羊。据说是天气突然变冷，他压根儿就没有养羊的劳动英雄们那种对羊羔的感情，会把自己的大衣给羊羔当棉被，所以羊羔受冻拉稀而死去。他刚刚养了十天羊便被撤换下来，他一气之下，便对刘嘉树说："你当上了九门提督，我也做过一任十日羊倌。"我一听这倒是一副很巧的对联，便把它在日记中记了下来。既然"九门提督"没有挨批斗，"十日羊倌"就更不足道了。

我一向爱开玩笑说俏皮话，当我看到旧桂系中曾任过桂系铁路司令官的莫德宏在负责养兔子的时候，便问他："养过羊的当上了羊倌，你养兔子该封个什么官？"我的话刚出口，正在一旁逗小兔的原陆军副总司令汤尧，一向说话尖刻，比我更会说俏皮话，便接口说："管兔崽子的自然应当是兔儿爷了。"莫德宏一向老成持重不爱开玩笑，听到汤尧说他是"兔儿爷"，便把头一甩，一句话不说便走开了。我也感到汤尧的话太不合适，便埋怨他。他说，我还没有叫他兔崽子而尊称他为兔儿爷，已够抬举他的了，他还不乐意，真太不知足了。

养鸡长官，自得其乐

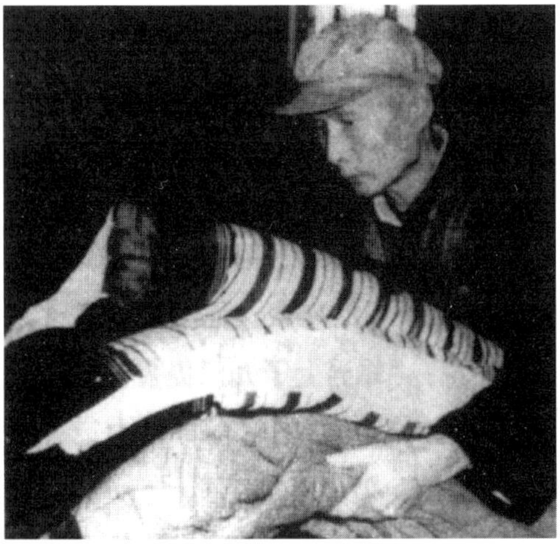

杜建时被特赦时摄

担任养殖工作的战犯们，只有一位被人称为"鸡长官"的杜建时，我认为是当之无愧。这位在中国陆军大学和美国堪萨斯陆军大学毕业的原北宁铁路护路司令兼天津直辖市市长，素以博学多才见称，蒋老先生曾要纬国先生拜他为师，他于胜利后去天津时，纬国曾偕同夫人去他家做客。他自动争取养鸡，结果 500 只鸡几天死掉 300 多。他没有灰心，便想办法，看养鸡的资料，终于给他摸索出一套养鸡的方法。以后不但没有发生死鸡的现象而且当年的小鸡便能产蛋，这对改善战犯的生活起了不小的作用。

而最使人感兴趣的，是他能指挥几百只鸡，这就非同小可了。据说他是看了巴甫洛夫的什么“条件反射论”一类的心理学的参考书，每次给鸡喂食时，他便把一个小学生上课用的破铃修好，一边喂食一边摇铃，这些鸡听惯了摇铃便是开饭，他就利用这铃声来召唤，在高墙院内觅食的鸡马上闻声而来，后来竟发展到他在前面边走边摇铃，一大群鸡便紧跟在他后面。许多人便笑他这位美国陆军大学毕业的将军，现虽没有部队可指挥，但能调动几百只鸡来前呼后拥也够威风的了。

有一天，范汉杰也跑去看他摇铃召唤鸡群进餐，很感兴趣，也拿起铃铛乱摇一顿，鸡却不走向他身边，因为他手里没有撒鸡食。他很生气，便想在杜建时身上来表达他的不满。他偏着头说：“鸡长官，你将来打算养鸡过活吗？”杜建时对京戏素有研究，看到范汉杰那副调皮样子，也把头绕一个圈之后，慢慢地说：“山人将来下山之后，便养鸡罢了。”汉杰便笑着说：“后面四个字你可得说清楚，少一个字也不行，特别是不能截头去尾，否则太不文明了。”杜建时还没有意识出来，范汉杰便溜开了。旁边有人指出，范在骂你，因为“养鸡罢了”把头尾去掉，剩下中间两个字便是很难听的了。

人民难谅解怕出去受辱
二批喜有我从此做新人

缝纫机的“多面手”

杜聿明被特赦后，战犯改造所缝纫组的工作就落到我和王泽浚、董益三身上。董有肺结核，长年服药饮牛奶，是轻量级的劳动力。我和王是属于重量级的，所以，累一点的活就得由我俩担任。董身体虽不好，但干细活却比我和王要仔细得多，开挖衣领和上衣领这类工作就由他包了。过去杜聿明担任缝纫组长时，真可以称得上是“多面手”。不论粗活细活他都能干，连大衣都能剪裁。特别是修理缝纫机非常内行，我曾专门向他学习修机器。他走后，我就把修理缝纫机的活包下来。虽然只有几部老掉大牙、年龄和我们都差不多，甚至还可能是我们的“老大哥”的机器，但修修整整，还可以对付对付。机器毕竟是机器，比用手一针一针去缝总要快得多。

有天上午，我和王泽浚正在检查缝纫机，一位管理员走进来问我们会不会修理缝纫机？我说一般小毛病我们还能修，如果缺零件就没有办法配制。他说有位住在附近的干部，家里有一部和我们一样的旧缝纫机，前几天因老是断线、跳针，他们拆开检查，怎么也没法装好，想要我们去帮他们检修一下。我们一听都不约而同地满口答应了。因为能出去走走总是最令人高兴的好事。

小姑娘如临大敌

当管理员把我们领到附近那位干部家中时，他夫妇俩正要出门上班去。看到我们去了，便把我们让进他们的一间不太大的客房，一部英国胜家公司的老缝纫机已拆开，零件也用报纸包好了。我连忙问：缺不缺少零件？当听到回答一颗螺丝钉都不缺，只是安装不上去时，我便答应尽量修好。他夫妇俩去上班，管理员也只叮嘱一句："不要急，慢慢修，等会儿我再来接你们。"说完他也走了。

这时，这个家中只留下一个20来岁的小姑娘站在门口。她看了一下，马上急急忙忙跑进厨房，我还以为她是去给我们弄什么吃的东西，没想到她进去后又急匆匆跑出来，只见她手中拿了一根三尺来长用来擀面条的擀面杖。我总是爱从好的方面看问题，又以为她也准备到客房来边看我们修机器边擀面条给我们吃。等我和王泽浚把机器从墙角抬到房中，回头一看，那个小姑娘不但没有进来而是两手紧紧地握着擀面杖像打棒球的守门员一样，站在门外。我忍不住扑哧一笑，她更惊慌，几乎弄得手足无措。不知是什么灵感启发她，还是把我们锁在房内安全些，只见她一个箭步，"嘭"的一声把门关上，朝外似乎有门扣，也很快听到扣上了。估计她认为这样就万无一失了。我和王泽浚相对一笑，也不再作声便动手修机器。

今天应当说老实话了，本来只需要半小时就可以干完的活，我们却慢腾腾地在磨洋工。我刚把机头装上，准备加点油就可以试车，王泽浚把手在我肩上一拍，我抬头一看，他一语不发，只用嘴向旁边的沙发呶一下。不用问，这是叫我坐上去休息。好久不坐沙发，坐上去之后，虽然比我过去家里使用的外国进口货差得太多，但比我们天天坐的小马扎和硬板凳却舒适多了。我坐下之后便闭目养神，也就是在回味过去坐在自己家里沙发上的一些往事，儿女绕膝承欢，妻子的笑窝红透……

正当我进入沉思的时候，突然感到伸得很远的脚尖被踢了一下。我忙睁眼一看，原来是王泽浚手中端了两杯热气腾腾的茶站在我面前，我赶忙站起来把茶接过去，小声问他："怎么有茶？"他又把嘴向旁边小桌子一呶，我一看上面不但摆有热水瓶，还有茶杯和茶叶罐。我真佩服他比我机灵，他一进来就发现这些东西了。

他把茶杯一放，又满口四川话："格老子，急他干啥子，老子们也来安逸安逸嘛。"说完向沙发上靠，像是一个战场上的胜利者一样，满面春风，把左腿向右腿上一摺，这可能是战犯们的最高级的享受了。

茶喝了两杯后，我们又继续工作。正当准备用放在衣车旁的破布条试验一下时，门突然打开。那个小姑娘很迅速地把两大碗上面堆了些肉片、青菜的饭向门口地板上一放，小声小气地说了一声："吃饭！"我和王泽浚一看便很生气，理也不理。小姑娘可能是站在外面窗缝里偷看过，她以为没有给我们拿筷子，所以没有吃，她哪会知道我们认为这是对我们侮辱了。所以她第二次又把门打开，又是那么迅速地把筷子插在饭碗上，说也不说又把门反锁上了。

受到了客人般款待

经过我们试车的结果，连我都感到满意，修理得非常好，不但不断线而且针距很均匀。我正高高兴兴地把几条破布都试过后，门突然又开了，这回是这一对干部一同下班回来了。我才发觉，我们整整在这里磨了半天了。我正感到有点难为情时，他们一看到地上摆着两碗饭一动未动，便在责备那个小姑娘。女的马上进来告诉我们，他们走时关照那个小姑娘多做点饭菜等我们回来一道吃，没有想到这个乡下刚来的人不懂事，所以先把饭端来放在地上。虽然当干部的不可能对犯人明确讲对不起而有失身份的话，但话里却已表达了一些歉意，我们也很满足了。当她一看我在布条上缝的线条那么笔直，针距很适合一般缝衣服时用的，便连连称赞，不但把机器调理好，还说我能缝得这么直，真有一套。我有点受宠若惊，也只好敷衍谦虚几句。男的便邀我们去客房后边一间小饭厅吃饭。

按照女主人说的，他们关照那个小姑娘多做的饭菜，我们一看，原来只是一小碗素菜炒肉片和一小碗炒鸡蛋，外加一大碗萝卜白菜混合炒的素菜，不过这在当时一切都定量配给时能这样慷慨招待我们就很不错了。按我和王的饭量，这点东西只够我们中一个人吃，但我们虽然成了犯人还是爱面子怕失身份，都十分克制不敢多吃。主人再殷勤，我们还是很客气。

我从这个家庭的住房、布置等方面估计，男主人可能是一位处长或副处长一级的干部。在边吃边谈中，我便问起杜聿明、宋希濂等在北京红星公社劳动的情况，因为我们只知道他们已去红星劳动，具体情况不太清楚。他便简单地告诉我们，这些人现在是在劳动锻炼，表现得很好，社员也很欢迎他们……我一听到“锻炼”两个字，以为这和“学习”的意义差不多，那就是说他们现在是去公社学习劳动，将来便是真正的“自食其力的劳动者”。我当时才40多岁，正是身强力壮的时候，认为只要能自由自在地去劳动便心满意足了。当时可能连那位干部也没有估计到，在京特赦人员劳动锻炼一年之后，周恩来总理会亲自安排这些人到全国政协文史委员会担任文史专员，让这些过去拿惯枪杆子的手去拿笔杆子，而不是“面朝黄土背朝天”，拿锄头与泥巴打交道呢。

群众并不理解

我和王泽浚两个都只吃一个半饱便把碗放下了，当然他们也早已吃完。男主人便告诉我们，可以自己回去，不用等人来接，以免耽误我们睡午觉。我们便告辞从原路返回监狱去。路上我看到两个不满十岁的小孩在路边玩，我一下又想到自己的孩子离开我的时候都是这么大，便走过去想摸摸他们的头。当我的手刚伸出去离那个男孩还有半尺时，从附近地里突然传来一声很粗暴的女人吼声：“你干什么？”我连忙把手缩回，王泽浚马上把我一拉，两人赶快朝前走。那两个孩子却把小手向我们招着。正在地里劳动的那位中年农妇跑到马路上一手搂住一个孩子，好像怕我们抢走似的。

我一看到这种情景，不但心里一凉，而且鼻子也为之一酸。我把牙齿紧紧一咬，跟着王急匆匆赶回去。我们一路进去，通过五层铁门都没有被拦阻。因为我们穿的那一身黑色旧的中式衣裤，警卫一看就知道我们是那里面的犯人。当然，那位农村妇女也是因为我们那身衣服而不准我抚摸她的孩子，可能是怕被犯人摸一下要晦气。她也绝对想不到，今天想要我们摸也找不到我们，而只能在我们乘坐的汽车飞驰而过时，让孩子们站到路边去。这种变化之大，真是使人感慨万分。

当我们顺利地走到第六道铁门，也就是进我们住的那一幢大楼对外的铁门时，才是锁着的。我便轻轻叫着：“管理员开门”！值班的那位管理员也正是送我们去的那位，他一边笑嘻嘻地开门，一边问我们修好了没有？当我们告诉他不但修好了而且饭也吃过了，他便要我们赶快回到组里睡午觉。我上床后哪里能睡得着啊！干部和管理员都对我们很信任，而那位小姑娘拿着擀面杖守在门口的那紧张严肃的脸和那位农妇愤怒的吼声，一直在我脑子里盘旋着。我们将来即使得到自由，干部对我们虽好，而群众会原谅我们吗？与其出去受辱，像刚才的嘴脸和吼声，看了听了实在不好受，还不如一辈子就在监狱里过下去算了。

“可怜天下战犯心”

第二天，只有我和王泽浚两人在缝纫组那间小房间里，我便和他谈到昨天他的感受怎样。他把大腿一拍：“当强盗是抢东西的罪，当小偷是偷窃罪，当战犯是打败仗罪……”我急忙阻止他不要再说下去，他还是唉声叹气把一切都归之于“打了败仗”。两人的心里话一抖开，便没完没止。我最难过的是妻离子散，大陆上没有一个亲人。我又轻声哼着过去在牢中那首“妻离儿散我成囚，人世悲酸到尽头”时，他一向不作诗填词而是满口“格老子”“龟儿子”，但在听了我念出那首诗之后，突然也念出：“可怜天下战犯心。”这真和《红楼梦》中的薛蟠一样，在一连串粗野的诗句中，也能念出：“女儿喜，洞房花烛朝慵起。”使人感到十分有味。他念完这一妙句之后还把两手平伸，手心向上，不停地上下摇动：“我们究竟有什么罪啊！我们……”他的声音一向很大，这时更加激动，声音就更大了，我连忙用手捂住他的嘴，不让他再嚷下去。虽然第二句还没出口，经我一捂，他的两只睁得圆圆的眼睛却滚出几粒泪珠。我也把头低了下来，默默相对而坐，谁也不愿再说出一句话来。

打从那次以后，我对有没有再次特赦以及今后如何等，便越来越不愿去多考虑。只存着听天由命，因为怕群众不谅解，在新社会中做不起人。

第二批特赦

天下事常常有这种情况，你越是急着等待它，它偏偏不来。而你不再去想它时，它却会突然间出现。我一生就遇到过不少这样的事。1960 年 11 月 18 日，《人民日报》报道了国务院第 105 次会议公报，说第二批特赦战犯的名单已送交人大常委会去审议了。这一喜讯传来，我又有点兴奋了。但一想到第一批特赦人员都是高级军官，他们和解放军在战场上是明枪明炮对着干，没有直接的个人利害冲突。我过去是长期干特务工作，被我逮捕、杀害、迫害过的虽不是千千万万，但为数也是很可观的。远的不说，仅 1949 年在昆明，我就主持逮捕过近 500 人，而现在正在政府中负重要责任的许多人中我也迫害过，有的甚至打骂过，还有些人的父兄是死在我手中。我在重庆时，被几位烈士的家属抓着我“生要人，死要尸”的情景还可能随时发生。所以，第一批在北京特赦的，没有干特务的，别处特赦的也没有干特务的，我便肯定第二批不会有我。当 11 月 20 日刘少奇主席再次颁布特赦战争罪犯的命令公布后，许多人都狂欢跳跃，纷纷写诗写文章来表达自己的感激和希望，我呢，只是写下三首《西江月》，其中有这么几句：“个个欢天喜地，人人喜笑颜开，有无特赦正疑猜，喜讯出人意料。”“何用担心着急，只需条件全齐，请看今朝第二批，肯定有他有你！”

究竟要什么条件才得特赦，谁也说不清楚。“改恶从善”四个字太简单了。我估计像我这样仇人满全国的人是不会轮到的。所以我的那首词中末一句：“肯定有他有你。”而就是没有我。我当时认为我有自知之明，也作好没有我的思想准备。

感愧交集重新做人

同年 11 月 27 日刚吃完早饭，管理员把我和另外七名重量级的强劳力叫了出去，布置在监狱外的一座礼堂兼饭堂。这些久经世故的人一看就明白，这是在布置特赦大会的会场。因为第一批特赦时曾这样布置过一次，讲台上面安放几把椅子，摆上几盆花。当管理员要我把一盆 20 多斤重的菊花盆从花房中搬出来的时候，我不知是分了心还是有点紧张，一不当心，踩在一块石头上，连人带盆摔倒了。管理员急忙跑过来把我扶起，连声问摔伤了没有？我一边说没有摔伤，一边指着摔坏了的花盆说这个摔坏了怎么办？管理员不但不责备我，还安慰我说，只要人没有摔伤就很好，花多一盆少一盆有什么关系。他叫我就地坐下不要再动，还准备去找医生给我看一下。我说没有事可以继续劳动。他无论如何不让我再搬东西，并且拿一张条凳让我坐下休息。我自己也有点纳闷，我过去见过不少大风大浪，也直接和指挥部下杀过人，出生入死的惊险事没有少遇到过。我素以沉着闻名，今天怎么会这么慌慌张张，是不是十年监狱生活使自己变成这样？当我正在胡思乱想时，礼堂已布置好了，只是还没有挂上红布对联和横幅，但基本上能肯定这就是特赦用的会场了。

管理员走过来叫我和他们七人一同回去时，还不停问我是否能走动，要不要人搀扶？我笑着说完全没事了，他才如释重负一样，大大嘘了一口气。平日我们在劳动中有碰摔时，管理员虽也很关心地问问我们，也叫医生护士给检查，但却没有今天这样焦急。这虽是一件小事，但也可以推测一下。那天晚上，我又有点失眠，谁不希望能早日得到自由，尽管我考虑到许多不可能，也怕在新社会受歧视受侮辱不好过，但总还是希望第二批能有自己。

1960 年 11 月 28 日上午，我们全体列队进入昨天布置好的礼堂，讲台上的横幅和两边的对联，完全和第一批特赦时使用的一个样。我估计是准备长期使用的，它有“特赦战争罪犯大会”而没有写出是第几批，所以可以一直用下去，也说明了不是一次两次可以赦完。

我默默地坐在队伍的中间，闭着眼睛，听最高法院的首席法官念这次特赦名单：李仙洲、范汉杰、罗历戎……每念到一个人的时候，我的心总是情不自禁地紧张一下。而当念到我的时候，我反而好像是在叫别人一样，一动不动地坐着。法官只好再念一遍。管理员赶快走过来，轻声告诉我：“是在叫你的名字，快出来走到台上去。”我才如同大梦初醒一样，站起来走上台去。这时的心情我实在形容不出，写多了也没有必要，因为用四个字也可以概括了。那就是“感愧交集”！

当法官授给我一张 16 开道林纸精印的“特赦通知书”的时候，我只是感到，从此以后，我是中华人民共和国的一个公民了，按照我们一贯的说法，是已做新人了。我想大喊一声，但没有能喊出来，今天，我再补喊一下：“我做新人了！”